鉄道人とナチス

ドイツ国鉄総裁
ユリウス・ドルプミュラーの
二十世紀

鳩澤 歩

目次

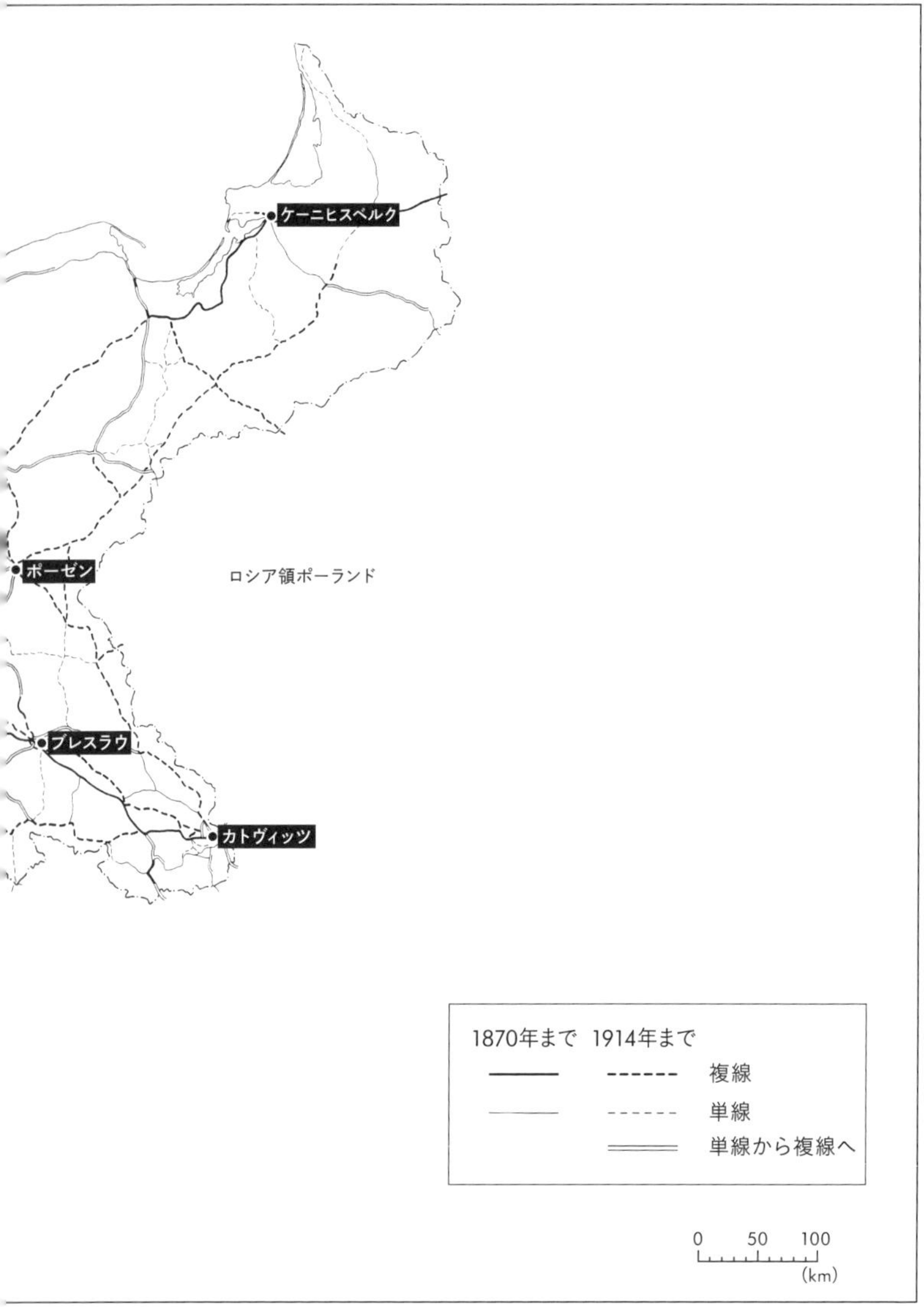
ケーニヒスベルク
ポーゼン
ロシア領ポーランド
ブレスラウ
カトヴィッツ
1870年まで　1914年まで
複線
単線
単線から複線へ
0　50　100
(km)

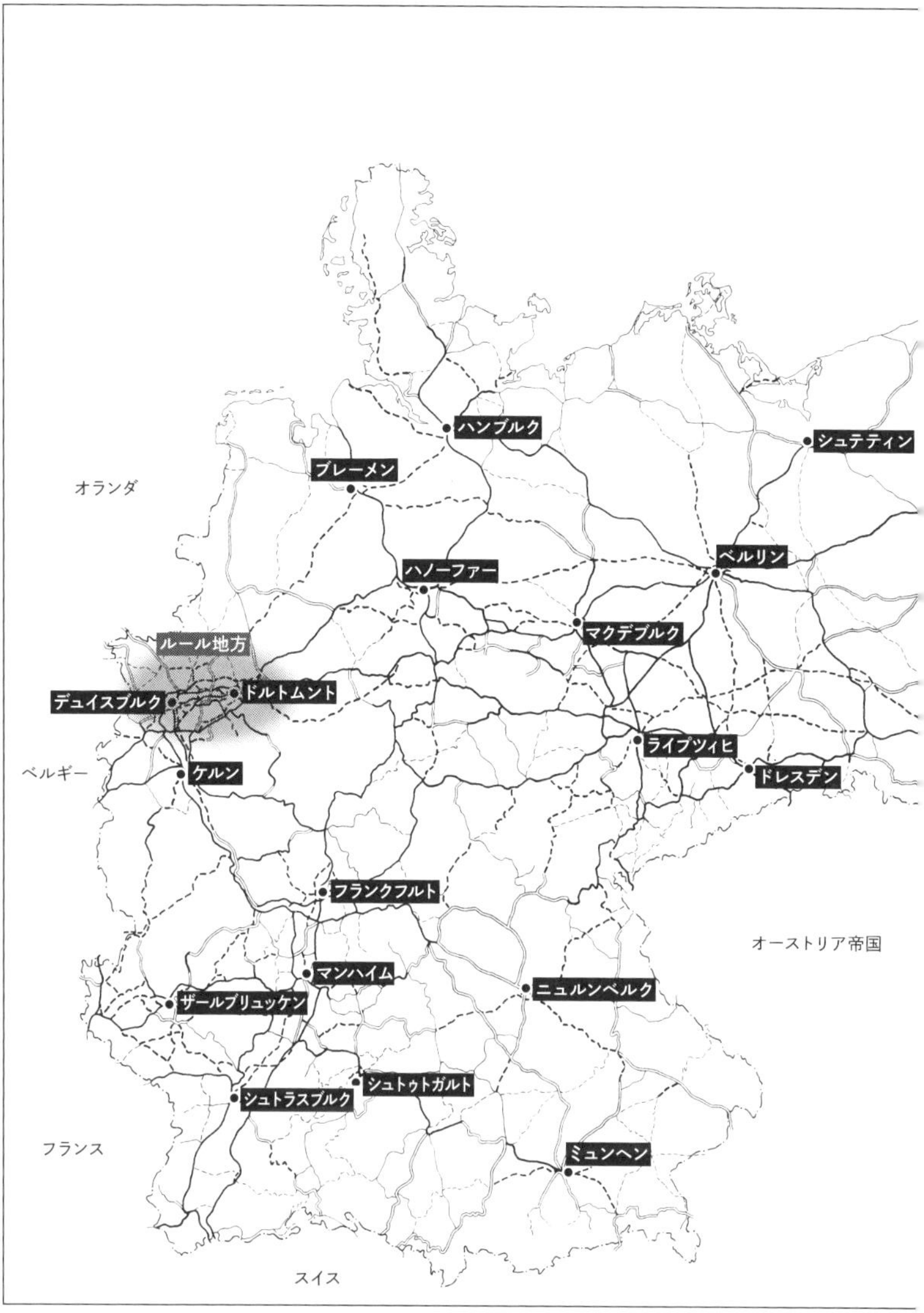

地図1　ドイツにおける主要鉄道路線の展開（1870～1914年）

以下の文献をもとに著者作成：Institut für Wirtschaftsgeschichte der Akademie der Wissenschaften der DDR(Hans-Heinrich Müller)(ed.), Produktivkräfte in Deutschland 1870 bis 1917/18, Akademie-Verlag Berlin, Berlin,1985., Karte 5

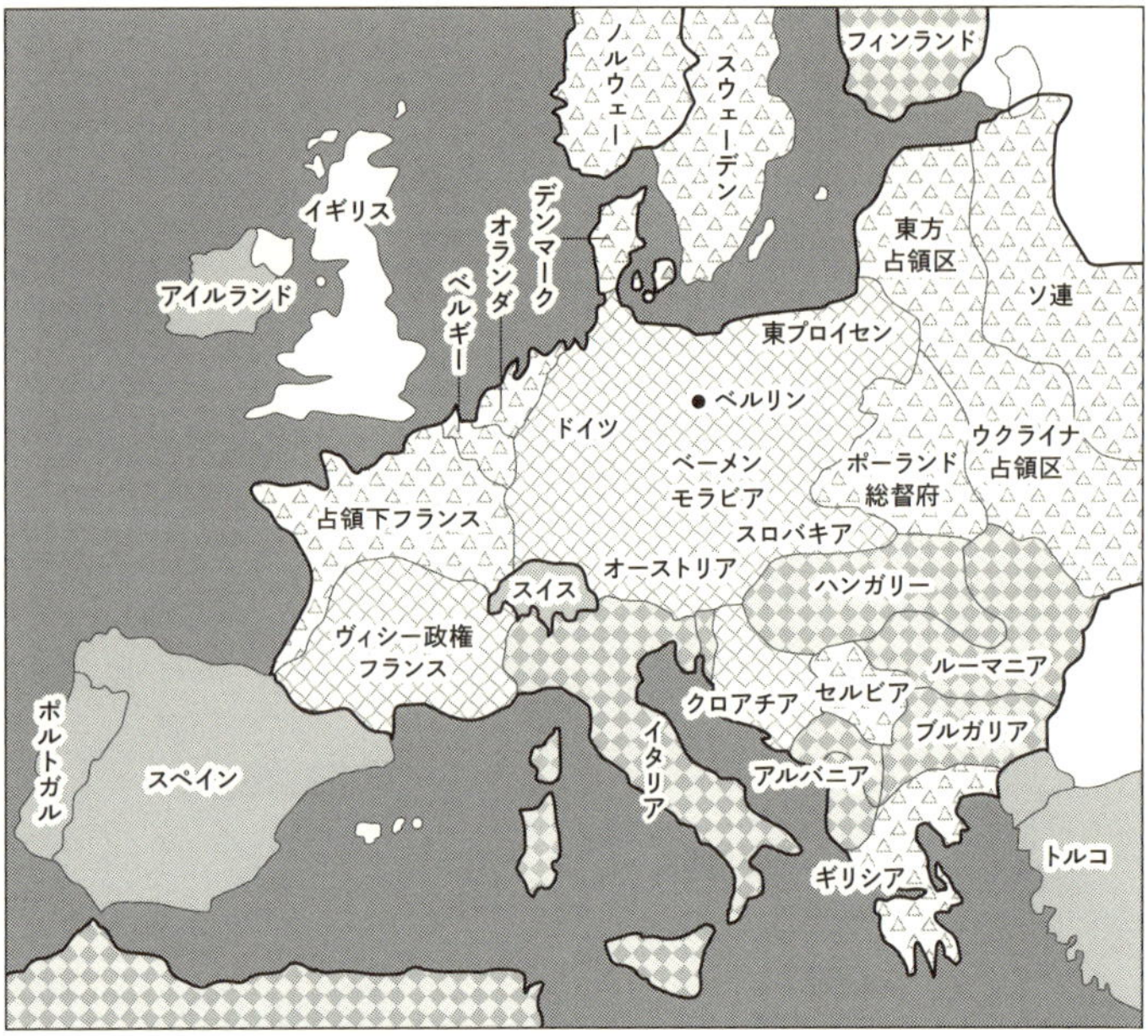

ドイツ「第三帝国《ライヒ》」（ヴィシー政権下フランス、クロアチアを含む）

ドイツ占領地域

ドイツの傀儡国家もしくは強い影響下（フィンランドを含む）

中立国

ドイツと交戦

ドイツ最大勢力範囲の目安

地図2　ヨーロッパ（1939〜1945年）

以下の文献をもとに著者作成：Derek H. Aldcroft and Steven Morewood, The European Economy since 1914, Routledge 2013(5th edition)., Map 2.

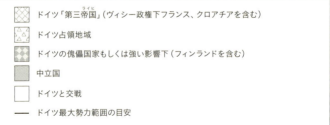

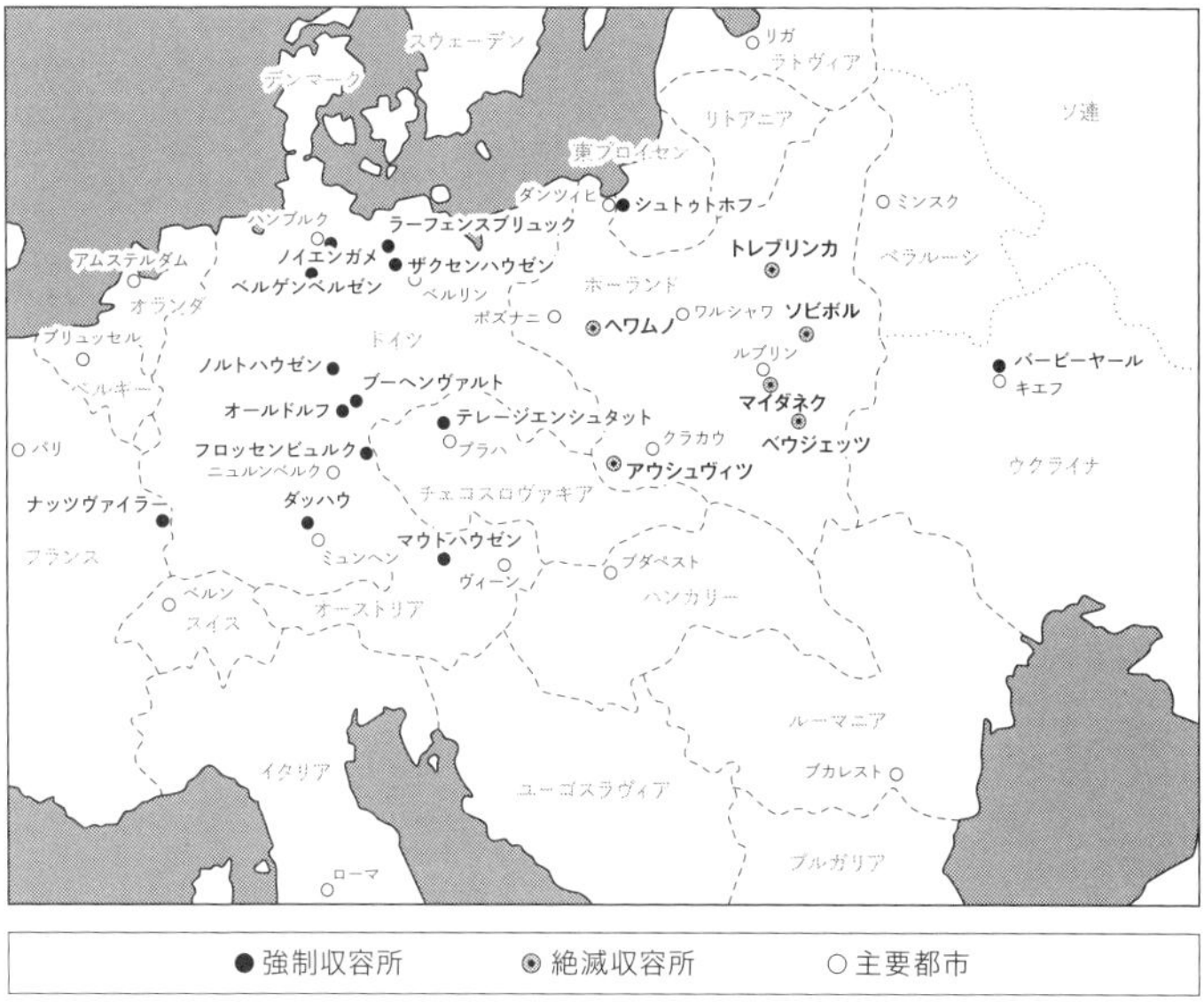

地図3　主な強制収容所・絶滅収容所の位置

以下の文献をもとに著者作成：マイケル・ベーレンハイム（芝健介・日本版監修）『ホロコースト全史』（創元社、1996年）「本書関連地図」pp.14–15.

はじめに

ベルリン・プリンツ＝ハントイェリイ通り七〇番。同七六番。

ドイツ連邦公文書館ベルリン・リヒターフェルデ分館がひらくのは、朝八時。時差ぼけのせいでやや早く目がさめてしまったので、宿を出たときにはまだかなり時間があった。

Sバーン（市内電車）の駅でいうと文書館のある「リヒターフェルデ西」駅の二つ先、「ツェーレンドルフ」駅までいってみようと思った。三月なかばのベルリンにしてはやや暖かいとはいえ、曇った空の下、吐く息が白い。

ベルリンの西の中心部「ツォー（動物園）」駅から、まずU9（地下鉄9号線）で南の終点「シュテーグリッツ市庁舎」駅まで。そこでSバーンに乗りかえる。乗り継ぎがうまくいけば半時間もかからない。ツェーレンドルフ区はベルリン市南西部郊外にあたる。ダーレム、リヒターフェルデ、シュテーグリッツといった隣接する地名とならんで、ベルリン西部の閑静な住宅街として古くから知られる。Sバーン「ツェーレンドルフ」駅周辺はマクドナルドなどもあるにぎやかな商業地だが、すでに十九世紀末風の雰囲気のある建築がめだつ。そして大通りを一本入りでもすれば、お屋敷といっていい古い別荘

図1　ドルプミュラー旧公邸の現況

風の住宅がならぶ、樹の多い、静かな街路になる。

プリンツ＝ハントイェリイ通りも、緑豊かな庭をもつ住宅の立ちならぶ、そうした一画だった。

「ツェーレンドルフ駅のすぐ近く」と伝記で読んだだけのうろおぼえで、ろくに地図も確認していなかったから、この通りを探しあてるには思ったよりも時間がかかった。駅に着いたときには行きかう人もまだまばらで、バスの運転手が一日の仕事を前に車のそばで一人ぼんやりと煙草をふかしていたくらいだったのに、次第に通勤や通学のひとたちが増えだした。古風なつくりの立派な区役所が扉をすでに開けていたので、受付でこの界隈の地図をもらって、ようやく通りの場所がわかった。なんのことはない、探しまわったのとは駅をはさんで反対側に行かなければならなかったのだ。

朝八時に近くなっていたが、高い街路樹や庭園の緑から、鳥のさえずりが絶えず落ちていた。幅のひろい車道も敷石でおおわれ、住人のものだろう高級乗用車が所どころに無造作に停められている。

車の往来のある道を一本わたると、すぐに「プリンツ＝ハントイェリイ通り七〇」の濃いクリーム色の壁と赤い屋根の屋敷の前に立った。現在、「七〇ａ」と「七〇ｂ＋ｃ」に分けられ、昔の邸宅を六〜七家族で分けて使う集合住宅となっているらしい。

それでも、この屋敷は、かなり旧観を残している風であった。装飾をおさえた、やや地味ともいえる、どっしりした印象の「ヴィラ」である。

これは、第二次世界大戦前のドイツ国鉄・ライヒスバーンの総裁（Generaldirektor）ユリウス・ハインリヒ・ドルプミュラー（Julius Heinrich Dorpmüller　一八六九〜一九四五）の旧居。このライヒスバーン高官用の公邸に、共和国時代の一九二〇年代なかばから市街戦の迫るベルリンを脱出するナチス・ドイツ崩壊時まで、妹と暮らした。

やはり、わけもなく高揚する気分になった。だから八時ちょうどに「七〇b＋c」から出てきた子供三人をつれた若い夫婦に、向かい側の歩道から歩みよって話しかけてしまう。

「スミマセン、私は日本からきた研究者です。ひとつ質問よろしいでしょうか。あなたのおうちが、昔、ライヒスバーン総裁ユリウス・ドルプミュラーの家だったことを、ご存知ですか？」

ドルプ？と、若い父親は要領をえない様子。ライヒスバーン、という言葉もピンとこない風だった。なるほど、そんなものか——と別に落胆するでもなく、むしろ納得がいった思いである。礼をいって歩をかえした。なにしろさっき誰もいないのをいいことに写真などとったが、これはいわゆる史跡でもなんでもない民家なのであって、遠慮すべきだろう。ドルプミュラーがここに住んでいた、という記念の標識なども、やはり見当たらないようでもある。

だが、すぐに子供たちが自分をよぶらしい声がした。振りかえると、母親のほうがわざわざ駆け寄ってもどってきてくれた。歩きながら夫婦でちょっと相談してくれたものらしい。

「たしかにここはあなたのいうとおり、ブンデスバーン（Bundesbahn　旧西ドイツ国鉄）総裁の家でした。しかし、ロング・アゴーです。」

「ありがとうございます。なるほど、ロング・ロング・アゴーです。戦前です。ご親切に感謝します。どうかよい一日を。」

法人としてのブンデスバーン（旧西ドイツ国鉄）、すなわち現在の株式会社ドイツ鉄道（Deutsche Bahn AG DB）の前身は、戦前のドイツ・ライヒスバーンの継承組織ではないそうだが、まあそんなことはどうでもよろしい。もしかしたら、この東洋人はよほど熱心な鉄道ファン、鉄道史マニアとでも思われたのかもしれないが、それもよかろう。見知らぬひとの親切にふれて気持ちがよい。

時計をみて、ここから「ツェーレンドルフ」駅まで歩いてどれくらいかを確かめようと考えた。いま歩いているのが、ユリウス・ドルプミュラーが二十年ほぼ毎朝つかった、通勤路であったはずである。ドルプミュラーは「ツェーレンドルフ」駅からライヒスバーン本社（のちライヒ〈ドイツ国〉交通省）のある市中央部の最寄駅「ポツダム」駅までノンストップの急行列車に乗るのを常としていた。まっすぐに伸びているプリンツ＝ハントイェリイ通りの先が、Sバーンの線路の前である。ここで交差するのがハンプシュテット通りで、これは線路沿いの道なのだ。

通りの南端にあたる「プリンツ＝ハントイェリイ通り七六」に差し掛かったとき、ちょっと機嫌のよかった歩みが止まった。

やはり六世帯が住む集合住宅になっている七六番地の門前の歩道に、四枚の十センチ四方ほどの小さな金属板が斜めに並んでうめこまれていた。

「ここに　クラーラ・ブルーメンフェルト　住めり。一八五六年ナッサウ生。一九四一年六月二十

八日　移送さる（deportiert）。テレージエンシュタット。一九四三年八月二日　殺害。」

「ここに　ローラ・レヴィゾーン　住めり。一八六三年ディアマント生。一九四二年十月三日　移送さる。テレージエンシュタット。一九四三年二月九日　殺害。」

「ここに　ソーニャ・シュナイダー　住めり。一八九三年アルルーク生。一九四二年九月二十六日　移送さる。ラアジーク。殺害。」

「ここに　メータ・ノイマイスター　住めり。一九〇七年生。一九四三年三月十二日　移送さる。アウシュヴィッツ。殺害。」


これが、ユダヤ人迫害・ホロコーストを記憶するための「躓きの石（Stolperstein）」という一種の記念碑だというのは、すでに知っていた。「躓きの石」は、これから向かう文書館の最寄駅である「リヒターフェルト西」駅前の住宅街でも見たことがある。さきほどはまったく気づかなかったが、それにしてもこんなところにも……と思わずにはいられない。戦前の比較的裕福な「ユダヤ人」が高級住宅街に住んでいたところで不思議でもなんでもないわけだが、それにしても七〇番地と七六番地は近すぎるではないか。

図2　プリンツ＝ハントイェリイ通り76の「躓きの石」

図3　ユリウス・ドルプミュラー

「言ってくれたまえよ、プレスくん。きみはあれを知っていたかね？　私は知らなかった。」

敗戦直後のユリウス・ドルプミュラー総裁が、部下にたずねたという言葉が残っている。「あれ」というのは絶滅収容所などでのユダヤ人の組織的な大虐殺のことであろうが、その前段階としての東方へのユダヤ人の鉄道による大量移送を「（ユダヤ人）デポルタツィオーン（Juden-）Deportation」とよぶ。ライヒスバーン総裁は、鉄道がおこなったユダヤ人の死への移送の責任者であるはずであった。

住宅街の隣人が収容され、移送されていった家の前を、デポルタツィオーンを命じる立場にあった鉄道人は毎朝の通勤で通っていたかもしれない。「知らなかった」というのは、どういうことだと考えればいいのだろう。

門扉の前で視線を落とし、立ちすくむ形になった。ある時期まではたしかに徒歩だっただろうドルプミュラーが要した駅までの通勤時間を測ることを、すっかり忘れてしまっていた。小さな黒い犬をつれた老人がこちらに近づいてくるのがわかったが、ややいぶかしげな表情のかれが通りすぎたあとも、金属板の文字を読んでいた。（あとになって考えてみれば、他人様の家の前でずいぶん不躾ではあった。）

目をあげると、Sバーンの赤・黄のツートンカラーの新しい車体がゆっくりと通りすぎていった。そういえば、都市内高速軌道をさす「Sバーン」という名称や特徴的な緑地に白の「S」のロゴマークも、ユリウス・ドルプミュラーがライヒスバーン総裁だった時代に正式にはじめられたものである。
それは、ドイツの鉄道が創業百年の節目を迎えようとするころであった。

ドイツ鉄道百周年祝賀行事

一八三五年十二月七日。この日の朝、南ドイツの都市ニュルンベルクとフュルトのおよそ六キロの間が、レールの上を走る蒸気機関車の引く列車によって十五分ほどで結ばれた。

二つの街は、「ボックスボイテル」という袋形の瓶で知られるワインの産地でもあるフランケン地方にある。当時はバイエルン王国北部にあたったから、新路線は、ヴィッテルスバッハ朝の王の名をいただいて「ルートヴィヒ鉄道」と呼ばれた。工業化の先進国イギリスから輸入された機関車「アードラー号」は、最大九両の客車を引いて二百人を運べたといわれる。黄色く塗られた客車は三等級に分かれ、三輛あった一等車のまるく膨らんだ外見は駅馬車そのもの。馬車のように、外の扉をあけて車室に直接出入りした。一方、二輛の三等客車には屋根もなかった。

これがドイツ語圏ではじめての鉄道路線の開業である。そこで、ドイツにおける鉄道百周年は、一九三五年に祝われることになった。

ナチスこと国民社会主義ドイツ労働者党（正式略称は「ＮＳＤＡＰ」）を率いるアドルフ・ヒトラー（Adolf Hitler 一八八九～一九四五）は、二年前の一九三三年一月、ドイツ国首相の座についていた。一九三四年には「首相兼指導者（フューラー Führer）」すなわち日本語でいうところの「総統」として独裁体制を確立し、この三五年の三月には、すでにヴェルサイユ条約の破棄・再軍備宣言をおこなっている。ベルリン・オリンピックとドイツ国防軍のラインラント進駐が、翌三六年にひかえていた。ナチス・ドイツは、「ドイツ鉄道百周年（Hundertjahresfeier für Eisenbahn）」を盛大に祝う。ヒトラー政権の、ここまでの成果を印象づけるためであった。

前年来、世界大恐慌からの回復は——ほとんどがナチスの経済政策の功績ではなく、景気循環の要素が大きかったことを今日の経済史研究はあきらかにしているが——大量失業の解消という形でまがりなりにも進んでいる。「内戦」状態にもたとえられる共和国末期からヒトラー政権掌握直後の社会混乱——これは過半の責任をナチスが負うことを、誰もが認めるところであるが——も、すでに体制そのものの手による暴力によって、独裁政権下で表面的には落ち着いていた。

統一された国民国家の夢を鉄道建設に託した——と後世にされた——十九世紀のドイツ国民運動の先駆者たちと、自分たちナチ新政権とを重ねあわせたいという意図はあきらかであった。ヒトラー政権は、いわゆる「強制的同質化（Gleichschaltung）」によって、地方自治の廃止を含む、多方面における極端な中央集権化を進めていた。

ニュルンベルクは、祝賀行事の主たる舞台とされた。ドイツ最初の鉄道がひかれたこの街は、ナチ党大会の会場としても最も有名な都市であった。

一九三五年七月十三日から十月十三日まで、貨物取扱所ホールでは、「ドイツ鉄道博覧会」が大々的に開かれ、来訪者は五十万人を数えた。鉄道技術の発達が主にとりあつかわれ、新鋭の蒸気機関車十輌、電気機関車三輌、さらに多くのディーゼル車、客車、貨物車と五十輌の車両が陳列された。そのなかには、有名な流線型の特急用快速気動車「フリーゲンダー・ハーンブルガー（飛ぶハンブルク人）」もあった。このとき、すでに現物は十九世紀終わりに失われていた「アードラー号」の原寸大レプリカがつくられ、会場で実際に煙を吐きながら動かされた。ちなみにこのレプリカは現存する。

ナチスの政治的なメッセージが遠慮されていたわけでは、むろんない。十二ある展示室の入口には、先の（第一次）世界大戦における鉄道人の戦没者が顕彰され、最後の第十二展示室は「新国家における」ライヒスバーンの機能や成果が、壁に列記されていた。同じ部屋には、ナチ式挨拶で片手を振り上げる鉄道人の群像を映したパネルが飾られていた。

博覧会期間中の九月には、定例のナチ党大会の開会にあわせて、国会（ライヒスターク）が特にニュルンベルクに召集された。ここでユダヤ系市民の排斥を徹底化する「ニュルンベルク法」と総称される二つの法律が、全会一致で可決されている。

十二月八日には、特別列車で訪問したヒトラーの臨席のもと、ニュルンベルク操車場において新旧の列車の大パレードがひらかれた。このパレードの発案の一部は、ナチ政府の宣伝相こと国民啓蒙・プロパガンダ大臣ヨーゼフ・ゲッベルス（Paul Joseph Goebbels　一八九七〜一九四五）による。

巨大なハーケンクロイツを最前部に誇示するように飾る特急機関車とその同型車計十輛を先頭に、博覧会でも展示された様々な車輛が進行した。ゆっくりとすすむ車輛は、最新鋭の〇五型機関車から「アードラー号」、そして路面電車にいたるまで車種だけでも四十種におよぶ。

「歓喜を通じて力を」のスローガンを車体に掲げ、人々が窓から身を乗り出してハーケンクロイツの小旗を振ってみせる「歓喜力行団」列車も、三万人がひしめく観客席の前を通過した。「歓喜力行団」

図4　ドイツ鉄道百年祭記念列車パレード

図5　高速列車「飛ぶハンブルク人」（1932年）

とは、ナチ政権が全国労働組合組織を叩きつぶした後にこしらえた労働者組織「ドイツ労働戦線」の下部組織で、労働者へのレクリエーション提供を目的とする。さまざまなスポーツ大会や保養旅行、海外団体ツアーを企画し、多数の労働者が参加した。鉄道百周年祝賀も、かれらにとってまことに楽しい行事であっただろう。

百周年記念行事のピークと目されるこの大パレードにおいて、ドイツ国鉄である「ドイツ・ライヒスバーン会社」を代表してヒトラーに陪席したのは、ライヒスバーン総裁ユリウス・ハインリヒ・ドルプミュラーである。がっしりした体軀を、この日は黒いコートで包んでいた。山高帽をかぶっている。

午後二時、ハーケンクロイツ旗がはためく会場で、親衛隊の列が守る観閲台にドルプミュラーが進み出た。総統ヒトラーに対し、右手を前にあげるナチ式挨拶とともに、「列車パレード、全て準備整いました！」と報告してみせたのが、式典開始の合図であった。このとき、ユリウス・ドルプミュラー六十六歳。ちなみにヒトラーは四十六歳であった。

ドルプミュラー論争――「悪魔の国鉄総裁」か「ただ鉄道のために」か

はなやかな祝賀行事とともに、ドイツ鉄道百周年を記念する書籍も出版されたのは、今も昔も文化国家を自負するドイツでは当然のことである。

官製の公式出版物として『ドイツ鉄道の百年』が公刊されている。一九三五年の初版は四万部だったが、その後一九三八年に第二版七万部が追加発行された。六百ページ近い大冊。見返しにはハーケンクロイツと鷲を組み合わせてデザインした、いかにも「第三帝国《ライヒ》」らしいマークが配された。ページをめくった扉の口絵は、ヒトラーが列車の車窓から手を差しのべ、そこにドイツ女性が熱狂的に群がる様子をうつした写真である。

この稿の筆者の手元にある三八年刊第二版の「序言(Zum Geleit!)」は、ライヒ(ドイツ国)交通大臣であるドルプミュラーのサインを記した、一ページ三百語弱の文章。文中には次のような個所がある。

「(……)本書は、暗い〔第一次世界大〕戦後期から国民社会主義的な交通政策の素晴らしい発展にまで及んでいる。(……)」(〔 〕内は引用者による)

図6　車窓のヒトラーを迎える女性たち

総統への忠誠をアピールする文言は、当時のいわゆる「第三帝国」では珍しくないものである。ドイツ鉄道百周年記念出版としては、ほかに『ドイツ鉄道人百年』といったものがあるが、共編著者であるライヒスバーン参事官ハウシュタインと同査察官シュトゥムプフは、序言において「よし時が移り、モードがうつっても、（……）ドイツの鉄道人は、国民社会主義国家において、その総統アドルフ・ヒトラーへの衷心の忠誠で変わらない」云々と書いた。

これにくらべると、ドルプミュラー名義の序言の筆致が、特に目立って、ナチやヒトラーへの傾倒や迎合という印象を与えるわけではない。そもそも自筆サインが付されているとはいえ、「序文」の類はすべてが本人の筆になったものではないだろう。また、国民社会主義・ナチズムに触れた個所は上記のみであったから、全体としては淡々と歴史を振り返る意義を説き、本の内容を紹介しているだけだったともいえる。

しかし、ドルプミュラーがナチス・ドイツ崩壊に至るまで、ドイツ国鉄の総帥としての役割をつとめた事実はゆるがない。ヒトラーとその政権に仕えたある高級軍人をモデルにした戯曲（C・ツックマイヤー作）の主人公が「悪魔の将軍」とよばれるとすれば、ドルプミュラーはたしかに「悪魔の国鉄総裁」かもしれない。（しかも、戯曲の主人公のような、死にいたるほどの内心の葛藤の形跡は乏しい。）

ドルプミュラーは、あの自動車専用道路・アウトバーンの建設をも含むナチス・ドイツの交通政策全般に関与し、三七年からはライヒ交通相も兼ねた。ライヒスバーンの組織改革も、ナチスの政策的枠組みのなかで——あるいは、それを利用して——断行し、集権性をより強めた。また、戦時における動員計画を、鉄道輸送の面から担った。ドイツの侵略が広がるのに応じて、欧州大陸全土にわたる統一的な鉄道網をつくっていった。そして何より、ライヒスバーンは、ドイツや欧州諸国のユダヤ人・ユダヤ系住民を大量射殺現場や絶滅収容所に送りこむ列車を運行した。これにも、ライヒスバーンにおいては組織のトップであるドルプミュラー総裁が最終的な責任を負うはずである。

強制収容所への移送や戦争協力について、敗戦直後に没したドルプミュラーへの非難の声は、一九八〇年代から九〇年代にかけて、にわかに大きくなった。メリル・ストリープらが主演したアメリカのテレビ映画『ホロコースト』の、西ドイツ（当時）での放映は一九七九年一月。それ以降、ナチスに限らず、それ以外のドイツ人も負うべき責任への意識が、西ドイツ社会において急速に強まる。その流れをうけてのものであった。

ドイツ鉄道百五十周年（一九八五年）もあり、さらに九〇年代には再統一後の東西国鉄の合併や国鉄民営化といった組織・制度の改革が続き、鉄道の過去への関心が広範に高まったことも影響しているかもしれない。

百五十周年を記念して出版された『時《とき》の列車・列車の時代』にも執筆した、ベルリン技術博物館のアルフレート・B・ゴットヴァルトら一連の歴史研究者によるドルプミュラー評価は、たしかに大きな社会的影響力をもった。のち、ゴットヴァルトはドイツ鉄道百七十五周年の二〇一〇年にドイツのテレビ局WDRが制作したドキュメンタリー『ハーケンクロイツ下のライヒスバーン』にもメインコメンテーターとして出演した。そこでは、ドルプミュラーがホロコーストに不可欠のユダヤ人移送について何も知らなかったなどということは、ライヒスバーンの組織構成上ありえないことだとされる。

さもなくとも、ドルプミュラーがヒトラー政権の大臣でもあったという事実は、八〇年代以降の（西）

ドイツにおける意識の変化をうけて、あらためて重く受けとられるようになった。高級官僚にとどまらず政治家であったといえる人物であれば、戦争犯罪への責任が追及されるべきだという見方が定着していった。

かつてドルプミュラーの名をとった通りの名も改称されることになった。二〇〇〇年代に入ると、ライヒスバーンとつながりの深いDBこと株式会社ドイツ鉄道は、前身のブンデスバーン（西ドイツ国鉄）時代以来おこなっていたドルプミュラーの墓所の管理から手を引いた。

だが、ドルプミュラーの責任を追及する動きに対しては、これに距離をおく声もあがった。

ヒトラー暗殺未遂・七月二十日事件の五十周年にあたる一九九四年は、たまたまドルプミュラー生誕百二十五周年にも当たったが、ドイツの代表的新聞「フランクフルター・アルゲマイネ」紙は、ドルプミュラーの業績を高く評価するJ・オスターマイアー署名の記事を掲載した。九〇年代なかば当時、ドイツの鉄道業はリニア・モーターカー（トランスラピッド）をはじめとする技術の輸出に懸命だった。この状況を枕に、同記事では国際的な舞台で活躍した鉄道人ドルプミュラーの生涯を簡単に追う。そしてかれは「ヒトラーにさえ尊敬され」、その「専門的かつ人間的権威のおかげでライヒスバーンは、たとえ犯罪的な国家の委託任務からまぬがれることはできなかったにせよ、当時の犯罪的陰謀のなかで十分に自由でありえたのだ」とした。

この記事の無批判な態度に鉄道史家N・ノルベルトは違和感を表明したが、評価を下す前にドルプミュラーの業績と可能性の限界を歴史家は正確に調査するべきだともした。

ゴットヴァルトの一連の伝記的研究を強く意識し、ドルプミュラーを擁護したH・ボックとF・ガーレットの一九九六年公刊の書籍は『鉄道のために尽くした人生』と題された。前年（一九九五年）のベルリン技術博物館での特別展示会では、ドルプミュラーもふくむナチ時代の技術者たちの態度が批判的に紹介された。その展示会のタイトルは「『私は技術に奉仕したにすぎない』」であった。そこに込められていた皮肉や反語的なニュアンスは、ボック／ガーレットの伝記には、およそないのである。

たしかにヒトラーとの関係だけが、十九世紀末以来のドルプミュラーの長く豊富なキャリアの全てではなかった。

一九二〇年代に成立し、敗戦とともに崩壊したドイツ・ライヒスバーンのおよそ二十年は、ほぼすべてが第二代総裁ドルプミュラーの時代であるといってよい。それはドイツの鉄道の第二次世界大戦前における最後の黄金時代にかさなる。第一次大戦の敗北で傷ついたドイツの鉄道は、突如頭角をあらわした国際派の鉄道技師ドルプミュラーの尽力によって、めざましい復興をとげた。史上はじめて統一ドイツ鉄道が実現したが、この「ライヒスバーン」は、困難な国際関係のなかでヴァイマール共和国の存立を支えつづけた。その経営は収益性に富んで順調であった。ずばぬけて高い技術水準は世界的な評価を勝ちとった。流線型の車体と巨大なプロペラをもつ「レール・ツェッペリン」や世界最高速のレコードを叩きだした〇五型機関車に代表される先進的な技術革新が実現したのも、ドルプミュラー総裁のライヒスバーンならではであった。

ヒトラーとナチの政権奪取は、ドルプミュラーがそろそろ退隠をむかえようかという時期に遭遇した出来事である。ボック／ガーレットはドルプミュラー家が保存する故人の手記を発掘紹介し、その波乱にとんだ前半生にも多くの筆を費やしたうえで、次のように論じた。

ドルプミュラーはナチスの同調者であったどころか、ナチ時代に先だつ共和制時代とナチ政権奪取直後には、はっきりとヒトラー一派の批判・攻撃の対象である。また、ナチ政権の内部にあえて身をおくことで、多くの同僚を最悪の窮地から救ってもいる。これはトップとして、一種の責任をとった態度とはいえぬか。

ドルプミュラーとライヒスバーンが関与した「戦争犯罪」を事実として否定することはできないが、ナチスの戦争に貢献したのは鉄道ばかりではない。ありとあらゆる産業部門や組織が戦争に奉仕したし、せざるをえなかったのである。

また、ドルプミュラーがユダヤ人虐殺への鉄道の関与を、どの程度把握していたのかも実は不明である。ユダヤ人移送実行の決定に関与したのが明白なのは交通省次官であったが、この人物による戦後西ドイツでの裁判での「自分もふくめてライヒ交通省は何も知らなかった」という自己弁護の証言は、あきらかに事実の前で破綻していた。とはいえ、だからといって逆に、ドルプミュラー交通相が事実を完全に知っていたという証拠になるだろうか。状況証拠だけだというならば、「推定無罪」が適用されてもいいのではないか。——というのであった。

そして、こうしたドルプミュラー理解は、第二次大戦直後、当事者たちがなお生存しているときにはむしろ優勢、というよりも自然な論調だったのである。

一九五三年には西ドイツ国鉄・ブンデスバーンがドルプミュラーの墓所を整備し、六〇年の鉄道百二十五周年や、六九年のドルプミュラー生誕百年といった節目にはこの「偉大な鉄道人」に顕彰の辞をささげた。そこにあったのは、元ナチスとその追随者による自己弁明だけだとすぐに決めつけることもできないだろう。冷戦開始後のアメリカによる非ナチ化政策の転換・形骸化や、冷戦体制下の西ドイツ社会における反共的風潮の影響だけでも説明できまい。終戦直後の連合国占領軍——の少なくとも一部——さえも、西部占領地域の鉄道輸送システムの再建のための作業を、ドルプミュラーに任せるつもりであった。

鉄道人を中心に、ドルプミュラーに向けられた一種の大衆的人気は、西ドイツでも根強く残っていた。現場の技師からドイツ鉄道業の頂点にはじめて昇り、高級官僚や政治家に伍して運輸行政を担った「ユリウス」ことドルプミュラーは、生前にはドイツの鉄道業関係者の憧れであり誇りであった。建設現場の陣頭指揮でも映えたおおきく立派な体格で、広い額の下に眼光も鋭い。だが、表情は豊かだった。あかるく開放的な人柄と、しばしば発揮した諧謔のセンスは、周囲の多くの人びとの記憶に鮮明でありつづけた。

一九四九年八月、占領下の西側共同経済地区に置かれたライヒスバーン本部の発行した機関紙「ライヒスバーン」は、生誕八十周年を機に追悼の記事を一面に掲げた。部下であったローザー博士（Dr. Roser）は、故人の業績とすぐれた組織人としての能力をたたえ、「専門的知識と人間的価値が最も輝かしく一体化していた」としたうえで、こう続ける。

「（……）かれは党員ではなく〔実際には第二次大戦中に党籍をえている〕、国民社会主義者にもならなかった。全ての大臣と同様の金の印綬をおびた後も、である。このことは、信頼できる仲間うちでの勇気ある自由な意見表明を、しばしば耳にした者すべての知るところである。義務感がかれをしてポストに留まらせ、（……）」

とはいえ、ドルプミュラーに限らず、ナチ期にホロコースト（ショアー）や戦争犯罪になんらかの関与をもった人物に、「あれもナチ時代にはやむをえなかったのだ」といってやれる者がもしいるとすれば、それは周囲でも本人でもなく、当の犠牲者たち以外にはないだろう。だが、そもそも死者は語れない。だから、そんな権利や資格は誰にもないのだといえる。

そして、ナチスやヒトラーに仕えることを拒否して公的生活をしりぞいた者、追われたわけではなく祖国をみずから離れた者、命を賭してナチ支配を拒否した者も、皆無ではなかった。これはやはり、重い事実として考慮にいれなければならない。

とすると、やはり肝心なのは、本人が自分の行動をどう考えていたのかでもあろう。練達の技術者であり大胆な組織経営者、トップクラスの政府高官ともなった人物が、その理性なり良心に照らして、己の行動になんらかの評価を持たなかったとも思えない。

ところが、ドルプミュラー自身がナチ時代の自分について、公に戦後にのこした言葉は何もない。あまりにもかれの「戦後」が短かったとはいえ、表立った場ではほぼ完全な沈黙のままに世を去った。その沈黙からは、ナチス・ドイツにおけるライヒスバーン総裁・交通大臣としての自分にどのような評価をあたえていたのか、推し量ることもできない。

結局のところ、後世のひとびとはドルプミュラーの沈黙や残されたわずかな肉声らしき片言隻句の前に右往左往し、いまの自分の世界観、価値観をこの死者に投げつけてあれこれ喋々するばかりだともいえそうである。

小伝をはじめるにあたって

それがしかし、無意味だとも、あるいはまちがっているともいわない。こうした試みこそが、やや大上段に振りかぶっていえば、歴史に向き合うということである。それは、なされなければならない。

本稿は、どうあっても難しくなるにちがいない今後のそうした作業の、最初の手がかりを得るためのものでもある。

ドルプミュラーのプロフィールは、日本語版『ウィキペディア』にその項目があるが、それ以外には日本語ではこれまでほとんど紹介されていない。翻訳をふくめて膨大なナチス・ドイツ研究でも、ドルプミュラーについて触れたものは少なかった。ホロコースト研究の大著（たとえばヒルバーグのそれ）や、「ヒトラーおつきの建築家」ことアルベルト・シュペーア（Albert Speer 一九〇五～一九八一）といったナチ期の突出した人物の回想録でも、ほんの点景のように登場する名前でしかない。ヒトラー政権の大臣のひとりでありながら、ナチ期人名事典のたぐいにかならず載る名前でもなく、小さな言及があった際には些細な間違いも見られないではない。あらためて、このナチス・ドイツの一要人については整理をこころみる必要がある。

くわえて本稿では、ドルプミュラーの鉄道人としての生涯を、ドイツ鉄道史のより長い、そして、できればより立体的な文脈に置いてみることにしたい。この点で、上述のようなドイツ語で書かれた、浩るものがあるとも思える。

瀚とはいえないまでもそれぞれに意をつくした、すでに複数あるドルプミュラー伝に新たに付けくわえ

今日書かれるべきドルプミュラー伝の最大の焦点は、いうまでもなく、ヒトラー政権時代のライヒスバーン総裁としての活動にある。ドイツ・ライヒスバーンという特異な企業の成立と第一次大戦後・戦間期のドイツ社会の狂瀾とは本質的な関係があり、ここでのドルプミュラーの活動は、歴史家A・C・ミーアゼジェウスキイの大著『ライヒ最大の資産』に最も詳しい。また、青年期の中国での勤務にも伝記的な関心が払われてきた。上掲のボックらの伝記はドルプミュラー本人の中国滞在時代に関する手記に一章をあてた。

本稿ではこれらの目立った生涯の局面にくわえ、とくに、この鉄道人のキャリアの出発点にも着目する。そしてそれを、ドイツ鉄道の社会経済史のなかで位置づけたいと考える。十九世紀後半のドイツ語圏鉄道業にみられる技術者のおかれた状況が、若い生粋の鉄道技師になんらかの影響を与えずにいられなかっただろうことにも注意を向けておきたい。

若い日の経験が後々まで決定的な影響を及ぼすといっても、それはもちろん、人と場合によるとすべきだろう。だが、鉄道人ドルプミュラーには、出発点でその人格の中にできあがり、晩年にいたるまで生涯持続した何ものかがあったようである。かれが生まれ育った十九世紀終わりのドイツにおいて、それがどのように形成されたのかは、やはりまず探らなければいけないだろう。

そこで私たちは、再びニュルンベルクに戻るところからはじめよう。といってもバイエルン王国の古い商業都市でもなければナチスの祝祭の都でもない、現代のドイツ連邦共和国の一州・バイエルン州

（正式名称・バイエルン自由国）のニュルンベルク市である。

ニュルンベルク中央駅の駅舎は、中世・近世の神聖ローマ帝国時代の帝国都市に歴史がさかのぼる、ニュルンベルク旧市街の南端、ケーニヒ門に向かい合うような形で建っている。第二次大戦期には空爆で大打撃をこうむったが、十九世紀ドイツ帝国時代のネオバロック様式を基調とする偉容はみごとに再現されている。一九九〇年代以降に改築・改装されたドイツの駅の流行りで、現在の中央駅の構内はちょっとしたショッピングモールの体である。

これをぬけ、小さな西出口を出ると、アイルグート通りがちょうど線路に沿うような形で伸びている。駅のそばなので、ＤＢと関係のあるインターシティ・ホテルや高級ホテルのカールトンなどがあるが、賑やかというにはほど遠い。線路わきの、妙にがらんとしてさびしい道であるとしてもいい。カールトン・ホテルの角からサンド通りと道の名がかわり、現代的な市立劇場の建物の前を通りすぎたところで、ニュルンベルク交通博物館の石造りの建物が忽然と目にはいる。

交通博物館を構成する鉄道博物館（ＤＢ博物館こと「株式会社ドイツ鉄道企業博物館」）と通信博物館の二つの名を示す幟が、正面玄関にかかげられている。

この博物館はドイツ鉄道百周年を記念したものではなく、現在の建物は一九二五年にできた。それよりもずっと以前の一八九九年に、当時の連邦制的なドイツ帝国内の地方国家のひとつ、バイエルン王国が建てたドイツ初の鉄道博物館を前身とする。そのさいの展示は、もちろんバイエルン国鉄（邦有鉄道）の手によった。精密な模型の一部は、バイエルン国鉄の当時の実習生によってつくられたという。

ドイツ帝国内部に多くは中近世以来の伝統をもつ中小規模の地域的国家である邦（領邦）があり、その比較的大きなものの一つであるバイエルン王国がバイエルン国鉄なるものを持っていたことは、私たちがドイツの鉄道史を理解するうえで忘れてはならないところだろう。また、そこからユリウス・ドルプミュラーという、バイエルンとおなじ邦の一つであったプロイセン王国の国鉄勤務からキャリアをはじめた鉄道人の生涯をさぐるうえでも、なにかヒントを得られそうである。のちにやや詳しくふれるように、二十世紀にいたってもドイツ語圏の鉄道業は、「未完の国有化」とでもいうべき分裂状態に終始していた。このことは、一九二〇年代以降に出現した「ドイツ・ライヒスバーン総裁」という地位がいかなる意味を持つものだったのかも物語るだろう。

なお、この交通博物館前の広場では、ヒトラー政権樹立直後、老害視されたドルプミュラーの退陣をもとめるナチスのデモがおこなわれた。その二年後に、同じ街のほぼ目と鼻の先で、ドルプミュラーはヒトラーとともにドイツ鉄道百周年を祝ったわけである。

ともあれ、この大きな博物館の片隅からはじめることにしたい。恐縮ながら、である。——というのも、本稿筆者の、調査とも取材ともいえないごく個人的な会話からなのである。

第1章

プロイセン王国の技官

十九世紀「ドイツ」鉄道史のなかのドルプミュラー親子

19世紀末まで

二人のドルプミュラー

「いま、ドルプミュラーについて調べることを計画しています。」

というと、

「どのドルプミュラー？」

とたずねられた。

そういわれれば、そうだった――と私（本稿筆者）は思いだした。ドイツ鉄道史上に名をのこす「鉄道技師ドルプミュラー」は二人いた。

二〇一五年の初秋。上述の、ニュルンベルク交通博物館。その入口のそばに付設されたカフェでの会話である。

たずねたのは、この博物館内の図書室の司書を長くつとめるクラウス・W氏。旧東独の出身だと、ずいぶん前になるだろう二度目か三度目の会話から知った。もう六十歳は越えているだろうか。一九八九年の「壁」の崩壊後、新連邦州からひとり移住し、この旧西独の「DB博物館」に勤務しているとのこと。私のひさしぶりの図書室来訪を親切に迎え入れてくれ、図書室が開くのは午後一時からだから、まず昼食をとろうではないかということになった。氏には十五年ほど前から、資料の調査でお世話になっている。最初から眼鏡をかけていたかどうかは、もう思いだせない。ある時期には年に二、三度、その後は思い出したように時々オーサカからやってくる日本人の調べ物は、もっぱら十九世紀の鉄道関連の雑誌や統計だと記憶してくれているようだ。だからこそ「どの？」という問いになったのだろう。

つまり、十九世紀後半の鉄道技師兼発明家か、二十世紀前半を生きたライヒスバーン総裁か？

二人のドルプミュラーは親子である。子のほうが、ライヒスバーン総裁となったユリウス。その父親のハインリヒ・ドルプミュラー（Heinrich Dorpmüller 一八四一〜一九一八）の名は、ドイツ近現代の主要人名録である『ノイエ・ドイチェ・ビオグラフィ』の「D」の項にも簡単に記載されている。

ハインリヒ・ドルプミュラーの人名録での肩書は「アーヘンの鉄道技師（Eisenbahningenieur）」であり、「ドルプミュラー式軌道計測器と軌条固定装置の発明者」と記されている。西部ドイツ・ルール地方東部の都市ウンナに、金属加工と針製造を営む家にうまれた。左官業の親方資格を取得し、故郷の街の教会建築などをてつだう「建築師」だったが、二十代のなかば過ぎにプロイセン国鉄のエルバーフェルト鉄道管区に勤務することになった。

「プロイセン国鉄」であって、「ドイツ国鉄」ではまだない。十九世紀前半のドイツ語圏は、ラント（Land）または邦（領邦）とよばれる独立した地域国家の集まりであり、元の神聖ローマ皇帝であったオーストリア皇帝が形式的な君主（元首）会議の議長をつとめる「ドイツ連邦」というゆるやかな紐帯でむすばれているだけだった。三十三あった諸邦の中には、プロイセンやバイエルンのような地理的に比較的大きな領土規模と近代国家的実質を十九世紀中に備えていったものもあれば、封建諸侯の小領地がそのまま残ったようなもの、あるいはハンブルクやリューベックのようなひとつの街だけで独立している都市国家まであった。しかし、連邦の中ではそれぞれがほぼ完全な主権国家であり、固有の法体系と行政機関をもち、独自の政策をとった。一八三〇年代に有力邦であるプロイセン王国が中心になってドイツ関税同盟をむすぶまでは、邦ごとに関税を徴収して、「ドイツ」内の流通をさまたげていた。

当然、鉄道も地域国家である個々の大小の邦が自国内の路線や企業を監督し、あるいは南ドイツの諸邦が最初からそれを好んだように官営鉄道をみずからつくっていた。これら諸邦鉄道の統合はドイツ帝国成立（一八七一年）後も全く進まず、「統一的な国民国家による一元的官営化」という意味での「ナショナリゼーション＝ナツィオナリジールング（Nationalisierung）＝国有化」は、ついに第一次世界大戦敗北・ドイツ革命（一九一八年）による帝制廃止後にもちこされたのである。

ハインリヒの鉄道への入職時は、そのドイツ帝国すらまだできていない。プロイセン王国がオーストリア・ハプスブルク帝国と普墺戦争を戦い（一八六六年）、従来のドイツ連邦を解体して「北ドイツ連邦」をつくったのが一八六七年であった。これもプロイセンの覇権にかかわらず、形のうえでは独立した諸地域国家の連合体である。

中世以来のヨーロッパ史において「皇帝」には、もとはといえば古代ローマ皇帝位を継承する存在という（実体性はかなり乏しい）大義名分がついてまわった。そして、そのただひとりの皇帝が統一的に統治する帝国を、ドイツ語圏においては「ライヒ（Reich）」と呼んだ。「Reich」は「力、権力、王国」を意味する古高ドイツ語に由来し、さらにその語源は「富貴」を意味するゲルマン祖語であるという。中世ヨーロッパ世界において、ドイツ語を話す人びとを支配下に置いた最初の「帝国（ライヒ）」は、ローマ教皇の宗教的権威と東フランク王国（「ドイツ」）の王権が結びついてできた、十世紀後半以降の「神聖ローマ帝国」。十八世紀ともなると、「神聖でもなければローマでもなく帝国ですらない」などとも揶揄されたことが有名である。哲学者ヴォルテールの言葉だというが、王権神授を否定する前段はともかく、「帝国」による域内平和の維持努力と帝国議会、帝国法院という統治機構の名目上だけではない存在を考えると、ややいい過ぎではあろう。だが、神聖ローマ帝国がそのままでドイツ語圏をまとめる国民国家になることはなく、最後まで諸侯同盟にすぎなかったとはいえる。その帝国もフランスのナポレオン・ボナパルトによって打倒されて以来、ドイツには諸領域をこえる最上位の統治体を意味する「帝国（ライヒ）」は存在しなかった。もとの神聖ローマ皇帝・ハプスブルク家もナポレオンへの屈服後はしかたなく「オーストリア皇帝」を称しただけで、結局は「ドイツ連邦」諸侯会議のただの議長におさまった。

それから半世紀以上をへてライヒ、すなわち「ドイツ帝国」が復活した。一八七一年から一九一八年までのドイツが「第二帝制」といわれるゆえんである。といっても、この「ドイツ帝国」も、プロイセン王国中心の北ドイツ連邦に南ドイツ諸邦が加盟し、オットー・フォン・ビスマルク（Otto von Bismarck　一八一五～一八九八）首相が支えるプロイセン王ヴィルヘルム一世を「ドイツ皇帝」に推してみせた結果にすぎない。ドイツ史における連邦制の、現在もつづく長い伝統がここにもあきらかであった。この伝統が途切れるのは、「皇帝」などいなくても統一的なドイツ国家としての「ライヒ」を名乗った、二十世紀前半のふたつの政治体制のみである。すなわち、ヴァイマール共和制時代とナチス・ドイツ期（いわゆる「第三帝国《ライヒ》」）であった。このほぼ四半世紀の間のみ、統一的なドイツ鉄道である「ライヒスバーン（ライヒの鉄道）」というものが存在した。

……さて、十九世紀ライン地方の大都市エルバーフェルト（現在は市合同によりブッパータール市の一部）は、「ドイツのマンチェスター」とも呼ばれた先進的な工業都市であり、ハインリヒが生まれた四一年には西部ドイツではじめての鉄道がデュッセルドルフとのあいだに開通している。ブッパー河を利用した流通の集積地でもあり、ベルク・マルク鉄道などの有名路線が四通していた。

ドイツ語圏における鉄道路線の伸長がピークに達し、重工業の発展をレール、蒸気機関、車輛などの鉄道需要が牽引したのが、一八六〇年代の後半である。ハインリヒが六八年に鉄道業に入職した動機も、このあたりから推して知れる。入職の翌年七月、年上の妻マリーア・アンナとのあいだに長男ユリウスがうまれている。

ハインリヒは、保線・路線管理を専門とした。一八八一年に鉄道技術秘書に任じられて官有私鉄ベルク・マルク鉄道に勤務し、一年後、鉄道技術検査官としてアーヘンに着任した。一八九八年には鉄道運営技師に昇進する。「技師」に至るまでの官位名は、補助的な内勤の技術者のそれである。高等教育を前提とする国家資格試験を受けた上級技師と保線区長などの現業的な技官とのあいだには、職業身分上の格差が厳然とあった。その大きく開いた懸隔をうめる職階であった。しんどそうである。このまま一九〇七年に退隠しているから、鉄道官吏・技官としてさほど華々しい経歴でもない。

したがって、四人の子どもがいるドルプミュラー家の家計は、楽ではなかった。鉄道業入職時の月給は四十ターラー（のちの通貨単位では百二十マルク）でしかなく、ハインリヒにはアルバイトが欠かせなかったようである。その名を鉄道史にとどめるさまざまな発明は、副業での収入を見込んでのものでもあったはずだ。一八八二年には、ドイツ語圏の私鉄・国鉄の大規模業界団体であるドイツ鉄道管理体協会（略称VDEV）から、軌道計測器の発明で千五百マルクの褒賞金をあたえられたが、この臨時収入以外には発明の見返りはあまりなかった。軌道計測器を企業が採用し、ハインリヒが収入を得たのはもう退官後であった。

在官中は、それどころか、発明の代償というべきものもたしかにあった。ややイレギュラーな前歴とともに、「発明家」の評判は、技官の同僚のなかでハインリヒが浮きあがる結果をもたらした。のちに技官のみならず鉄道官僚のトップに立ったユリウスは、「あのドルプミュラーの息子か」という色眼鏡で父の上司・同僚だった鉄道技師たちに見られた若い時期を、苦笑いとともに回顧してみせることになる。

鉄道技師の世代区分

バイエルン・ルートヴィヒ鉄道開通以前から、外国で鉄道業にふれていたパイオニア的な技術者には、十八世紀末の生まれが多い。ドイツ語圏では、十九世紀前半に最初の鉄道建設ブームがおこるが、そこでの建設工事の責任者となった技術者も、たいていは一八二〇年より前に生まれていた。この最初期の鉄道技術者たちは、鉄道出現以前の伝統的な内容の技術教育をうけ——あるいはそれすら満足にはうけず――、イギリス人の発明である外来の鉄道関連技術は、国外での見聞や職業経験のなかで自得していかざるをえなかった。工事現場で苦労を重ね、技術者仲間のつくった結社（Verein フェライン）が発行する雑誌や書籍で情報を交換しあい、みずからを「鉄道技師」という新しい専門職に鍛えあげていったのである。この当時の鉄道技術や鉄道管理に関する文献では、「経験（Erfahrung）」という文字が目につく。

これにつづく一八二〇年代～三〇年代生まれの人たちが鉄道業に入職するのは、十九世紀の中頃になる。各地でばらばらに建設がすすめられていた鉄道路線が、主要都市を結節点にようやくつながり、「ドイツ」規模の鉄道網の骨格ができあがっていた。線路がつながって見えたのは地図上のことだけであって、まだ多数の路線をまたぐ長距離一貫輸送を可能とする車輌乗り入れや設備互換・共同化のような有機的な連絡があるわけではなかったが、とにかく鉄道路線は伸びた。鉄道という新規事業は、収益面からも有望な投資先だったからである。こののち、ますます活発になる鉄道建設を背景に、プロイセンなど各地域国家による技術教育が鉄道業への対応をはじめている。これが、「第二世代」というべき鉄道技師たちの、ちょうど修業時代であった。国家資格である建設マイスター（建設監督）試験を了えるかおえないかのころ、一八四八・四九年革命の政治的・社会的大混乱を体験した若者たちである。

一八四八年にフランスで起きたいわゆる「二月革命」のニュースは、鉄道や新聞といった新しいコミュニケーション・ツールによってドイツ語圏にすぐに伝わり、ヴィーン、ベルリンといったドイツ語圏の都市やハプスブルク帝国支配下のハンガリー・ブダペストなどでも市民と民衆の蜂起を生んだ。四八年の一連の革命はポスト・ナポレオン期の復古・反動的なヨーロッパの政治体制を最終的に破壊するものだったが、ドイツ語圏の「三月革命」は時代遅れの「ドイツ連邦」を終わらせて統一的な民族国家

（国民国家）を作りだそうという運動として盛りあがった。十九世紀のドイツ・ナショナリズムは「国民国家」という夢を追ったが、それは封建的な王朝・君侯支配を打破する立憲主義・自由主義的な改革を意味していたのである。多くの青少年が革命運動に参加し、さもなければ世代としてなんらかの形でこれにかかわった。結局「ドイツ」統一の企ては竜頭蛇尾に終わり、民衆蜂起は激しい弾圧をうけることになったが、政治的大変動を経験した若者たちはそれぞれの場所で、加速する工業化にともなう経済成長の時代に身を投じていった。

工業化期の社会は、技師（エンジニア）という新しい職業人を大量に必要とする。十九世紀ドイツ語圏では、各邦で新しい高等教育機関がつくられた。まずナポレオン時代フランスの大学に代わるべき新しいタイプの教育機関（グラン・ゼコール）を見本に、ポリテクニクム（よりドイツ語風には、ポリテクニシェ・シューレ）が各地でつくられる。「Polytechnikum（Polytechnische Schule）」の「Poly」は「多数」を意味する接頭語で、ポリ袋やポリバケツの素材「ポリマー（重合体）」はここからくる。だから「総合技術専門学校」とでも訳すべきだろう。ドイツ語圏のポリテクニシェ・シューレでは、フランスのお手本よりも、さらに実践的な知識の伝達に重きがおかれた。ナポレオン占領時代のプロイセンで、開明的官僚たちによる国政改革の一環として設立されたベルリン・ゲヴェルベ・インスティテュートも、そのひとつである。ゲヴェルベ（Gewerbe）は工業、製造業の意が強い。現在のベルリン工科大学の母体であるこの学校は、工業振興政策のリーダーだった官僚P・ボイト（Peter Beuth 一七八一〜一八五三）の名をとって、ボイト・インスティテュートとも呼ばれた。

一八五〇年代以降、これらの中・高等技術者養成機関の学科内容や、その修了をほぼ条件とする技術職資格の国家試験においても、鉄道という新しい技術体系への対応が徐々にすすむ。もはや「経験」頼りではすまないし、その必要も薄れていく。体系的な学校教育をうけることが鉄道技師としての就職の前提になっていくのが、第二世代からであった。かれらは、だれの目にもあきらかなドイツ語圏各地の工業化の加速とともに、鉄道路線伸長の勢いのピークにむけてキャリアをつんだ。

ハインリヒ・ドルプミュラーはいわば第三世代に属するといえる。かれら四〇年代以降うまれの鉄道技師たちは、キャリアの初期でドイツ統一戦争（普墺戦争・普仏戦争）とドイツ帝国の成立を共通の経験とした。普仏戦争においては、ドイツ軍の占領下フランスでドイツ人による鉄道運行が実施され、多くの鉄道職員がその功で赤鷲勲章や鉄十字章をえている。一八七〇年代には鉄道網はくまなくドイツ語圏全土をおおい、路線地図としてみる限りではほぼ完成にいたる。帝国（ライヒ）の政治的枠組みができた以上、連邦制的な帝国に残った地域国家の邦有鉄道を、最大規模のプロイセン国鉄を中心に合同して「ライヒの鉄道」を作ろうとする考えもおこった。ただ、その実現にたいへんな時間を要することになる。紆余曲折のすえに、一つの統一的事業体としての「ライヒの鉄道」は一八七〇年代はじめにいったん流産した。代わって帝国内の最大邦・プロイセン王国などの域内で、私鉄の官営化がすすむことになる。

こうして鉄道建設が、かつてのような冒険的事業でも、あるいは高収益のベンチャー企業でもなくなった時期、鉄道技師という職業身分は制度的に収まるべきところにおさまり、学歴や国家資格による業種内での階層区分も固定化していった。そもそも鉄道自体が、十九世紀当時としては最も大規模で、堅牢なライン・スタッフ構造による管理組織をもっていた。「ライン」は直線的な上下の命令伝達の経路であり、「スタッフ」は意思決定を支える専門的知識をもつ構成要員を指す。要するに軍隊や官庁、あるいは今日の製造業大企業などが持っている官僚制的な組織を想像すればよい。ドイツの鉄道の場合、こうした大掛かりな組織のモデルは当時の行政官庁から学んで作られたという有名な説もある。その一員であれば職員＝官吏（ドイツ語ではともに、ベアムテ Beamte）であらざるをえない。路線建設工事を請けおった鉄道技師が、技官としての年俸の何倍もの高額の報酬をうけとれた時代は、世紀前半でとうに終わっていた。

こうした官営鉄道の世界で必ずしも恵まれた境涯になかったハインリヒだが、息子たち三人も鉄道技師となる。長兄ユリウスの下には、ハインリヒ（一八七四〜一九三六）、エルンスト（一八七九〜一九五六）がいた。ふたりはかつてのポリテクニシェ・シューレを前身とする新種の「大学（Hochschule）」である工科大学を卒業し、いずれも兄を追う形でキャリアをかさねた。このドルプミュラー三兄弟は、第四世代といえる鉄道技師グループのメンバーということになる。

ちなみに村上宏昭『世代の歴史社会学』によれば、第二次世界大戦前には、若い世代の一部に、一八八〇年代以前生まれは自分たち「二十世紀の人間」とはことなる「十九世紀の人間」だ、という意識があったという。それにしたがえば、ドルプミュラーとその弟たちも、「十九世紀の人間」として二十世紀前半を生きたことになる。この点は、後のナチ時代におけるドイツ・ライヒスバーン総裁を語るときに、もう一度ふれることになるだろう。

ユリウス・ドルプミュラーの修業時代

さて、ハインリヒ・ドルプミュラーの長男、ユリウスについてである。

一八六九年七月二十四日生まれ。同年、ドイツでは地政学者カール・ハウスホーファー、音楽家リヒャルト・ヴァーグナーの長男・跡継ぎのジークフリート・ヴァーグナー、第一次世界大戦の東部戦線の名参謀マックス・ホフマンといった人々が生まれている。ひとつ齢上の六八年生まれには象徴主義の詩人シュテファン・ゲオルゲや社会学者アルフレート・ヴェーバーが、ひとつ齢下の七〇年生まれでは、オーストリアに心理学者アルフレート・アードラーや政治家カール・レナーが出ている。一八七〇年代初頭のドイツでは「創立ブーム」とよばれる過熱的な景気上昇があったため、ユリウスの周辺は「創立期世代」の名でくくられることもある。

なおドイツの外では、ヒトラーへの宥和政策で知られる英国首相ネヴィル・チェンバレンも同じ六九年生まれ。明治二年にあたるので、銀行家・財政家で昭和恐慌期の蔵相だった井上準之助や、千里眼や念写の研究でしられる超心理学者・福来友吉がドルプミュラーと同い年ということになる。

エルバーフェルトに生まれたユリウスは、妹マリーアがうまれた一八七一年には父の転勤でデュッセルドルフに程近い小都市ミュンヒェン・グラッドバッハ（現在メンヒェングラッドバッハ）にうつり、学齢をむかえる。その後、数年たってアーヘンに移住し、ここでギムナジウムを了えている（一八八二〜八九年度）。大学レベルの教育へとつづくエリート・コースを歩みはじめたといえる。

入学時の「王立アーヘン・ギムナジウム」は、卒業の二年前に「アーヘン・カール帝ギムナジウム」

という現在もつづく名称になった。統一以降のドイツは中欧の大国となり、グローバル化がすすむ世界経済のなかで英国をしのぐ工業国の地位に駆けのぼった。帝政下では社会の広い層でナショナリズムが鼓舞され、ローマ帝国と戦ったゲルマン民族の英雄アルミニウス（ヘルマン）や中世の神聖ローマ皇帝、あるいは女神ゲルマニアの記念碑があいついで建てられる。民族的記憶をことさらに強調する、そうした社会の雰囲気の影響が、カール大帝にちなんだ校名の改称にも見てとれる。

ユリウス・ドルプミュラーは新興のドイツ帝国で物心つき、新皇帝ヴィルヘルム二世統治下のいわゆるヴィルヘルム時代に青年期をすごした。このことは記憶しておいてよい。

一八八九年にアーヘン工科大学に入学し、建設技師をこころざして鉄道・道路建設を専攻する。名門学生団体「デルタ」に入会し、のちに鉄道業において同僚となる多くの友人を得た。

工科大学は、工業化の進展するドイツ語圏の社会が新たに要請した高等教育機関であった。中世以来の長い伝統をもつ大学（古典大学）には、工学的技術教育の入る余地はあまりなかった。宮廷や国家資格と結びついた建築アカデミーを了えることになっていた建築家を別にして、技術職——とりわけ機械技師は「産業革命」の時代になってすら、職人に毛の生えたようなものだと扱われかねなかった。実際に、学卒の技師や技手が、職人や熟練工とひとくくりに書類上「技師」や「技術者」に分類されることもあった。

こうした偏見に抗して、一八五六年には、「技師」の社会的身分の向上をめざして、ドイツ技師協会（ＶＤＩ）が有力技師をメンバーに結成される。鉄道技師は邦有鉄道の一員という形で早くから国家官僚組織に組みこまれていたから、社会的認知や待遇では比較的恵まれ、最初期のＶＤＩの活動を牽引していた。このVDIが、総合技術専門学校を「工科大学」に引きあげ、さらにドルプミュラーの学生時代には、大学の真に「大学」たる所以である学位授与権を工科大学にあたえる運動を繰りひろげていた。なお、同様の学位授与権運動は、同じく工業化期の新しい教育機関である商科大学でもおこなわれた。

世紀転換期のこうした動きにきわめて批判的であったのが、マックス・ヴェーバー（上記アルフレート・ヴェーバーの四つ上の兄）である。ヴェーバーは、ドイツの古典大学の実態を厳しくみており、空疎な権威主義や現実的な問題意識から遊離した学問至上主義、さらに鯨飲馬食の乱痴気騒ぎや名誉の決闘などの大学生文化――これには、かつてヴェーバー自身もたっぷり淫したが――といった旧弊から、新時代の高等教育機関はまぬがれるべきだと考えていた。このヴェーバーのドイツ大学批判の認識は、第一次大戦後の有名な講演録『職業としての学問』につながる。

だが、工科大学や商科大学が社会的権威を高めようとする学位授与権付与運動などは、技術者や専門経営者・ビジネスマンといった社会的に必要度の高い職種が、前工業化期以来の社会通念による差別・偏見からのがれることに役立った。社会的栄達をのぞむ優秀な若者が、たしかに集まることになった。

ドルプミュラーもそのひとりであった。工科大学の学位授与権を国家が正式に認めるには一八九九年までかかったので、九三年に卒業したドルプミュラーがすぐに学位を取得したわけではなかったが、優秀な、そして目立つ学生であったことはたしかである。学生団体デルタ・クラブでも人気者であったということは、M・ヴェーバー（Max Weber　一八六四～一九二〇）が反省した大学生らしい遊びも楽しんだわけであろう。一方でアーヘン工科大学学生を代表して、イタリアでのガリレオ・ガリレイ没後二百五十年記念行事に参加したりもしている。

図7　ドルプミュラーの軍隊手帳の表紙

ユリウス・ドルプミュラーは卒業試験の成績を「優（gut）」で了え、政府建設監督としてケルン（ライン左岸）のプロイセン王国鉄道局に入った。建設マイスターの国家資格をえるためにケルンで雇用されるのを望んだのは、本人の申請書によれば当地に居住していることと、父親が近隣のアーヘンで鉄道技術秘書として働いているからであった。*1

しばらくして、当時のドイツにおけるエリートないしサブ・エリート青年の証ともいえる一年志願兵制度（原則として高等教育の学歴をもつ青年が、入営中の経費を自弁することによって国民皆兵での兵役期間を二年短縮し、あわせて予備役の将校への任官が可能になる制度）の利用によって、兵役の義務をはたした。

一八九五年秋からは、建設マイスター資格の実習の一環で、ニーダーライン地方で一部区間について路線工事を指揮する機会を得た。一八九六年から九七年にかけてはおもにコブレンツ、アーヘンなどで業務につく。この間、ドイツ東部のマクデブルク鉄道管区への移籍が決まりかけるが、ドルプミュラー青年の抵抗が上司をうごかした。結局ケルン鉄道局からマクデブルク鉄道局に「当地での勤務継続は業務上の利益となる」との理由で断りを入れる形になり、九五年末には人事書類と転勤用におくられていたアーヘン―マクデブルク間の切符が送りかえされることで、この話は沙汰やみになる。*2

一八九七年末、ドルプミュラーは建設マイスター国家資格試験の一環で港湾設備に関する計画書をケルン管理局に提出、有名な建築家カール・フリードリッヒ・シンケル（一七八一～一八四一）の名を冠したシンケル・メダルの形で高い評価をえた。翌九八年七月に建設マイスター資格を得ると、ただちにザールブリュッケン鉄道管区に着任した。ここで修業時代を了えたことになる。

二十代を終えようとするドルプミュラーは、将来ある技術官吏、鉄道技師として希望に胸を膨らませていた――かどうかは、しかし実は判断が難しいところである。

技術官吏の昇進難

ドルプミュラーがまだアーヘン工科大学で学んでいた一八九〇年。プロイセン王国侍従官府にむけて、「プロイセンにおける国鉄上級官吏の社会問題について」と題する一通の陳情書が五月三十一日付けで送られていた。「鉄道技術者有志を代表して」とあり、一応、署名があった。

国鉄高等文官（法律官吏）と比較すると国鉄高等技官（技官）は所得・待遇ともに著しく不利な立場にあることが、モデルケースを示した一覧表で詳細にわたり訴えられる。それによれば、たしかに技官の不利はあきらかであった。

入職以前に受けねばならない高等教育と二度にわたる資格試験のための実習期間は、文官よりもどうしても一年長くなる。六十五歳で退官という目安は変わらないが、官等・俸給表において高等文官と同等の地位に達するのが遅く、このため生涯賃金は文官のモデルケース十九万二千七百五十マルクにくらべて四万三千六百五十マルクも少ない。

また昇進の可能性もより低く、文官の場合には試補が最長八年以内に全員顧問官（四等官）とその称号相応の職位まで昇進するのにくらべ、技官の場合、国家試験に合格した建設マイスターはその後二十年で五人中二人しか顧問官に昇進できない。現に、十一人いる鉄道管理局の長官（Direktionspräsident）のうち、技官出身者は三人だけである。その他転勤手当、旅費、住居手当などの格差を考慮すると、高等技官とその家族がうけとる所得額は高等文官にくらべ六万マルクは少ないことになる……等々と「多くの友の代理により」陳情パンフレットは主張する。

（四万三千マルクの生涯賃金の差、とはどの程度のものか。異なる時代、社会における貨幣価値を、現在の私たちの金銭感覚にてらして正確に把握することは、帝政期ドイツに限らずむずかしい。なんらかの目安を得ておけば、トーマス・マンの小説『魔の山』の主人公が一八九〇年代に由緒ある商会の解散で遺産相続した金額が四十万マルク。これで「お前の財産も決してそう大したものじゃない。（……）利子だけで喰っていこうとするならば、少なくともお前の持っているものの五倍くらいのものはないと」上層市民の贅沢な暮らしはつづけられない、と後見人にいわれたことになっている。）

昇進における技官の不利は、ほぼ同時代のプロイセン国鉄職員録をながめてみるだけで、事実だとわかる。一九〇八年現在、プロイセン公共事業省鉄道局のスタッフは、次官補以下、五名の省ディレクトゥア（理事）・局長、三十三名の上奏顧問官、二十二名の補助勤務（鉄道ディレクトゥア、政府顧問官、建設査察官、建設マイスター〈建設監督〉たち）であった。このうち技官は、省ディレクトゥア・局長中に二名、上奏顧問官中では十八名を占めていたが、正枢密上級顧問官に任命されているのは三名にすぎない。二十二名いた長官クラスの高官――正枢密上級政府顧問官、正枢密上級建設顧問官、上級建設ディレクトゥア、第二官等の枢密上級政府顧問官、枢密上級建設顧問官、第三官等の枢密政府顧問官、枢密建設顧問官、……といったやたらに長々しい称号の持ち主たち——では、技官出身者は建設専攻五名、機械専攻一名のみ。残りは不明者一名（おそらく会計官）をのぞき、全て法律専攻の文官である。技官の出世は頭打ちが早いのであった。

一八九六年七月、帝国《ライヒ》政府は、創立五十周年をむかえたドイツ鉄道管理体協会（Verein für deutschen Eisenbahn-Verwaltungen: VDEV）の主要メンバーに対し、それぞれの業績と経歴に応じた叙勲を皇帝に申請している。このときの叙勲は、プロイセン、バイエルン、ザクセンなどドイツ諸邦、ベルギー、オランダ在住者も対象にしたものであった。私鉄・国鉄勤務、ＶＤＥＶ専従と個々の経歴は多様であったが、全員が鉄道業においては行政職ないし法関係職であり、技術関連の官吏・職員のこのクラスでの叙勲はなかった。

なおＶＤＥＶは、もともと一八四八・四九年革命前夜の市民の政治的意識の高揚を背景に、当時のプロイセン王国鉄道企業経営者有志が集まって結成された業界団体であった。その後、政治的統一のないドイツ語圏の鉄道業を対外的に代表する存在に成長した。五〇～六〇年代には自由主義的な傾向をもつ企業家もあつまり、メンバーに非ドイツ語圏の鉄道企業や国鉄も加える一種の国際性も帯びた。このため、帝国成立期の鉄道政策ではプロイセン公共事業省あたりからなにかと目の敵にされてもいる。八〇年代にはプロイセン王国はじめ地域国家レベルでの鉄道官営化が進行したこともあって、この時期にはＶＤＥＶ自体がすっかりおとなしい存在になっていたようである。

さて、技官にとっての昇進の問題は、文官と比較したときの格差だけではなかった。キャリア上の目標であるはずの上層ポスト数の不足が深刻化していたのである。

一八九〇年代初頭、プロイセン国鉄の上層メンバーである理事会には、技術関係のポスト（部局長を含む）が七十七あり、これに加えて技術面の営業ディレクトゥアのポスト数は五十二であった。この全部で百二十九の技官ポストに対して、各地の国鉄管理局の技術関係メンバー、その他路線運行、付属工場管理業務、路線新設に携わる技術者を合わせると千二百二十四名の技官がいた。このうち、国家試験受験などで階層的区別があったため昇進の可能性がほぼ無いとされていた三百六十一名の非正規ポスト（終身雇用権なし）の技術職員を除くとしても、八百六十三名が昇進をめざしていたことになる。しかも理事会のポストは、平均して年に九つ空くにすぎなかった。

要するに、鉄道技師が高官に昇進する可能性は、最初からかなり限られたものだといわざるをえなかった。

ザールブリュッケンから青島へ

比較的小さな鉄道管区であったザールブリュッケンでのドルプミュラーの勤務生活は、順調なものであった。ザールブリュッケン中央駅の増改築に腕をふるい、上司の評価も高い。一八九九年の考課表では、「上司、部下との個人的なつきあいは、とても敏活（gewandt）である」とわざわざ書かれた。[*3]

蒸気機関技術者の同僚と「まるでシャーロック・ホームズとワトソン博士のような」と評伝で記された、居間・客間を共有する下宿での同居生活をはじめた。ドルプミュラーたち技師は駅の待合室でいっしょに昼食をとり、夕食は同僚で連れだって街の職員クラブでとった。職場仲間でちょっとした旅行にくりだしたこともある。クリスマスにはドルプミュラーはサンタクロースに扮装し、鉄道管区のトップである長官に「アウグスト、サンタクロースにお礼の挨拶をしないのかい？」とやった。これにこたえてアウグスト・シュヴェーリンク（August Schwering）長官が深々とお辞儀をしてみせたので、満座がわいた。

官吏任官、すなわち公務員としての終身雇用権（テニュア）を得たのが一九〇四年のことであった。だがドルプミュラーの鉄道人としての将来には、限界がみえていた。プロイセン国鉄全体に文官すなわち行政・法律官吏の優越が厳然としていた。そうである以上、地方鉄道管区内で文官たちと多少やりあうことがあろうがなかろうが同じことだろう。そこでドルプミュラー技師は、文官たちとはずいぶん衝突したようでもある。

当時のプロイセン国鉄における文官の仕事は、技官の目にはずいぶん軽いものにみえた。鉄道管理局での同僚の回想によれば、政府顧問官マルクホーフ某がずいぶん早々に仕事を片付けてしまったので、ドルプミュラーは芝居めかして呼びかけたという。

「きみ、事務所で何をなされるや？　せいぜい管理局広報を読んだくらいですか。何度も、そちらをお尋ねするつもりだったのですがね。事務所にお越しになったらすぐに連絡するように従者にもいっておきましたが、どうしたものやら、私が駆けつけるといつもどこかに行かれてしまっていますね。」

自然科学系の専門家には、哲学にも美術にもいわゆる社会科学にも造詣の深い人物が少なくない。そうしたひとかどの教養人を自負するエンジニア、医師、数学者、……が、世間知めいた法律知識や故事来歴の雑学や金勘定のノウハウや蓮っ葉な文芸趣味だけがあって、自然科学の知識と思考スタイルにはまるで欠けた人間に対して軽侮の気持ちをもつとしても、その当否はともあれ、やむをえないところがある。絵画や中国工芸品に関心が深いドルプミュラーにも、どうやらそのきらいがあった。ところが、百年前のドイツ帝国の高級官吏の世界では、技術者に対する蔑視や冷遇が制度的に正当化されていたから、その分、不満も強かったのである。

科学技術の発達が産業と直接的に結びつき、新しい産業を生み出す「第二次産業革命」で、この時期——世紀転換期——のドイツはアメリカ合衆国とともに世界経済の先頭に立った。電機、化学、精密機械などの分野でめざましい成長が起きた。そして国家が科学技術の展開に大きく関与しようとする点でも、ドイツ帝国は先んじていた。工科大学の設置がそうであった。教育機関から切り離された独立的な科学研究施設についても、ベルリンの有名な「カイザー・ヴィルヘルム協会」(今日のマックス・プランク研究所の前身)があげられる。その名に反して当初は皇帝(カイザー)の個人的関心の恩恵を被ったにすぎない民間施設だったとはいえ、制度的なテコ入れは帝政期に開始された。そのおかげもあってか、ドイツは新しくできたばかりのノーベル賞の受賞者を輩出する。ノーベル賞受賞クラスの自然科学者は、もちろん社会的名士として遇された。

だが、邦有鉄道においては、科学技術の重要性が国家官僚制の組織的秩序を変えるにはいたらなかった。一部の製造業の大企業でみられたように、技術的知識をもった専門家がトップ・マネージャーに就任する、などという事態はありえないようだった。もっとも一八六〇年代までとはちがい、なんらかの発明や特許が鉄道業とその周辺産業に集中する時代では、もはやなかった。鉄道業そのものが技術革新の牽引役ではなくなったことは、暦の上で二十世紀になっても法律官吏による官営鉄道組織支配がつづいた理由のひとつだったかもしれない。

父を疎外した上級技官の世界もまた、疎外される者の集団であることに気づいたとき、誇り高いドルプミュラーは、そこからの離脱を選択肢とせずにはいられなかったであろう。

母マリーア・アンナを一八九〇年に肺結核で喪ったが、自分自身も二十代には発病経験をもっていた。同様に発病した弟のひとりをスイス・ダヴォスのサナトリウムに見舞うために、賜暇をとったこともある。[*4]この当時はまだ死病に近かった肺病への危惧をもつドルプミュラーには、転地という理由が加わった。外国での活動にそなえて、ドルプミュラー本人の回想によれば「フランス語と英語」——当時は国際語としてなおこの順であろう——をきたえはじめた。十九世紀後半の技師には、ギムナジウムの成績表で現代外国語の能力に問題アリと判定される者も少なくなかったようだが、ドルプミュラーは語学的才能でも知られた。

まずはセルビアへの転出の話がでた。ザールブリュッケン鉄道管理局長官シュヴェーリンクの紹介によるもので、内々の決定もすでにあった。セルビアの鉄道網は発達しつつあり、それを監督する上級技師ポストは悪いものではない。だが、正式な就任決定の返事は、なかなかやってこなかった。

そうこうするうちに、ふとしたことで中国行きのきっかけができる。

一九〇六年秋、近々にプロイセン王国公共事業大臣に就任する予定になっていた前ケルン鉄道管理局長官パウル・ブライテンバッハ（Paul von Breitenbach　一八五〇〜一九三〇）が、ザールブリュッケンに視察に訪れることになった。ドルプミュラーは、とくに応接の講義をおこなうよう、シュヴェーリンク長官からの電話で命じられた。父や弟の名を知っているというブライテンバッハをむかえ、鉄道局の大広間で図表や地図を前にしての説明を、ドルプミュラー建設・運営管理部長はそつなくこなした。しかし、鉄道局を代表して新大臣閣下にご進講する機会が技官にまず与えられたことで、差しおかれた形になる文官たちからは不平の声があがった――とドルプミュラー本人が書きしるしている。法律・行政専攻の高等文官たちの不満は、あろうことか設宴の昼食の席であからさまになった。

これに反論してみせたのが、当時中国から帰国してザールブリュッケン鉄道管区に勤務していた建設査察官である。名は、ペーター・ヒルデブラント（Peter Hildebrandt　一八六四〜一九一五）。十年にわたって中国で活動したことで知られた鉄道技師であった。このブライテンバッハの視察時にも、とくに称賛を受けている。

新大臣をもてなす管区長官主催のパーティに「若すぎるので」という不可解な理由で呼ばれなかったドルプミュラーは、このヒルデブラントと市内のクラブで食事をともにした。兄弟ともに中国の鉄道での経験が豊富なヒルデブラントに、ドイツ人鉄道技師の活動について話を聞き、自身の希望もつたえた。すぐに今年のワインの出来具合の話になったが、ヒルデブラントはこの夕食の席の会話をよくおぼえていてくれた。

人事異動が近づき、いまの鉄道管理局の建設・運営管理部長という割合自由のきく快適なポストから、どこかの工業地域の鉄道管区の査察局長にまわることが取沙汰されるようになると、ドルプミュラーはいよいよ行動をおこした。ペーターの兄で、いま青島にいるハインリヒ・ヒルデブラント（Heinrich Hildebrandt 一八五五～一九二五）に連絡をとってもらい、山東鉄道会社にポストの空きがあるのを確認すると、ベルリンにあった同社の管理部に就職希望の手紙を書いた。

中国がザールブリュッケンよりも結核再発予防によい土地だという判断は、どのような基準によったものか。ドイツ人のアフリカ植民地への移住に関しては、熱帯気候はそれに慣れぬドイツ人の健康を害するのではないかと心配さえされたのだが、その論法でいくと、中国東部の気候はそれほど望ましいのかどうか。ザールやラインの重工業地域よりも空気がいいと考えたわけでもないようだ。やはり、当時の中国大陸にはドイツ人鉄道技師を惹きつける何かがあったと考えるべきだろう。

シュヴェーリンク長官は再考をうながした。ドルプミュラーがキャリアを逸脱するのを心配してやって、というばかりではなかった。シュヴェーリンクは一九〇七年一月、ドルプミュラーの転任に関する公共事業所本省からの問い合わせに、「査察局長は十分につとまるだろう」と返事していたが、同時に、「いま担当している比較的厄介な建設区間工事や将来の駅舎・操車場建築に支障が出るので、一年以上のちの一九〇八年四月まではドルプミュラーを現ポストにとどめたほうが望ましい」とも意見していた。[*5] 長官クラスの高官にとって、有能な技師は手元に置いておきたい存在であった。そのために当人の昇進が多少遅れることになってもかまわなかったのである。

逆にドルプミュラーにしてみれば、これ以上便利使いされるために翻意することもないわけである。

「プロイセン国鉄の査察官勤務はさほど素敵でもありませんし、これは、めったにない機会でもありますから。」

と、山東鉄道と三年間の契約をむすんで、賜暇をとった。二日にわたって旧友と別離の宴を張り、パンチのボールを気持ちよく干す。

一九〇七年七月二十日、中国・青島にむけて出発。途中アーヘンで病床の父を見舞い、ジェノヴァから出航した。ハンブルク・アメリカ郵船のプリンツ＝ハインリヒ号である。

妹マリーア（一八七一～一九六六）と末弟エルンストをともなっての中国行きであった。

しばしば船酔いに苦しんだ妹を横目に、ドルプミュラーはスエズ運河を経てセイロン、シンガポール、香港、上海とつづくおよそ一か月の船旅を楽しんだ。

第2章

ドイツ帝国の海外鉄道

中国行きの鉄道技師

1908-1914

第一次グローバリゼーションと皇帝

十九世紀後半には、「第一次グローバリゼーション（最初のグローバリゼーション）」がおきたといわれる。ヨーロッパと大西洋世界を軸にする国際経済が、規模を加速的に拡張した。そこには、新しいコミュニケーション技術の発展と、英国を中心とする自由貿易体制の浸透という背景があった。諸国は最恵国待遇の条項をもった通商条約をむすびあい、英国にならって通貨発行量を貿易で出入りする金の保有量（金準備）とリンクさせる、いわゆる金本位制を導入する。これで国際貿易のルールができた。輸送・通信インフラの発達で、「八十日間世界一周」が簡単に現実化した。西欧の紳士たちは旅券もなにも持たずに、思いついた日に汽船に飛びのり、汽車を乗りついで地球の裏まで旅ができた。たとえ外国など目にする機会もない庶民でも——実際はそちらのほうが圧倒的に多数だったが——、消費や生産や売買といった日々の経済活動が思いもよらぬ形で世界経済につながっている、そんな時代がやってきた。

そのなかで新興工業国であるドイツの海外交易の伸びは突出していた。一八八〇年代からの貿易総額の成長は年平均四%に達し、第一次世界大戦前夜までに三倍に膨れ上がる。この間、ドイツの工業製品の輸出先は、ヨーロッパの外に拡張される。輸出先としてヨーロッパが八割近い比率を占めるのは変わらず、英国は常に最も重要な輸出先であり続けたが、アフリカ、アジアへの輸出も増える傾向にあった。結果、ドイツの工業製品は英・仏の海外植民地帝国の市場に食いこむことになったが、これに呼応するように、ドイツ帝国の外交姿勢は、ビスマルクを宰相の座から追った新皇帝ヴィルヘルム二世によって転換された。この「ヴィルヘルム時代」、積極的な海外拡張志向が目立ちはじめる。

十九世紀後半のいわゆる帝国主義国の海外進出のやり方には、決まったパターンがある。「砲艦外交」で分捕った植民地に拠点として自国風の都市を作り、そこから後背地たるべき内陸部にむかって鉄道を敷いていくのである。アジア、アフリカ各地の鉄道の歴史は、おおむね外国資本に依存して建設された鉄道路線からはじまる。一八五三年四月、植民地インドにはじめての鉄道が開通した。一八六三年、南アフリカ・ケープ植民地に最初の鉄道が走り、アフリカ大陸縦断鉄道の計画の第一歩がしるされた。また、一八九一年にはロシア帝国がシベリア鉄道建設を開始し、これはただちに中国大陸での南下策に結びつけられていく。

成立期のドイツ帝国はヨーロッパ内の外交的バランスを最優先し、海外進出にはむしろ抑制的だった。たとえばビスマルク首相は、普仏戦争で戦勝後に獲得可能のはずの海外領土には、ごく淡白な態度だった。これに先立つプロイセン王国時代から、列強に伍して艦隊派遣の「遠征」やそれによる一定の海外進出はあったが、本腰をいれたものではなかったといえる。一八六〇年代、戊辰戦争で支援してくれれば蝦夷地（北海道）一部割譲を見返りに、と旧幕府軍側からもちかけられるチャンスがありながら、英国への配慮から介入の機会を簡単に見送っているのはその好例だろう。六〇年代以前には「ドイツ」統一のほうが、またライヒ成立以降にはその存立をめぐるヨーロッパ外交のほうが、ビスマルクにははるかに重要であった。

ビスマルク退陣後、植民地争奪戦には遅まきながら参加した。一八九〇年、外務省内に植民地局を設置。一九〇七年には帝国植民地省とする。

こうした積極姿勢への転換の背景には、工業化と経済成長の結果、ドイツでは欧州諸国のなかで最も急激な人口増が生じたために、移民排出の必要性も感じられるようになったという事情もあるだろう。だが、季節労働者や炭鉱夫として東欧から移民労働力を受け入れており、さらに安価な中国人労働力を農業労働に入れようという意見まで一方ではあった。実現した南洋や東アフリカでの植民地獲得に、過剰人口排出の面で差し迫った必要があったわけでもないのである。

グローバル化のなかで生じた海外進出ムードに、誰よりもドイツ皇帝が煽られ、それに乗ったことが、「世界政策」の背景にあった。たしかに海外市場は魅力的ではあるが、ドイツにとって海軍増強や大艦隊建設がそのためにぜひ必要だったかどうかには議論がある。

しかし、ヴィルヘルム二世（Wilhelm II　一八五九〜一九四一）によれば艦隊拡張は「ドイツの死活問題」なのであった。一八九八年に海軍拡張案が議会を通過したときには次のようにのべたという。

「ドイツ陸軍が陸上の平和を確保したごとく、ドイツ海軍は海上の平和を確保すべきである。」

ヴィルヘルム二世は、そうやって海軍国である英国を刺激することで、欧州における外交バランスを崩すのも厭わないようにも見えた。だが、大向うをうならせるのを狙ったかのような揚言や失言が必ずといっていいほどつきまとっていたことから暗示されるのは、皇帝の外交的パフォーマンスにはたいした遠謀深慮が働いてはいなかったということであった。

ところで皇帝ヴィルヘルム二世は、豪華なお召列車の車中を好んで執務の場としていた。蒸気船と自動車と汽車をこのみ、統治の初年度の一八八八年だけでも、ペテルブルク、ストックホルム、コペンハーゲン、ヴィーン、ローマに外遊した。その次の年は英国、モンツァ、アテネ、コンスタンティノープルである。もちろん物見遊山ではなく、移動中も通常の政務を欠かすことはない。お召列車が停車するたびに土地の総代を引見し、民草の愁訴に耳をかたむけ、お言葉をあたえた。宮廷や政府の関係者は、絶えず移動中の皇帝陛下が今いったいどこにおられるのかを把握するのに苦労し、決裁されるべき書類の束を抱えて最寄りの駅に待機していなければならなかったという。ついた渾名が、「不定王」。新時代の皇帝に相応しい機動性、フットワークの軽さを評価してもいいが、君主としてどっしりと構える才質や自制に欠けていたことがまず問題視されるべきであろう。

つまり歴史上の人物としてのヴィルヘルム二世には、ある種の軽佻浮薄のイメージがつきまとう。

生まれながらの統治者としての使命感や正義感、それなりの信念もあるし、ひとりの個人としては、先天性の肉体的ハンディキャップを克服した粘り強い努力家である。引退に追いこまれたビスマルクが回想録やジャーナリズムへの談話で張ったネガティブ・キャンペーンに、後世の私たちがまんまとはまっているところも少なくないかもしれない。とりわけドルプミュラーたち技師にとっては、工科大学の「大学」昇格運動を積極的に後押ししてくれた進取の気風に富む皇帝であり、君恩に大いに感じ入るべきであった。

だが、政治家としての不動の識見や強い責任感、それに自制心を持ち合わせているようにはどうしても見えない。大変な自信家であるわりに、ひどく雰囲気に流されやすく、きっと耳目を引くだろう何かしら格好のいいことを思いついて、公の席でたいして考えもなく口に出す。海軍に関する話し合いに一討論者の立場で参加するなど、皇帝としては破天荒ともおもわれる行為も少なくない。その場で喝采をうけることに貪欲である。結果として、進退窮まりかねない危機的な事態もまねくのだが、そのぶん自己顕示欲もみたされたわけだから、深く自省することは本質的にはない。貴族政治家のひとつの典型ともおもえるが、君主権の強いドイツ帝国の憲法規定とその運営は、こうした演技者的人格に強大な権力をあたえることになった。

第一次世界大戦前夜におけるドイツ発の外交的問題は、もちろん、すべてがヴィルヘルム二世に起因するわけではない。だが、たとえば訪問先のオスマン帝国で、次のような名文句を吐いてみせた（一八九八年十月）国家元首の責任は、小さくないだろう。

「ドイツ人は全世界三億のイスラム教徒の友である。」

イスラム教徒の多い中東・西アジア地域に帝国主義的利権をもつ英仏を刺激せざるを得ない言葉であった。ドイツ帝国・ヴィルヘルム二世の「世界政策」の焦点のひとつは、衰退しつつあるオスマン帝国の内懐に入って、中東・西アジアに利権を築くことだった。だからこそ、英仏の警戒を和らげるような言葉を選んでもよかったかもしれない。しかし、ヴィルヘルム二世はこの年の三月には海軍の新兵宣誓式で、

「ドイツの鷲が我が物とし、その爪を立てた国土はすなわちドイツであって永久にドイツ領なのである。」

と高らかに述べていた。

ドイツ資本によるバグダード鉄道の建設はすでに決定していたが、それがカイロ、ケープタウン、カルカッタをつなぐ「3C政策」とよばれる英国の植民地開発政策に比すべきものではないかという疑いを、ヴィルヘルム二世の言動は裏打ちしたものになった。つまり、のちの世でいうところの「3B政策」である。「ベルリン、ビザンチウム（イスタンブール）、バグダード」であって、これも歴史教師の誰が言いだしたのかは知らないが、うまくまとめたものだ。

海外における鉄道建設は、ときおりやってくる不況になやむドイツの重工業に格好の輸出市場を提供するものだと期待された。さきだつ時期にはドイツ重工業の有力な輸出先だったアメリカ合衆国では大規模な重工業の発達が著しく、現在の主要な輸出先ロシアに対しても外交的緊張のせいでドイツ製品輸出の将来が危うく見えてくると、アジア、アフリカの市場が新しく視野に入ってきた。この方面では、植民地帝国をもつ英国やフランスがすでに一頭地抜きんでていたから、ドイツは世界地図のうえに自分

たちの鉄道関連市場の拠点をさがさなければならないだろう。

オスマン・トルコ帝国には、すでに軍事顧問団をはじめとするドイツ人が、技術指導の役割をもって多数入りこんでいた。鉄道技術者はその最たる存在であった。

英仏の警戒心をあおったバグダード鉄道に先だって建設されたのが、アナトリア鉄道（Société du Chemins de fer Ottomans d'Anatolie; CFOA）である。ドイツ銀行の出資により、一八八八年に会社が設立され、首都イスタンブールから南東の都市イズミットまで百キロたらずの路線を買収、路線幅を標準軌に拡張した。その後本格的な工事を開始し、一八九九年には一千キロの路線を完成させている。多数のドイツ人鉄道技師が建設工事と運行にたずさわり、ドイツ製の鉄道資材を利用した。

中国をめざすドイツ帝国

中国に対しても、ドイツ帝国とその経済人は大きな関心を向けていた。ところが中国大陸にはすでに英仏やロシアが食い入り、十九世紀末からは新興の日本帝国も進出していた。後追いの形になったドイツの中国への思いは、なかなか叶わない一方的な恋慕に似たものとなった。

巨大な中国市場を確保することは、十九世紀後半以来二十一世紀の今日にいたるまで百年にわたって変わらぬドイツ経済界の悲願だったともいえる。この間、ライヴァルは英・仏・露から日本、さらに二十世紀末には米・日と変わった。ドイツから中国大陸への高級自動車や工作機械の輸出が活況を呈する二十一世紀初頭の近年、ついにその悲願が成就したともいえるわけである。

世紀転換期のヴィルヘルム二世は、いわゆる黄禍論の欧州最大の旗振り役であったはずである。黄色人種を蔑視し同時に警戒することでは人後に落ちなかったし、政治家としての公の発言でも黄禍論を振りまわした。従兄弟のロシア皇帝ニコライ二世にもその論法で満洲進出をそそのかし、結果的に日露戦争をまねいた、といわれるのは有名な話。その黄禍論と中国市場進出・植民地獲得の野望とは、なんの矛盾もなく両立した。日清戦争当時の中国・清朝は、ドイツ製兵器の東アジアにおける最大の顧客であった。つまり、「黄色の危険」にクルップ社製鋼鉄砲を持たせるのを、ドイツ皇帝はためらったりはしなかったことになる。日露戦争では、今度は日本も買いこんだクルップ社製の大砲が、ロシア軍にむかって火を噴いた。

一八九五年、日清戦争後に締結された下関条約によって日本が遼東半島獲得に動くと、ヴィルヘルム二世はロシア、フランスとともにこれに反対する介入をおこなう。ドイツは、この「三国干渉」後、極東における海軍基地をもとめて中国大陸における列強勢力の空白地帯をさがし、ついに山東半島の膠州湾をみいだした。ドイツ人宣教師殺害事件を口実に威嚇的な軍事行動をおこし、ついに半永久的な租借権を得たのが一八九八年。

すでに清朝時代に要衝とすべく整備がはじまっていた港町・青島を、ドイツ東洋艦隊の基地とするとともに、ドイツ植民地のモデルともなる近代都市に改造する。ドイツは清国政府から鉄道施設権も獲得し、山東省全体に勢力を及ぼせるようになった。ドイツの鷲が爪を立てた国土は云々という皇帝の挨拶は、この直前の達成を踏まえている。

だが、ドイツはここでもあきらかに出遅れていた。

中国大陸における鉄道建設は、英国、ベルギー、フランス、ロシアによって主導されていた。清朝では日本での最初の鉄道開通にやや先んじて、上海—呉淞間に約十六キロの狭軌鉄道路線が敷かれていた。だが、この路線はすぐにあっけなく取り壊されてしまった。新技術による土地開発に対し、当時の風水的発想からの抵抗が大きかったためともいわれる。本格的な鉄道建設は一八八六年にはじまり、一八九〇年に唐山炭鉱から塘沽まで延長八十五キロの汽車鉄道が敷かれた。英国ジャーディン・マジソン商会の出資であった。唐山炭鉱も英国資本により開発されたものである。ここから日清戦争前後に路線建設が進められたが、義和団の乱（一九〇〇年）による鉄道路線の破壊をきっかけに、義和団の乱平定に参加した連合国が、これらの鉄道路線を一時直接管理する事態ともなる。

その後も各地の幹線は外国資本の手によってつくられ、資材は基本的に本国から運ばれ、完成後の運行管理もその国の職員たちの監督でおこなわれた。たとえば英国資本は北京と奉天を結ぶ幹線である京奉鉄道をにぎっていたが、運行は英国人技師たちの指導・命令下にあり、駅の標識や看板にも英語がまず記されていた。

ベルギーのシンジケートは京漢鉄道の鉄道債をひきうけた。すでにインドシナ半島を抑えているフランスは中国南部の鉄道建設に執心し、雲南鉄道ならびに広西線の敷設権を手に入れ、四川鉄道の資金供給権を得た。ロシアは一八九一年にシベリア鉄道建設に乗り出し、これに連結すべく満洲（現在の中国東北部）に東清鉄道（中東鉄道）を建設した。日露戦争の結果、その一部を手にいれ、南満洲鉄道（満鉄）として経営を開始したのが日本である。

ドイツも青島より西に延びる山東鉄道の敷設権を得、ただちに工事にはいる。終点の済南は十四世紀以来の山東省の省都であり、人口二十万を数える山東北部・西部の政治・商業の中心都市であった。清末の有力者である李鴻章ついで袁世凱が総督としてこの都市を支配したことから、その重要性がわかる。

鉄道はこの商業都市と自由港を結び、同時に山東半島に産出する石炭資源を世界にむけて輸出するためのものであった。

一八九九年、ベルリンにおいて正式に山東鉄道公司（会社）が設立され、すぐに本社は青島に移された。出資者のほぼ一〇〇%がヨーロッパ人である。一九〇〇年独清鉄道建設条約を締結。工事は加速し、一九〇四年に青島―済南間の全線開通にいたった。

ドルプミュラーの就職を弟とともに斡旋したハインリヒ・ヒルデブラントは、のちに青島事業部主任となるが、一八九二年から清朝の高官である張之洞の顧問として鉄道建設にたずさわっていた。十九世紀末の当時、ドイツ公使館は清朝の高官たちにドイツ人技師を顧問・アドヴァイザーとして紹介し、いわばお雇い外国人としてのドイツ人の影響力を強めようとした。トルコでの例にならったわけである。（もっともオスマン帝国における軍事顧問団など「お雇い」のドイツ人たちの素行や傲慢な態度は、現地での評判が悪かったようである。）

山東鉄道会社の路線工事はおおむね順調にすすんだが、大河川地帯を通ることに苦労があった。結局、九百五十五もの橋を建設することになった。本線の全長、約三百九十キロ。鉱山への支線が約四十キロ。

図8　山東鉄道

駅数は六十、貨車九百六十輛、客車百輛を所有していた。

一九〇七年までの青島

都市青島の成立とその形成、さらにドイツ租借地としての経済的機能の展開については、ヴォルフガング・バウアー、欒玉璽、権京仙、浅田進史ら諸氏の研究から学ぶところが大きい。以下はそれらによる。

膠州湾を手にいれたドイツは、海軍省長官の下に膠州領総督府を置き、ただちに土地買収と都市開発に乗りだした。

一八九八年、青島の都市設計計画が公表される。ヨーロッパ系住民居住区と中国系住民の居住区をわけ、街路の名もそれぞれドイツ風（カイザー・ヴィルヘルム通り、ビスマルク通りなど）と中国風（李山路、山東路など）として、区別を明瞭にした。上下水道の整備や防火施設などをもうけ、都市設計思想として「健康、交通、強度、防火」を共通のモットーとしながら、建築基準（建蔽率）もやや異なるものとしている。とんがり屋根が特徴的な鉄道駅の前からまっすぐに街路が広々とのび、オレンジ色の屋根と豊かな並木の緑がめだつヨーロッパ人居住区と、総督府の裏手にあたるやや狭隘な中国人居住区とのあいだで、いわば差異が可視化されていた。

また、流れこんでくる大量の中国人労働者は当然、中国人居住区に集中したため、衛生条件の悪化と疫病蔓延をおそれて都市周縁部に労働者住宅が建設された。大港には造船所、小港のそばには発電所、屠殺場があり、郊外にレンガ工場、ビール工場などが置かれた。

山東鉄道が部分的に開通していくが、その利用者はまず、港湾建設に従事する中国人労働者だった。

当初、ドイツ帝国政府は膠州湾租借地を自由港として国際的に開放し、世界貿易の一大拠点を新たに築く計画をたてた。香港や上海がお手本であって、自由貿易時代の植民地経営として当然そうあるべきだと考えられたのである。そのための租借地全域にわたる免税圏の設定と近代的な港湾設備であった。多数のドイツ系・ヨーロッパ系の商社が自由港・青島に集まり、国際交易に従事することが期待された。

ところが、実際の青島経済の主要な担い手はドイツ人商社ではなく、従来の地域的な物流を回していた中国人商人であるとわかった。青島経済は中国内地とつながってこそ存立することがすぐにあきらかになる。免税地区である租借地とのあいだの関税障壁には現実に標識がたてられていたというが、税関を通すことによる中国内地と青島港との間の物流の阻害は、租借地の将来にかかわる問題となった。

二十世紀に入ってからも港湾整備工事はつづいていたが、これが完了して建設資材や労働者が自然に流れこむのが終わってしまえば、青島経済はたちまち停滞するだろうと予想された。期待されたドイツ人商社の活動は不活発で、建設工事関連の資材の輸出入を除いては、駐留ドイツ軍相手の商売が細々とおこなわれているにすぎない。

そこで一九〇五年、総督府は方針を転換し、中国内地との流通を優先する政策として、自由港＝免税領域を大幅に縮小した。すでにその前年・一九〇四年には山東鉄道をはじめとするインフラストラクチュア整備の多くが一段落していた。膠州湾租借地が、開発依存では経済的にもはや立ちいかない危機的状況にあるという判断は、ドイツ本国でもなされていた。一九〇七年には膠州湾植民地経営不要論も出ており、この件で議会が解散することにもなったほどである。中国内地の産品の輸出を軸に青島経済の発展を図るしかなかった。

この転換は功を奏した。青島港を介した輸出は輸入を上回る勢いで順調に伸び、一九〇四年から一三年までのあいだに四倍増となった。それらの多くを占めるのは麦稈真田《ばっかんさなだ》（麦藁帽子などの材料）、落花生・落花生油、絹糸・絹布、豚毛、牛皮といった品目である。済南を本拠地とする中国人雑貨商のネットワークが、ここでは大いに機能した。

中国内地経済との一体化がすすむにつれ、在青島の中国商人の存在感もまた、租借地社会のなかで大きくなっていった。民生部と軍政部を統括する総督府を頂点とする体制にゆらぎはないが、一九〇七年三月の総督府参事会では、参事会に中国人の代表を入れるべきことがドイツ人総督みずからにより提案された。一九一〇年、列強の中国植民地のなかでは最も早く中国人による商業会議所の設置が許可され、市参事会に中国人代表がメンバー入りした。

青島経済の成功は、また、日本人も徐々にひきよせた。一九〇〇年代なかばまで、青島市内には写真屋や飲食店をいとなむ日本人——最初期には娼婦も多かった——が二百名ほど住んでいるだけだったが、ようやく一九〇八年に三井物産が青島出張所を開設する。以来、湯浅洋行、日信洋行、大倉などの貿易商が続々と進出し、山東産の農業産品の出荷に力をいれた。これら日本人実業家は親睦団体として、青島実業協会を一九一三年に創設した。後の青島商業会議所の前身である。

たかだか三百名ほどしかいなかったが、日本人はドイツ人の目からは、中国商人ネットワークに自分たちよりもずっとうまく適応していた。一九一二年には青島の貿易相手国として、貿易総額で日本がドイツを上回っている。日本商人は「語学力に富む」というのがその秘訣の筆頭にあげられた。漢字が楽に読める、ということだけでもないだろうが……。

一九〇七年八月末に中国に到着したドルプミュラーをむかえたのは、こうした植民地の環境と人びとであった。

津浦鉄道のドイツ人技師

ドルプミュラーは、まず、ヒルデブラントの後任として山東鉄道技術局長のポストについた。その後すぐに、当時のドイツの主要銀行十三行の出資でつくられた国際銀行である徳華銀行(独亜銀行)にも注目される存在になる。このことで清朝政府要人の評価を集め、八か月後には、清帝国鉄道が計画する天津と浦口(南京の対岸)をむすぶ新鉄道の建設に、技師長としてまねかれた。そこで一九一〇年十月末までの予定だった賜暇を、このとき一九一二年七月まで延長することをザールブリュッケン鉄道局を通じて本省に願い出、認可されている。*1

図9　青島市街

この新線(のちの津浦鉄道)が完成すれば、北京と南京が天津経由で直結することになる。新建設区間はおよそ千キロにおよんだ。一八九四年には「天津—鎮江鉄道」としての建設勅許がおりていたが、英独共同出資のシンジケートとのあいだに建設協定がむすばれるまでには紆余曲折があった。

まずは当初計画での外国資本の導入について、清朝政府は米英とベルギーのあいだに二枚舌を使っていた。これに怒った英国がつめよって一八九八年に英国資本での建設が決定したところ、ドイツ公使が抗議を入れた。路線の三分の二が通る山東省における自国の鉄道敷設権をおかすものだと、ドイツ資本での建設を主張する。

英独がもめた末に、共同シンジケートによる出資ということで落ち着いたのが翌九九年。ところが一九〇〇年に義和団の乱（北清事変）がおき、ここで計画そのものが棚晒しになってしまった。一九〇二年から中国内部での利権回収熱がたかまり、外国資本による鉄道建設反対・鉄道自営の声があがったため、これに押された清朝政府が英独シンジケートに交渉をもちかけるが、当然議論は紛糾する。この間、路線計画そのものが見直され、結局、終点は鎮江から浦口にかわった。

既得権益を強硬に主張する英独シンジケートが清朝政府を押し切り、「津浦鉄道」として借款最終契約二十四条の妥結をみたのが、一九〇八年一月というわけである。

この経緯をつたえた『大阪毎日新聞』（一九一二〈大正元〉年十二月五日）のまとめによれば、最終契約には、「北部線（三分の二）は独亜銀行の、南部線（三分の一）は英清組合の推薦したる各技師長之を担任し契約の日より六ケ月以内に起工し起工の日より四ケ年内に完成すべし」とあり、また「全支配権は清国政府に属し督弁大臣之を監督す〔。〕只公債償還前に限り欧洲人を技師長に任用すること」とあった。同記事には次の一文がある。

「是において清国政府は（……）山東鉄道技師独人ダルトムゥーを北部技師長に関内外鉄道技師英人

タッケーを南部技師長に任命して千九百八年の夏工事に着手したるなり〔°〕」

「ダルトムゥー」がドルプミュラーであろう。

南北区間にわけられた路線の両端から工事が開始された。このとき、ドルプミュラーは次のように記している。

「この路線建設は、たとえ中国企業の名でおこなわれようと、ドイツの技術とドイツの力を体現するものなのである。資材購入がドイツの経済や工業を利するものだということをもしも完全に度外視したとしても、そうなのである。」

天津のドイツ租界に本拠をさだめ、ドルプミュラーは精力的にうごいた。弟だけではなく、人脈を駆使して優秀なドイツ人技師を津浦鉄道に引っ張りこみ、ヨーロッパとはまったく異なる環境での工事にいどんだ。高価で維持コストもかかる機械の導入をできるだけ見おくり、それにかえて苦力を安価な労働力として大量に利用することで建設費をおさえるという手を、ドルプミュラーも大いに使っている。

津浦鉄道建設工事にも、路線が大河川の流域にあるための苦労がつきまとった。多数の運河、開渠・暗渠が工事をはばみ、夏季の河川氾濫への対策が課題となった。

工事中、最大の難点は黄河架橋であり、橋脚を立てるべき河川内の柔弱な地盤への対策に苦慮した。山東省を南北に縦貫する北部路線は英国側の南部路線工事より前に開通していたが、その後も、この鉄橋工事だけは完成していなかった。一九一二年十一月十六日、三年の日数と千百十四万マルクの工事費を投じ、架橋工事はようやく終了した。

この他にも、中国での工事ならではの苦労があった。大運河での架橋工事は、元朝時代の十三世紀以来、舟行をさまたげるという理由で禁じられていたので、清朝政府の許可をとるのも大変だった。また、孔林（孔子廟。孔子一族の墓所）から線路を十キロ遠ざけるため路線変更を余儀なくされた。のち一九一四（大正三）年、アジア主義の実業家・白岩竜平が、津浦鉄道の曲阜の駅から孔子廟までの「二里半程」の泥濘の道を黄色い砂塵にまかれながら難渋してすすむ羽目になったのは、このためである。

図10　黄河鉄道橋

英国が担当した南部区間工事が終了し、津浦鉄道全線開通をみたのがこの一九一二年末。この年、清朝が倒れ、「宣統四年」は「民国元年」として終わった。翌民国二年一月、本線の営業を開始する。

ドルプミュラーの路線工事は、専門家にも高く評価された。全長三キロをこえる黄河架橋工事では、砂地に橋脚を固定するためにコンクリート製の杭を用いる新技術を採用し、ここではドイツ製の最新の杭打機が活用された。また、石材に乏しい地域では硬質煉瓦（クリンカー）を焼かせて代用した。クリンカーを焼く窯から出た残滓は細かくくだいて線路の敷石につかった。この当意即妙の工夫は、しかし、運送業務で見込める、しかるべき利得を期待していた中央政府の高官の反感を買うことにもなった。中国人業者の利益を損なうものだという批判をうけて派遣されてきた査察官に、ドルプミュラーはまる一日忍耐強くユーモアもまじえて応対し、この問題は落ち着いた。かえって工事会計全般をまかされる信頼を、高官たちからえることになる。

技師長ドルプミュラーは、工事が完成した中国国営鉄道・津浦鉄道においては、運営部長として運行全般を監督することになった。のちに日本の青島守備軍民生部鉄道部が調査したところによると、勤務の最終年である民国六（一九一七）年に十五人いたドイツ人雇用者中、「独人ドルプミーラ」は「津韓段天津」路線担当の「総工程司」として「ショーッテ」「スロナリン」「ミーラ」などのそれぞれの「段長（路線長）」と一人の中国人をふくむ六人の「分段長」を配下としていた。[*2]

中国体験

ドルプミュラーは筆がたち、中国にやってくるはじめての船旅ではセイロン、シンガポール、香港、上海といった異国の寄港地での見聞をせっせと日記に記した。また、天津時代には長短さまざまの手紙やタイプで清書した手記に中国での体験を書きのこしている。

中国辛亥革命勃発（一九一一年）によりドイツ人の死者も出た天津における生々しい経験も記したが、業務でつきあうことになった中国人についての、ほとんど小話めいたエピソードを書き送っていることも多かったようである。

一九〇九年五月末から七月にかけてドルプミュラーは運河工事の調査に出張中だったが、留守中の事務所に、日本人商人が枕木十五万本の用意ができたと連絡してきた。……枕木？　会社の誰もそんなものは注文していない。調べてみると、契約を結んでおりますよ、というのだが、これは中国人の職員何某の仕業だとわかった。契約書に捺された会社の印に見えたのは、この職員が筆で似せて描いたものだったのだ。支払い金の名目で金庫から出させた四千ドルを握って姿をくらましていたが、どこへ行ったのかとおもえば、この中国人職員は休暇をとって山西省の先祖代々の墓参りにでかけていたのである。

当時の天津にも、三井物産をはじめとする日本商社や日本郵船、中小の商会等の企業代表者七十六名があつまり、一九〇八（明治四十一）年には天津日本人商業会議所を結成していた。一九〇八年秋から翌年三月にかけて在南京日本領事館が、英国が建設担当する津浦鉄道南線の枕木の入札の情報を三井物産合名会社木材部に教え、入札への応募をうながしている公電記録がある。[*3] 中国人職員に一杯食わされた「日本人」も、日本人租界に居をかまえた三井物産、武内商店天津支店、信昌洋行といった商社であったのだろう。

またドルプミュラーは次のようにも書いている。――ある朝、事務所にきてみると、中国人の事務員たちがひとりも出勤してこない。その日が孔子の誕生日であることを自分たちドイツ人職員は知らなかった。これでは仕事にならぬ。……（一九一〇年二月八日付の手記の一節）

膠州租借地での総督府やドイツ系公企業・私企業の課題は、中国人職員の確保だった。ヒルデブラント取締役兼技師長時代の山東鉄道にはドイツ人がおよそ六十名しか勤務しておらず、中国人従業員が不可欠であった。だが、ドイツ人のオフィス勤務に使える中国人事務員や技術者の数は少なく、その養成が急務とされた。小学校教育が充実されたほか、海軍工廠・造船所附属の職工学校が設けられ、山東鉄道も会社内に鉄道学校をもうけて中国人鉄道員を養成した。また、青島の最高学府として独中大学が一九〇九年に創立されている。教会経営の女学校もふくめ、租借地内の教育制度の充実にドイツ人が果した役割はたしかに少なくない。

ドルプミュラーはまた、済南の中国人銀行家に数少ないドイツ人同僚たちとまねかれ、ビールの飲み比べをしたこともユーモラスな筆致でしるした。

なお、津浦鉄道開業の年一九一三年の十月から十一月にかけては、妹マリーアとともに、日本にも休暇旅行にでかけている。これについても日記が残されているという。

ドルプミュラーの手記は、その多くが手紙という体裁もあって軽妙な語り口がめだち、旅行記としても植民地支配の観察記録としてもそれなりに興味深いものではある。だが、現代のわが国でも無数にかかれている、外国での仕事の苦労を微苦笑まじりに記した海外体験エッセイにすぎないところもある。ところどころに中国語の会話もはさまったこれらの手記からは、ドルプミュラーに黄禍論風のきわだった人種的偏見や外国人憎悪があったわけではないこともわかる。そういえば、ドルプミュラーは中国工芸品のコレクターでもあった。しかし、だからといってそれが何かの証左になるわけでもない。

ドルプミュラーが中国で何を目にし、考えたのかをより直接うかがわせるのは、一九一二年十一月十六日の黄河鉄橋完成の小式典でのあいさつであろう。

千五百語近い、演説といっていい分量の挨拶では、まず、

「陽の沈むところ、ここより幾千マイルのかなた、ドイツ西部には無数の工場が、ゲマインデ（邑）

や一都市から一個の端倪すべからざる工業中心地に成長した都市群があります。そこでは夜昼となく労働作業がおこなわれ、何百もの大小の煙突が煙をふきあげ、夜ともなれば燃えさかる溶解炉や高炉の紫の輝きが壮麗なる夕陽と競うのであります。」

と、ドイツの工業地帯のありさまから語りおこす。以下延々ドイツの工業地帯の描写がつづくが、すなわちこれが黄河鉄橋（の資材）のうまれた場所だ、というわけである。現に黄河鉄橋には、「アウクスブルク―ニュルンベルク機械製造株式会社・グスタフベルク工場」と麗々しくその供給元である、略称MANでしられる会社の名がかかげられていた。

「（……）東アジアでは、私たちの建設工事は、真剣な期待をもって注視されています。ことあるごとに心配して問われました。何世紀にもわたり、あらゆる人知に抗してきた河の流れを封じこめられるのか？　その力はすでに他の鉄路にも及び、強行されようとする架橋工事に対して圧倒的な脅威になりつつあるではないか？　この問いがしばしば我々の真剣な協議の課題となっていたことを、隠そうとは思いません。だが、我らの今日の架橋技術の水準への信頼が、常に上まわっていたのです。我らに課せられた責任をよく感じつつ、しかしながらこの禄口の地を架橋工事の場とし続けることに、決して怯みはしなかったのであります。（……）」

ドルプミュラーには知人、友人といってよい中国人も少なくなかった。辛亥革命勃発時（一九一一年）

には、特別に列車を出し、旧知の清朝の地方高官を夜陰にまぎれて脱出させてやったりもした。そんなドルプミュラーだったが、結局のところ、中国や東アジアの社会の内側にいる自分を感じることはなかったようである。あくまでドイツ人ないしヨーロッパ人が異郷にいるのであった。

したがってドルプミュラーにとっての中国は、あるドイツ人がその願いを果たすためにえらんだ、よく描けた芝居の書割にすぎなかったともいえる。

では、ドルプミュラーが異国の地に期待したのは、なんだったか。

ドイツ語圏では半世紀近く前に過ぎさった一種の英雄時代の鉄道技師たちの姿を、追体験することだったのではないか。世紀転換期当時、ドイツではすでに路線網が完成し、鉄道技師は官僚組織の規格化された部品としての働き以外に役割を与えられない。それとは異なり、東欧にせよトルコ・中東にせよ中国にせよ、西欧・中欧からみた「東」には、鉄道路線が拓くべき未開の大地が、まだいくらでも広がっているかのようだった。

かつて十九世紀前半、ドイツにおける第一世代の鉄道技師は、鉄道敷設とともに国内ながらも未知の土地の開化を進める使命をも帯び、難工事を陣頭指揮し、その腕を現地で存分にふるった。鉄道が最新の技術体系として導入されたとき、その事業の成否を左右したのは技術者の力量であった。現に最初の鉄道会社ブームがおきた一八四〇年代にも、鉄道会社はつくられ出資者は集まったが、肝心の路線工事が頓挫してしまうケースは決して少なくなかった。ここでの技術の圧倒的な重要性を背景に、一部の突出した評価をもつ鉄道技師は高い報酬をとり、その後の会社経営にも発言力を行使できた。

彼らは困難な路線工事を一から計画し、出資者や役人をあしらいながらも、そうした雑音から遠い僻地にみずから飛びこんだ。一八四〇年代でいえば、プロイセン王国の東部――西プロイセンや東プロイセンといったドイツ系、スラブ系の複数民族が混住してきた州――などがそれにあたった。東プロイセン地方の都市ケーニヒスベルクへの路線工事の一環として、ヴァイヒセル川では大規模な架橋工事がおこなわれ、予備的な堤防建設だけで七千人の労働力が投下された。工事現場周辺の物価はそれだけで高騰し、この国家事業である東部鉄道の鉄道委員会とプロイセン大蔵省は、派遣された建設官吏のために給与をあわてて上げなければならなかった。その申請を国王官房に上奏するさいには、わざわざ「民間の鉄道会社ならばゆうに三倍の給与をとれるところであるので、……」とこの技官の技量を高く評価する語句をつけくわえている。

多数の部下と苦楽をともにしつつ、自然の脅威とたたかい、科学技術の成果である鉄道路線をのばすことで未開の土地に文明の光をとどける、誇り高い鉄道技師。ドルプミュラーの願望は、そうした存在になることだったのではないか。

だとすれば、その望みは、ほぼ満たされたといってよかった。この場合、中国・山東省が未開の地などでは決してないという事実は、かれにはあまり関係がないのであった。そんなことをいえば、スラブ系住民が多数を占める土地であった十九世紀なかばのプロイセン王国東部だって、決して未開地ではなかったのである。また、ドルプミュラー自身に中国の歴史や文化への相当の理解もあった。だが、要はエキゾチシズムの問題であった。ドルプミュラーは、ドイツの工業力によってアジアの氾濫絶え間ない大河を征服した形にできたことで、西洋からやってきた近代化の前線指揮官としての満足をあきらかに得ていた。また、みずからが合理的かつ機能的に設計した組織を、事実上のトップとして意のままにうごかす歓びを、技術者としてここではじめて満喫できたのである。

前記の日本の青島守備軍民生部鉄道部は、ドルプミュラー指揮の路線工事をのちに調査し、次のように絶賛した。

「蓋《けだ》し津浦鉄道は独英両国の借款により両国技師の監督の許に築造せられたる関係上、それぞれ其の精を取り華を蒐《あつ》めたる観あり。（……）特に北段の如きは、其の建造物等支那国有他鉄道に比較し決して遜色を見ず、我が山東鉄道の如きは遠く及ばざるものあり。就中黄河鉄橋の如きは独逸が最新学理を以て建設せるものにして、支那鉄道界の一偉観たるを失わず。*4」〔原文カタカナ旧仮名。句読点を補った。〕

なおドルプミュラーはこの路線工事の成功により、ドイツ帝国政府からは四等赤鷲勲章を、中国政府からは四等嘉禾勲章を授与された。

第3章 帝国の崩壊 第一次大戦下ドイツへの帰還 1914-1918

「長い十九世紀」のおわり

よく「○○によって人びとの運命は狂わされた」とかいうが、考えてみればおかしな表現であるかもしれない。もしもことばの正しい意味での「運命」というものがあるとしたら、本人には思いもよらない境涯になることもふくめて、その人の運命のうちということになる。「狂わされる」もなにも、「○○」やそのあたえた影響も最初からきめられていた、それがかれやかの女の運命そのものだ、といわねばならぬはずである。

だが、人格的にほぼできあがり、社会的なキャリアをある程度以上積みあげた人物が思い描いてしかるべき人生設計が、何ものかによって突然崩されてしまったとしたら、それを「運命が狂った」と表現したくなるのもうなずける。

第一次世界大戦は、その意味で、多くのヨーロッパ人の運命を狂わせた。というより、十九世紀中に生まれたヨーロッパ人で、第一次世界大戦の一九一四年から一八年のあいだにみずからの人生に決定的な節目や曲がり角を作られることがなかった者はいないのではないか。無数の戦没者、戦傷者やその家族はあげるまでもないが、生き残った者、近しいひとを失わずに済んだ者にも、第一次大戦はその人生に重い影響をもたらした。

ドイツ語圏で思いつくままにあげれば、もしも第一次世界大戦がなければ、自他ともにみとめる芸術至上主義者で「非政治的」な小説家が、戦時中の長い自己問答のすえ、戦後は共和制支持者に転向、後年の第二次世界大戦時には民主主義の闘士として亡命先から故国にむけて反ナチを呼びかけるラジオ放送をすることにはならなかった（トーマス・マン）。化学肥料の製造を可能とし、世界の農業生産を格段に上昇させることになるアンモニア合成法を開発した人物は、第一次大戦がおこったことで新兵器・毒ガスの研究と製造に献身的にとりくみ、そのために妻が抗議のために自殺、のちに「化学兵器の父」とも呼ばれることになった（フリッツ・ハーバー）。二十代の業績で世界的名声を得、ハプスブルク帝国の首都がほこるヴィーン大学の正教授の座を約束されていたはずが、帝国崩壊後は失敗した社会主義政権の大臣、破産した銀行家、とキャリアを迷走させた経済学者は、最終的には愛するヨーロッパをはなれて渡米せざるをえなくなった（J・A・シュムペーター）。当時新進の画家は、アカデミーで培った画風を従軍経験で一変させた（マックス・ベックマン）。精神科医として第一次大戦の戦場におもむき多数の神経症患者と接したことで、師S・フロイトの考えと完全に決別し、それに比肩する独自の体系を打ちたてることになった心理学者もいた（アルフレート・アードラー）。……そしてなによりも、オーストリア出身の画学生くずれのホームレスの青年が、ドイツの独裁者への道をあゆむようになること自体、第一次大戦がなければありえなかったことではないか。

これらの人びとが本当ならそのようには生活を送らずにすんでいたはずの世界、あるいは、ひとつの歴史的な時間のまとまりというものが、かつてはたしかにあった。

第一次世界大戦勃発はまちがいなく、その終わりを告げた。

西暦でいえば十八世紀末以来の百数十年のあいだに、人類の生活資源の創造手段の比重が農業から製造業へ、同時に手作業から機械利用へと決定的にシフトし、また世界のどの場所のいかなる社会的活動も地球規模の連関をもつようになるという未曽有の変化が生じた。すなわち、工業化とグローバリゼーション。その中心にはいうまでもなく、ついに「市民社会」という新しい自意識を獲得したヨーロッパがあった。

この歴史的に一貫した内容をもつ時間を、フランス革命の十八世紀末から二十世紀初頭までつづく「長い十九世紀」と呼ぶことが一般化している。このヨーロッパの時代が音をたてて崩壊していったのが第一次大戦だったのだから、それによって十九世紀生まれのヨーロッパ人一人ひとりが生活と将来に決定的な打撃を受けないはずはなかった。

上記の心理学者アードラーの一つ齢上で、開戦時には四十五歳になっていたドルプミュラーの人生も、第一次世界大戦で激しく折れ曲がったといえる。第一次大戦が仮におこらなかったならば、すでにドイツ帝国・プロイセン王国鉄道技官としてのキャリアをみずから中断したドルプミュラーは、「中国で活躍するドイツ人鉄道技師」でありつづけた可能性が高い。山東省での成功があった以上、経歴上の先輩にあたるヒルデブラント兄弟がそうであったように、ドイツ内外の鉄道技術者の世界でそれなりの処遇をうけただろう。そのうちに、のぞめばドイツ語圏の官営鉄道への官僚としての復帰もあったかもしれ

図11　第一次大戦開戦時の鉄道による出征

ない。本人にも、そのための保険をかけている節があった。だが、十九世紀の職階的秩序が守られたままの邦有鉄道であれば、栄達がその後に待っていたかどうかはまったく疑問である。
　いやそもそも、ザールブリュッケン在職当時からの人事考課表によれば、一九〇七年の時点で技術者ドルプミュラーには、鉄道局長官や本省高官といった顕職はおろか、技官のトップクラスの称号である「上級建築顧問官」相当の官職に将来、昇進できる可能性もほぼなかった。[*1]
　だからこそ、そう遠くもない引退の時期まで中国滞在を続けることを選んでいたのではないかと思われる。そこでは、ドルプミュラーがまた腕をふるえる大規模な鉄道建設の仕事があっただろう。現に、第一次大戦後にも、製鋼メーカー・クルップ社からそうした話はもちかけられた。
　しかし大戦は、ありえたかもしれないドルプミュラーの中国でのキャリアの見通しを簡単にくつがえした。

脱出

一九一四年夏、第一次世界大戦がはじまった。ドイツは英仏と露などを相手とする二正面作戦に入ったが、戦争は当初の予測を裏切って長期化し、多方面におよぶ国力の全てを戦争につぎこむ「総力戦（guerre totale）」とよばれる新しい種類の戦争となった。

大正三年にあたるこの年の八月二十三日には、日本が当時の日英同盟を理由にドイツに宣戦布告、青島の海陸で戦闘が生じた。ドイツ太平洋艦隊の大半は海上封鎖をおそれて脱出し、艦隊の残余は日本海軍がこれを無力化した。日本陸軍は、山東半島上陸後、入念な準備をへて十月末日から青島要塞攻略を開始した。その圧倒的な火力のまえに、ドイツ要塞守備軍は十一月七日に降伏、青島は陥落した。膠州湾租借地全体が日本の軍事占領下に入る。なお日本軍政は戦争中の大正六（一九一七）年に民政に切りかえられ、大正十（一九二一）年に膠州湾租借地が中国に返還されるまで日本による統治がつづくことになる。

当初、中国は大戦には中立を保ったため、ドルプミュラーの国営津浦鉄道における地位には大きな変化はなかった。またドルプミュラーは、中国政府の関係者にかなり顔がきいたようでもある。

これまでドルプミュラーはほぼ一年毎に、律儀に賜暇延長を本国に願い出ている。将来もらえる恩給額の計算が大事だから、これは当然である。ベルリンの本省も願いを一々受理してきた。だが、開戦から二年目の一九一五年五月の賜暇延長願いに対しては、七月にはいってから次のような答を返してくるにいたる。

「通常の状況にもどり次第、いつ官務に復するのかを伝えてくるか、さもなくば、また賜暇延長を出されたい。」*2

もはや大戦という通常ならざる状況下、ブライテンバッハ以下プロイセン公共事業省にも、一技師の中国からの願い出に応対する余裕がないのであった。そして一九一六年に入ると、ドイツ本国からの通信もとだえてしまう。また津浦鉄道の俸給が信用のない銀行券で支払われるため、目減りが激しく、ドルプミュラーたちドイツ人職員は手元不如意に苦しむようになった。

一九一七年には、ついに中国がドイツに宣戦布告。この結果、津浦鉄道のドイツ人職員十五名は全員解雇された。かれらは青島陥落後あしかけ三年にわたって極東におけるドイツ人の代表を自負してきたが、その役割もうばわれる形である。中国政府はとりあえずドイツ人職員には半額の給料を支払ってくれたし、敵国人となったドイツ人鉄道技師たちにすぐ拘束をかけようとはしなかったが、それもいずれ時間の問題とおもわれた。

この年の秋、敵国人として移動の制限をうけ、天津に逼塞したドルプミュラーは、開戦当初から胸にいだいていた故国への帰還計画を実行にうつすときだと決意した。しかしそのためには、この一七年末ぎりぎりまでは交戦状態にあった、革命下のロシアを通過するしかない。年が明け、一九一八年になっても社会主義革命の混乱はおさまらず、ドイツとソヴィエト・ロシアの関係も、講和条約をめぐってなお流動的であった。先年（一九一〇年）、妹をつれた休暇の一時帰国旅行で満鉄（日本が経営する南満洲鉄道）とシベリア鉄道を乗り継いだ経験はあるが、今度は途中ペテルブルクのエルミタージュ美術館で名画を堪能するというわけにはいかなかった。

また、戦時下のドイツにわざわざ戻ろうというのでもあった。仮に帰還に成功したところで、その先におそらく何の楽観もできなかった。外地で敵国・第三国の報道にも接していたドルプミュラーたちは、この一七年四月のアメリカ参戦で決定的に不利になった戦況を、ドイツ国内にいる以上にきちんと把握していたはずである。また、この秋から冬にかけて、ドイツ国内の食糧事情は極度に悪化し、大量の餓死者を出す事態におよんでいた。交信途絶のために、このいわゆる「カブラの冬」の実態こそ正確に知りようもなかったが、飢餓をもたらした国内の運輸事情の悪化には、専門家としてある程度の想像はついていたとも考えられる。平時においてすら、収穫期の秋には車輛の不足や諸邦鉄道間の連絡の不足から、輸送に不調が生じるのが、ドイツの鉄道輸送の弱点だったのである。

四十八歳のドルプミュラーは、しかし、命がけの冒険にふみきった。

オランダ人「ヤン・ドリーゼン（頭文字は本名にあわせて〝J・D〟）」名義の偽旅券を手にし、頭を剃って禿頭を装い、メガネとブラシ髭で別人になりおおせた。ごく親しい人間にだけ別れをつげて姿をくらまし、当時の満洲との国境をこえ、シベリアに入った。ひとりのロシア人を雇い、シベリア鉄道での同行者とする。

逐電の二日後、現地の英国人向け新聞は「ドイツ野郎（Boche）ドルプミュラーは、シベリア鉄道破壊のため、スタッフ数名とともに脱出」と報じたという。

社会主義革命勃発で騒然としたロシアをシベリア鉄道で横断した。

ハルビン駅では危うい目にあっている。赤軍兵士と避難民にあふれかえった駅の軽食堂で、カウンターにいあわせたブロークンな英語をしゃべるロシア人水兵に刻みタバコ（マホルカ）をめぐんだところで、突然、「スパイはこの場で吊るす！」と叫ぶチェーカ（人民委員会直属の秘密警察）らしき一団がはいってきた。水兵がドルプミュラーをまもって立ちあがり、「これは俺の友達だ！」といってくれなければ、この反革命分子撲滅の尖兵たちによって、あやしい外国人だというだけの理由でその場で処刑されていただろう。「どうみても、マホルカの包みひとつのおかげで命をすくわれたのさ。」と後年、ドルプミュラーは述懐している。

一九一八年五月、なんとかドイツ・アーヘンに到着。古巣のザールブリュッケン鉄道管理局に再着任した。

十年を経て帰り着いた故国の鉄道業の大戦末期の惨状は、ドルプミュラーの予想をこえたのではないかとおもわれる。

第一次大戦下の鉄道

十九世紀後半の一連のドイツ統一戦争（シュレスヴィヒ・ホルシュタイン紛争、普墺戦争、普仏戦争）での経験は、ドイツの陸軍首脳部に鉄道の軍事上の意義を認識させた。平時から参謀本部には軍事利用の首脳部となるべき大規模な鉄道班（鉄道部）をもうけ、各鉄道に対しては線区司令部と停車場司令部をおいた。宰相直属の帝国鉄道庁が帝国全土の鉄道の戦時供用を組織する中央官庁となり、各地の鉄道からは軍当局に高級職員を派遣して来るべき軍事輸送業務での連携にそなえていた。戦時においては、兵站・鉄道総監、野戦鉄道長官などがこれにくわわることになっていた。また、作戦発動にそなえて鉄道路線の破壊、修繕、利用をおこなう鉄道部隊を三十一個中隊・兵員四千五百名・将校百八十名の規模で常設していた。

すでに一八七二年の法令でさだめられ、世紀転換期に数回の法的改正・補足をへてほぼ完成したこの体制で、ドイツの鉄道は第一次世界大戦に突入したのである。

仏・露との二正面作戦にそなえた参謀本部の「シュリーフェン・プラン」（十九世紀後半のプロイセン参謀総長アルフリート・フォン・シュリーフェンが一九〇五年に策定した対仏作戦計画）が修正のうえ実行に移されたといえるが、鉄道は西部・東部の戦線で決定的に重い役割をになった。

とくに東部戦線におけるロシア軍との戦いでは、ドイツがポーランド国境周辺にはりめぐらせていた強力な鉄道網組織が、戦闘を優位に進めるために大きな効果をあげたとされる。その最も端的な例が、独露の緒戦といってよい一九一四年八月の「タンネンベルクの戦い」。国境地帯の東プロイセン州を守るドイツ第八軍は、数に勝るロシア軍の圧迫を受けてケーニヒスベルク市近郊まで後退したが、両軍睨み合いのさなかに鉄道によってすばやく大部隊を南部に移動させ、ロシア第一軍・第二軍に対する大規模な包囲殲滅作戦に成功した。ちなみに、この東部戦線での逆転勝利に大きな役割をはたした第八軍参謀マックス・ホフマン（当時中佐）は、既にふれたようにドルプミュラーと同じ一八六九年生まれであった。ホフマンは日露戦争時には観戦武官として日本軍と行動をともにし、ロシア陸軍とその将軍たちの戦いぶりをよく観察していたという話がある。

西部戦線のドイツ軍は中立国ベルギーを侵犯して北フランスを攻撃したが、そのための軍隊移動の大動脈として、国境アイフェル地方に敷かれた多数の小鉄道が利用された。しかし結局、フランス軍を迅速に撃滅するという「プラン」所期の目的を達することはできず、戦闘は塹壕戦の長い膠着状態におちいった。この一進一退の消耗戦も、フランス国境に接近する多数の路線による輸送が支えた。ベルリン―マクデブルク―コブレンツ―モーゼル峡谷―メッツ間をむすぶ最重要路線は、「大砲大通り」とよばれた。

戦争勃発とともに、軍事輸送が最優先された。開戦早々の八月には平常の時刻表が停止され、主要駅には処理しきれない貨物が何万個も放棄されたままになった。貨物輸送初期の大量の動員と集中輸送がおわってからも、機関車や車輛、輸送資材、人員は軍事輸送にまずふりむけられ、また作戦上の要求による臨時列車の運行や占領地の鉄道運行などもあって、一般輸送はその分圧迫されることになった。開戦からほどなくこの傾向は見えはじめたが、輸送の危機は戦争三年目にはいってからはっきりと問題化し、かつ常態化するようになる。

一九一六年秋から一七年にかけて、輸送困難が深刻化する。そもそも平時においても秋には商業輸送がパンク状態になるのがドイツの鉄道の常であったが、軍事輸送が優先され、また西ヨーロッパ諸国との交易途絶や占領地の拡大の影響で従来よりも長距離を輸送せざるをえなくなったため、貨物輸送の効率は極端に低下した。「ヒンデンブルク計画」とよばれる陸軍による戦争経済の再編も、過大な負担を鉄道にもたらした。物資不足がもたらした路線メンテナンスの不足が追い打ちをかける。戦前には毎年全路線の平均五%には補修がほどこされていたが、戦時期にはこれが三%台におちている。これらの結果、石炭などの燃料、工業製品や食料などの輸送がのきなみ停滞した。いわゆる「鉄道の氷結状態」である。

新しい冬ダイヤになった旅客輸送でも、列車の運転休止がさらに増大する。一七年二月には、バイエルンの列車運行数は戦前の半分以下、四六％まで減少していた。

これに対応するため、まず私用旅行の旅客数の抑制がはかられた。行楽・観光旅行は制限されて、乗車券入手には許可が必要となる。食堂車は廃止、車内暖房もなくなった。急行列車は廃止されるか、より多くの駅に停車することになった。ヴュルテンベルク国鉄のように一等車・二等車を廃止する邦有鉄道もあれば、逆に三等車を廃止するところもあった。

一九一六年のヨーロッパは凶作であり、こうした商業流通の弱体化と相まって、とくに寒気の厳しかった一六年末から一七年初めには猛烈な食糧不足、つまり前述の「カブラの冬」がやってくる。都市部を中心に日常生活は崩壊し、十万単位の数の餓死者が出た。（一六～一七年にかけて、第一次大戦期の餓死者数の半数、およそ三十八万人が餓死したとされる。）

これに対して、運輸改善のために、貨車の積載制限の増加、水路の利用、貨物業務の人員を民間から徴用する、などの措置がとられた。また、輸送の停滞を厳しく監督する機関として一六年秋からは西部と東部に運輸総局を設け、飢餓がピークをむかえた一七年三月には中央機関として戦時運輸局（戦時鉄道局）が最高軍事会議の肝いりで、プロイセン商工省内の一部局としてベルリンに設置された。プロイセン以外の領邦における鉄道管理の代表者をここに集め、野戦鉄道と調整してドイツ鉄道全線の運輸状況を監督しようという画期的な新機関であったが、こうした機構改革も輸送の危機をめだって改善することはできなかった。

輸送の遅延と停滞は常態化した。その背景には、そもそものキャパシティや燃料、資材の不足とともに、鉄道業内部における人員の士気低下があった。

すでに開戦半年で、プロイセン国鉄からは戦前に五十六万人だった職員・従業員のうち八万人が動員されていた。その半数弱が戦闘部隊に編入され、のこりは鉄道部隊として前線または占領地での鉄道業務に従事した。翌年には動員数の全従業員に占める割合が二五％に達し、戦争の長期化とともにこの割合は上昇を続けた。人員不足は深刻となり、「カブラの冬」には栄養不足から大量の病人を出した。こうしたことが積み重なり、ついに運行業務に支障をきたしたため、前線から一部の鉄道員を呼びかえす必要すらとなえられるようになる。

しかし一七〜一八年には三八％もの労働力がドイツ語圏の鉄道から軍隊に奪われた。これはフランスなどと比較しても高すぎるといえる数字である。

それでも、兵員増の必要がなお叫ばれた。役所の人員を割いて戦地にふりむけようという目的で、帝国宰相官房から「タイプライターの導入と速記のできるパートタイマーの雇用で、書記を少なくともいまの三分の一に減らせるのではないか」という通達がプロイセン大蔵省をつうじてプロイセン国鉄の管轄官庁（公共事業省）にもつたえられたほどであった。[*3] 女性労働の利用をはじめとする代替的な労働力（年少者、外国人など）の導入がはかられたが、効果はあがらなかった。

鉄道業の現場における労働負担はますます過重となった。車輛の行先を書いた紙を車体にはりつける糊の品質が物資不足で下がり、用紙がしばしば剝がれおちてしまった。こんなことでも貨物作業の能率が目にみえておちた。

職務内容の不満、生活の困窮とそれにともなう健康状態の悪化、そして戦争そのものへの不安が高まる。これらに襲われれば、中級以下の職員・従業員にいたるまで国家官吏的な気質と秩序感覚を持ち、職務にきわめて忠実だといわれたドイツの鉄道員の我慢もつづかなかった。労働意欲は低下し、車輌修繕といった作業も次第にとどこおるようになる。

帰国者はなにをみたか

すでに一九一五年末には、鉄道業内では元来禁じられていたストライキがおこりかけた。実戦部隊や野戦鉄道への動員が増すにつれ、鉄道外から補充される労働者をなだめる必要からも、社会民主党（SPD）の機関紙などを労働現場に持ち込むことも邦有鉄道当局は大目にみるようになっていた。だがそうした妥協は、急速にすすむ労働環境の悪化と生活の破綻の前では、ガス抜きの意味をもたなかった。当然のことだが、賃金・給与の増額があいついで要求された。

ドルプミュラーがドイツに帰還した戦争末期の一九一八年には、労働者や職員による賃金増の要求は激化し、多くの邦有鉄道当局がこれに対応せざるをえなかった。[*4]

一八年三月、プロイセン大蔵大臣は四月一日から一日四十ペニヒの労働者の賃金増額をみとめたが、同年齢の手工業者にくらべて、鉄道労働者は賃金が低く、東部地方の保線労働者にいたっては都市手工業者の半額以下、というのが現状であった。社会民主党の機関紙「前進」三月二十七日号は「鉄道員の賃金上昇を！」と訴える同題の記事を掲載した。

七月十九日にはプロイセン公共事業省が鉄道労働者の労働時間の短縮と賃上げが必要だと大蔵省に指摘したが、その際には労働者への社会民主党の影響が直截的に心配された。

一九一八年五月、戦況の逆転をねらったドイツ軍の春季大攻勢がすでに挫折し、かわって開始されたアメリカ合衆国による遠征軍の兵力の大量投入によって、西部戦線の状況が一気に変わりはじめたところであった。

独仏国境に近い鉄道路線の職員・従業員には、あらためて危険手当が支払われる。六月、エルザス・ロートリンゲン地方にあった帝国唯一の直営鉄道であった「帝国鉄道（ライヒスバーン）」では労働者に月六十マルク、下級職員には七十五マルク、中級職員九十マルク、上級職員には百マルクの追加支給が決まった。すでに戦時インフレがすすんでいたため、この額は当初予定より急遽十マルクずつ上げられたものであった。これをみならって八月には、プロイセン国鉄ザールブリュッケン鉄道管区でも同様の危険手当支給が公共事業省から大蔵省に申請された。返答は十月になり、帝国財務局からの「危険にさらされて働いているのは前線近くの鉄道員だけではないうえに、危険地域の範囲を拡大するのも望ましくない」との反対意見が添付された。もうそれどころではない、というところであっただろう。

このときすでにドルプミュラーは、ザールブリュッケン鉄道局をはなれている。召集に応じ、五月二十七日付けでグルジア東部の都市ティフリス（現在のジョージアの首都トビリシ）で軍事輸送の任務についた。ロシア革命が生んだボルシェヴィキ政府によってロシアが大戦から離脱し、結果として南コーカサス地方の独立が実現した。そこからさらに分離のうえで親独的なグルジア民主共和国が成立し、ドイツ軍の進駐を受けいれていた。ドルプミュラーはその鉄道部隊に所属したのであり、階級は中尉であった。

古都ティフリスはかつてロシア帝国のコーカサス総督府もおかれた、ヨーロッパ風の街並みをもつ小さな国際都市。二本の鉄道路線がまじわる交通の要地であった。ここで七月には、プロイセン政府により政府建設顧問官の称号をうけている。技官の待遇としては高官クラスの末席に名をつらねたことになる。

革命と敗戦

この一九一八年夏、西部戦線ではドイツ軍の後退がはじまり、敗戦は不可避となった。九月末、ドイツ大本営はひそかに連合国との講和交渉を開始する。皇帝の退位をめぐって政府内部の調整が難航しているうちに、十月末ついにキール軍港での水兵反乱がおきた。これをきっかけに、労働者・兵士評議会（ラート Rat）が各地で結成され、それらの諸「レーテ」（ラートの複数形 Räte）を中心にドイツ全土で大衆蜂起が発生する。

このドイツ革命の結果、帝政は崩壊し、十一月九日、ベルリンで社会民主党のフィリップ・シャイデマン（一八六五〜一九三九）によって慌ただしく共和国が宣言される。皇帝ヴィルヘルム二世はクリーム色と金色に塗りわけられた特別列車でオランダに亡命し、不忠の臣民を呪いながら長い余生をおくることになった。

ドルプミュラーは命がけの帰国をはたしたが、希望に反して祖国の勝利に貢献することはできず、大戦末期のドイツ社会の崩壊を目の当たりにすることになった。十年前からは想像もできないドイツ語圏の鉄道業の断末魔とも呼べる状況は、こののちの戦後の大混乱とひとつのものとなって、のちのドイツ国鉄総裁・交通行政家ドルプミュラーの思考を強く縛ったようである。

これから九年後、ドルプミュラーはベルリン商業大学での講演をこのようにはじめた。

「(……)他の企業とおなじく、ライヒスバーンにとっても困窮は師匠でありました。あの時代のことは総じてはっきりと思いだせます。列車は時刻表通りにはまるでうごかず、通路に居場所があれば大よろこびで、トランクの上にすわっていたのです。今日(一九二七年)幸いにして、そうした一般状況は過ぎさり、いささかの例外はありますが、列車が通りすぎたのにあわせて時計の時間を落ちついて直すことが、またできるようになりました。(……)」

そしてドルプミュラーは、経営の合理化という名ですすめている人員整理の必要をとくのだが、そこには大戦期・革命期の鉄道職員・労働者の意識や態度の変化に目をみはった経験が働いていただろう。戦前のドイツの各邦有鉄道の職員は、公務員として団結権やストライキ権を制限されていたため、その代わりに職種・職能別の団体を組み、地位向上と経済状況改善の必要を訴える一方、愛国主義的で非政治的な建前を守らされていた。「プロイセン駅助役協会」や「ドイツ機関士協会」といった団体がそれにあたる。この枠組みは破れ、「ドイツ鉄道員連盟」にまとまる労働組合運動に急速に収束していく。戦後まもなく、鉄道所轄官庁であったプロイセン公共事業省や労働省は、戦闘的な労働組合によるストライキの影におびえつつ、労働賃金の上昇や追加支給をしばしば財務当局に申請せざるを得なくなった。

一九一八年十一月十一日の休戦が、鉄道人ドルプミュラーに最もショックをあたえたのは、機関車五千輛、客車二万輛、貨車十五万輛の引き渡しが要求され、ただちにこれに応じなければならなかったことであった。このとき、東西の戦線に展開していた大量の兵士の復員のために、年末までに五千本以上の軍用列車を出す必要があり、車輛の不足は深刻な事態をもたらした。ドルプミュラーはこのことも後年、苦々しく思い出してみせている。（最終的に一九二二年までにドイツから連合国に引き渡されたのは、機関車およそ八千輛、客車およそ一万三千輛、貨車およそ二十一万三千輛であった。）

第一次大戦における鉄道関係者の戦死は一万四千人をかぞえた。ときに反抗したとはいえ、ドイツ帝国の鉄道員は過重な作業負担と生活の困窮に総じてよく耐え、その任務をはたそうとしたのはたしかであった。

敗戦の一八年末、憲法制定議会以前の内閣共同首班である社会民主党フリードリヒ・エーベルト（Friedrich Ebert　一八七一～一九二五）と独立社会民主党フーゴ・ハーゼ（一八六三～一九一九）はプロイセン大蔵大臣あてに、陸軍参謀総長発案の鉄道員への感謝のあいさつ（「すべてのドイツの鉄道人諸君！」）を送付し、この写しを帝国財務長官と公共事業大臣にも送付するようにと添え書きした。[*5]いわく、

ドイツ政府は、戦時中のドイツの鉄道人の責任感と努力にドイツ国民の名で感謝する。「新しい社会的なドイツ共和国の国民政府（die Volksregierung der jungen sozialistischen Republik Deutschlands）」はドイツの鉄道職員に、単に感謝の空語をのべるのみならず、戦後の国民生活の復興と鉄道人の法的地位の向上、さらに鉄道業務に精励する男女の経済状況の改善を約束するものである。ドイツ経済の

再建にはなお長い道のりがあるであろうが、ドイツ政府は、これからのつらい日々においても鉄道人が国民の全階層と協力する必要を認識しつつ、その義務を誠実にはたすべく心身共に貢献することを強く期待する。(大意)

一連の通達に接したとき、ドルプミュラーはなおティフリスにいる。ドイツ国内にもどれたのは、ベルリン着任の翌一九一九年一月末であった。

第4章 ライヒスバーンの誕生 「愛されない共和国」とドーズ案 1918-1926

共和制ドイツのプロイセン国鉄官吏

一九一九年一月に除隊したドルプミュラーは、プロイセン国鉄鉄道管理局での業務に復した。中国生活でまる十年にわたり官途から離れ、役人らしからぬ豪放磊落ぶりに磨きをかけていたが、その伝記にゴットヴァルトがいみじくも書いたように「にもかかわらず——あるいは、だからこそ」その後の昇進はとても早かった。加速的であったともいえる。

まず東部ドイツのシュテティン鉄道管理局で路線部門長をつとめた。ドルプミュラーはちょうど五十歳になろうとしている。

十二月、ドルプミュラーは上級政府建設顧問官の称号をえて西部ドイツ・ルール地方のエッセン鉄道管理局に転任、ここでも路線部門長（一般業務を管轄する第四七路線部門長）をつとめた。七か月でのシュテティンからの転勤は、戦前のザールブリュッケン管区でのキャリアをあらためて評価されてのものである。

エッセンはヨーロッパ最大の重工業地帯の中心的存在である。ルール地方の石炭資源の輸送こそはプロイセンの鉄道業の最大の使命であったから、エッセン鉄道管理局はプロイセン国鉄管理組織の最重要拠点であり、部署としては花形であった。

エッセンは鉄鋼・武器製造企業クルップの本拠地として知られる。帝政末期のクルップ社の総帥は、実質的な創業者アルフレート・クルップ（Alfred Krupp 一八一二～一八八七）の孫の婿グスタフ・クルップ・フォン・ボーレン・ウント・ハルバッハ（Gustav Krupp von Bohlen und Halbach 一八七〇～一九五〇）。かつて鉄道業は、アルフレート・クルップの近代的な製鉄・製鋼業者としての最初の飛躍をささえた。その後、兵器製造を主幹部門として「死の商人」「ヨーロッパ（ドイツ）の兵器廠」の名をほしいままにしたが、敗戦と非軍事化でそれは不可能になった。やむをえず民需転換をはかるが、そこでも鉄道需要は柱のひとつであるのはまちがいなかった。クルップ社の有力な取引先であるエッセン鉄道管区の幹部であるドルプミュラーは、この企業との関係を深めることになる。鉄道管理局が現地の工業家との交流をもつのは帝政期以来、普通にみられることだったが、ドルプミュラーの場合、一九二一年、クルップが手がけようとした黄河鉄橋の再建工事の顧問に就任する話もでたほどであった。

生年の近いグスタフ・クルップとドルプミュラーには、後年のヒトラーに対する態度でも似かよったところがある。貴族をしめす「フォン」のついた家の出である元外交官の富豪と二代続けての鉄道技師とでは、毛並みの良さがまるでちがったが、帝政期の「古いドイツ」に価値観やメンタリティの根をもつのは一緒だった。このため、政権奪取の直前でも成り上がり者のヒトラーや無頼漢の集まりであるナチスに否定的な距離をたもっていた点では、あきらかに共通することになる。しかしヒトラーがいったん「お上（Obrigkeit）」になってしまえば比較的すみやかにそれにしたがい、以後はむしろ熱心な体制の支持者としての振る舞いしかみせなかった点も似ている。さらに、そうした順応が、決してナチズムやヒトラー個人崇拝への没入のためではなく、本来の自分の所属や業務の利害を優先することが究極的な動機であったらしいのも同じだといえる。

……しかし、これは十年以上先のはなし。この時期、ミュンヘンの復員兵で軍属情報員くずれであるヒトラーは、ミニ極右政党の一員にすぎず、大企業トップと鉄道官吏はそんな男の存在すらまだ知りようがなかった。

ドルプミュラーの栄達の舞台である「新しい社会的な共和国」、すなわちヴァイマール共和国は苦悩に満ちた出発期にあった。一月、ブルジョワ民主主義の共和国政府を直接行動で倒そうとする左派による「スパルタクス団の蜂起」が、右派義勇軍によって鎮圧された。共産党が参加を拒否した国会選挙が実施され、混乱する首都ベルリンをさけて、わざわざ古都ヴァイマールで国民議会がひらかれたのが二月。社会民主党エーベルトが大統領に選出され、ここで新しく制定された先進的な憲法を八月に公布する。

しかしこの間、連合国はパリ講和会議でドイツへの報復的な戦後処理の方針をかため、六月末にはヴェルサイユ条約をつきつけていた。一方的に押しつけられた開戦の全責任とともに、領土割譲と軍備制限、さらにきびしい賠償金支払いが新生共和国にのしかかった。敵味方ともに莫大な犠牲をはらったのちの休戦で「勝者なき平和」を約束されたつもりでいた、ほぼすべてのドイツ国民が憤激する。十一月には戦争敗北の原因調査で証言したパウル・ヒンデンブルク元帥（Paul von Hindenburg　一八四七〜一九三四）が、陸軍の責任のがれの「背後からの一突き」論を開陳し、「愛されない共和国」の不吉な運命の種をまいている。革命と敗戦のゴタゴタのなかで生まれ、いままた屈辱と貧苦を国民に強制するかのようにみえるヴァイマール共和制は、憎しみをむけられる宿命を背負っていた。左右それぞれの世界観で身をかためた知識人や芸術家たちは、最後まで競ってこの共和制に嘲罵を浴びせつづけた。

一九二〇年三月十三日には首都ベルリンで「カップ一揆」がおこり、右翼政治家ヴォルフガング・カップ（一八五八〜一九二二）率いる義勇軍がクーデターを一時成功させた。これに対抗するために共和国政府は、労働者にゼネラル・ストライキを指令する。各邦有鉄道の諸組合も連合し、

「鉄道従業員の全組織は統一戦線を結成し、戦いを、全路線でのゼネストを呼びかけた。（……）ドイツの運命は諸君の手中にある。」（平井正・訳）

とアピールした。全ての鉄道がとまり、郵便も、水道すらとまった。インフラが沈黙した街路は冷えこみ、カップはクーデター政府をなげだして逃亡した。

しかし、このストライキによる一揆鎮圧の成功（三月十七日）から逆に、ルール地方では左翼過激派に支援された労働者が「ルール赤軍」として武装、プロレタリア独裁をとなえて主要都市を支配下におく「ルール蜂起」が発生する。三月二十日、エッセンでは労働評議会が結成された。反乱は共和国政府の正規軍と義勇軍の投入によって三月末から四月初めにかけて武力鎮圧され、ルール赤軍は壊滅した。

ヴェルサイユ条約締結後のドイツ――「愛されない共和国」の政治情勢はいまだ極端に不安定で、な

お暴力の匂いにみちていた。エッセンにいたドルプミュラーは、千名以上の死者をだすことでやっと終息をむかえたルール蜂起を身近に経験することで、それを実感したであろう。

まさにこの三月末、ドイツにおける官営鉄道経営の統合がようやく成立している。一九二〇年三月三十一日、共和国政府と各州（もとの邦）政府とのあいだに協定がむすばれて邦有鉄道が統一され、ついに「ライヒ（の）鉄道（Reichseisenbahn）」が成立した。〝統一ドイツ国民国家〟としての共和制ドイツは、帝国でなくなってからも〝ライヒ〟であり、公式にそう名乗った。新しい「ドイツ・ライヒ憲法」すなわちヴァイマール憲法は鉄道の一元的国有化を第八十九条に明記した。ビスマルク時代のドイツ帝国憲法も、帝国すなわちライヒによる鉄道所有を第四十二条に定めており、共和制となったライヒも鉄道国有化という理念を引き継いだ結果であった。帝国憲法第四十二条は空文化したまま終わったが、帝政期から持ちこされていた憲法規定と現実との乖離が、この協定成立でようやく解決されたのである。

ドイツ鉄道統一への長い道（第一次世界大戦前）

ドルプミュラーはライヒ規模で統合されたドイツ国鉄の頂点にやがて立つ。ここで時間をさかのぼって、この鉄道業の統一への道がいかに長く、曲がりくねったものだったかを確認しておきたい。

そもそも、統一国家＝ライヒによる鉄道所有という理念は、一八七一年にドイツ帝国宰相となったビスマルクも抱いていたものであった。新設されたドイツ帝国財政の独自財源を欲しがってもいたビスマルクは、二度にわたり各地の邦有鉄道をライヒに移管する法案を上程し、その執行機関として一八七三年には帝国鉄道局（Reichseisenbahnamt）を設立した。その第二代長官には当時の辣腕の鉄道行政家アルベルト・マイバッハ（Albert von Maybach　一八二二〜一九〇四）が就任している。

帝国成立後の一八七六年にもライヒには邦有鉄道・私鉄あわせてまだ七十を超える独立した経営体があり、運賃表は千五百種類以上もあった。ビスマルクの財政面での意図とは別に、鉄道業のなんらかの統一には差し迫った必要があった。

だが、各邦の代表があつまった帝国参議院はこの「ナツィオナリジールング（Nationalisierung　国民国家による一元化、という意味での〝国有化〟）」の法案を拒絶した。財政的観点からも諸邦の鉄道路線（邦有鉄道、私鉄）は手ばなせるものではなかった。また、「鉄道をもつ主権国家」というアイデンティティは、連邦制的なドイツ帝国のなかでは堅持すべきものであった。

この抵抗にあい、ビスマルクも鉄道のライヒ化を断念する。帝国鉄道局は中央官庁でありながら小規模な組織にとどまり、長官を辞したマイバッハにも見かぎられて、ライヒ全体の鉄道行政においてほとんど無力の存在となる。マイバッハはプロイセン王国の商工省次官をへて、新設の王国公共事業省のトップとしてプロイセンにおける私鉄の買収・官営化を進めていくことになる。こうした私鉄の整理統合は他の邦内でもある程度見られたが、邦を越える規模での統合がそれにつながるわけではなかった。

プロイセン国鉄はドイツ帝国の鉄道路線全長の三分の二をしめ、その経営状態も良好だった。この稿の筆者はデータ包絡分析法（ＤＥＡ）という現代の手法を用いて、この当時の各邦有鉄道の経営状態を、複数の基準から経営の「効率性」を判断するという観点で整理してみたことがある。その試算的な推定結果は、同時代人の印象を裏打ちするようなものになった。すなわち、他の邦有鉄道と比較してプロイセン国鉄の経営の効率性は各方面でとびぬけて高い水準で安定していることが示された。同時に、バイエルン、ザクセン、ヴュルテンベルク、バーデンといった他の邦有鉄道――この他にはヘッセン大公国、オルデンブルク大公国、メクレンベルク大公国などが官営鉄道を持っていた――は、収益こそ出ていたが、かならずしも常に効率的に運営されていたわけではないという結果も出せる。これらの邦にとって、鉄道の運営には経済外の理由も大きかったらしい、ともいいかえられる。

プロイセン国鉄の優位はあきらかであり、ドイツの鉄道業の統一はプロイセン主体でおこなわれなければならないはずだった。ドイツ帝国内では各邦有鉄道のシステム（組織構成、経営資材、……）がまだばらばらで、貨車の共有すらなかった。つまり、たとえばベルリン発のプロイセン国有鉄道の列車がミュンヘンまで貨物を輸送すれば、帰り道には貨車を空にしてまたプロイセン領内にむかうことになる。ばかばかしいほどの経済的非効率があきらかであり、地理的に広範囲の運営統合が必要だったが、かならずしもそれは順調に進まなかった。

こうした鉄道統合の非徹底のために、物流の発展は実はなお阻害されていた。その影響で、ドイツ一国としての国民経済的な市場統合は第一次大戦前にはまだ完全には成立していなかった――という最近の計量経済史研究の主張すらある。

それでも十九世紀末にはプロイセン・ヘッセン鉄道同盟（共同体）が成立し、財政的にも経済的効果からも成功したと評価された。

これに刺戟され、二十世紀初頭、帝国内の邦間の経営統合に関する交渉がはじまった。*1

一九〇二年からヴュルテンベルク国鉄によるプロイセンとの同盟の動きがおきた。しかし、あくまで半独立的な邦国家としての鉄道主権を失わずに、貨車共同体などの限定的な同盟を模索するものであった。一九〇四年にはヴィルヘルム二世と親戚にあたる同名のヴュルテンベルク国王との親書交換により、経営統合の話し合いが再開された。ここでもまず経営資材共同体が構想される。「ハイデルベルク会議」の名で、国鉄をもつうちの四つの邦が協議に入った。ようやく協定が成立したが、バイエルン王国が結局、共同体加入を悪しき「中央化」だとして拒否する。

ヴィッテルスバッハ朝バイエルン王国は、帝国内での自立性をことさらに前面におしだそうとしていた。プロイセンとの地理的距離による文化・風土の差、ドイツ帝国においてなかば国教化したとすらいわれるルター派などプロテスタントとカトリック——地理的にはラインラントや南ドイツ・バイエルンなどに限られていた——との対立、帝国成立前後の政治的経緯など、諸々の事情があった。鉄道に関しても、分邦主義(パルティクラリスムス Partikularismus)を最も強く主張しつづけた。鉄道ライヒ化を定めた帝国憲法四十二条にバイエルン国鉄はふくまれないとする主張は、他邦も受けいれるところではあった。貨物輸送一元化協定に対して、バイエルンは独自案までだしてみせる。この結果、一九〇六年には一連の協議での合意はいったん棚上げされてしまった。

一九〇九年、ようやくドイツ邦有鉄道車輛連合が結成され、貨物輸送における車輛利用の効率化がはかられる。しかし、第一次大戦前の進展はここまでであった。

こうしてみると南ドイツの分邦主義だけが悪いようだが、鉄道業統合にはプロイセンも実は消極的であった。一九〇四年以降のヴュルテンベルクやバーデンとの協議でも、プロイセン王国の公共事業大臣はプロイセン側の主導性を決して崩すべきではなく、それは統合進展よりも優先されると明言していた

（一九〇七年三月　ブライテンバッハ公共事業大臣報告）。また財政上の負担を不安視する声も根強くあった。ドイツ鉄道史に名高いプロイセン・ヘッセン鉄道共同体の成立は同時代的にも評判が高かったが、結果として、プロイセン国鉄経営の収益性や効率性はたしかに低下していた。多数の低収益路線を地理的に広範囲に抱えこむことには、あきらかに経営上のデメリットがあった。公共事業省の主流は統合推進に消極的であり、内部文書においては、推進派のプロイセン国鉄ＯＢのひとりを名指しで槍玉にあげ、わが邦を代表できるかどうかも怪しいのに会議で悪目立ちしすぎだ、と非難すらしている。

各邦の内部においてももちろん意見のばらつきがあり、邦間の交渉においてはさまざまな思惑が入りくんでいた。

バーデン国鉄は、そのうちの一路線であるマイン・ネッカー鉄道だけが一九〇二年にプロイセン・ヘッセン鉄道共同体に加入したが、この経験をめぐって意見が錯綜した。プロイセン国鉄に呑みこまれることへの警戒の一方、政府内の保守派は財政的な理由から加入推進に賛成した。また一方で、近隣のヴュルテンベルク国鉄が抜け駆けでプロイセン国鉄と合併しようとするのにも、警戒をおこたらなかった。

そのヴュルテンベルク国鉄も、プロイセン国鉄の影響が増大することを危惧する一方、商業会議所など経済界は、財政的理由から鉄道統合に積極論をうちだし、鉄道主権にこだわる政府の逡巡によって期を逸するのではないかと不安をみせた。

ザクセン国鉄はプロイセン国鉄との競合関係で知られていた。十九世紀末にはマクデブルク―ライプツィヒ鉄道会社がプロイセンによって国有化され、ライプツィヒにプロイセン国鉄が乗り入れてくることになった。複数邦の邦有鉄道がザクセン王国を走る事態は、「鉄道戦争」と呼ばれた。しかしその一方、彼我の規模の差を意識し、財政状況からかんがえれば経営統合は有利だという積極論もだされた。あくまで買収をうけるのではなくプロイセン・ヘッセン鉄道共同体への加盟の形でなければならないが、鉄道路線が連結すればザクセンに主要幹線が通ることになるというメリットも主張された。その読むところでは、「プロイセンは積極的には動かない。他の邦から動くべき」だから、南ドイツの分邦主義を批判する声もでた。

その分邦主義の尖峰であるバイエルンですら、一部では十九世紀の「ドイツ関税同盟」になぞらえて加盟の経済的意義を主張する声もあったのである。

個々の鉄道の現場では、運営の統合には尻込みする声が大きかった。それぞれ異なった数十年の伝統をもつドイツの邦有鉄道のあいだには制服や階級章の統一もなく「同僚」意識が低いこともあったが、組織構成も経営規模に応じて異なるため、職員の上級・中級・下級の職階の区別や業務内容もばらばらであり、給与体系すらまったく不統一であった。

それでも十九世紀なかばからはＶＤＥＶ（ドイツ鉄道管理体協会）が「ドイツ」の鉄道として諸規格の統一をおこなってきたし、そもそも鉄道業で必要とされる運行組織は原理的にそれほど相互にかけはなれた形をとるはずもない。だが、細かな差は当然生じていた。

そして、その細かな差こそが当事者たちには決定的に重要なのであった。たとえば、バイエルン国鉄の「助役」は、同僚たるプロイセン国鉄のあまり楽でもない「助役」にも考えられないようなずっと低いレベルの職務もわりあてられていた――というような違いは、当人たちにはまったく深刻きわまりない問題であろう。

大戦から「ライヒ鉄道（ライヒスアイゼンバーン）」へ

第一次世界大戦勃発で戦時輸送の体制となり、状況の変化がおとずれる。邦有鉄道の経営状況が悪化し、財政負担が深刻になったヴュルテンベルク国鉄やバーデン国鉄は、参謀本部が要請した「ライヒの鉄道」の実現に一九一五年、一六年という早い時点から積極的になった。バイエルン、ザクセンは、逆に邦有鉄道の喪失による財政悪化をおそれ、これに反対した。またプロイセンでも、このころに公共事業省が提議したプロイセン国鉄のライヒ移管案に対しては、プロイセン政府内で意見が割れた。推進論は公共事業相以外には、農林相、文部相、法相、商工相、それに経済学者で戦後ドイツ鉄道統合でもはたらくカール・ヘルフェーリッヒ（Karl Theodor Helfferich　一八七二〜一九二四）無任所相などであったが、大蔵大臣、内務大臣、軍務大臣が反対にまわった。経営・輸送効率向上をめざす意識と財政的配慮とが綱引きをし、それにさまざまな省庁の思惑がからんだ形である。

一九一七年の「鉄道の氷結状態」による飢餓の発生と戦況の一層の悪化とが、こうした状況を打開するきっかけとなった。すでにのべたように、各邦有鉄道間の輸送調整をおこなう中央機関として、戦時運輸局（戦時鉄道局）がプロイセン商工省内に設置された。

翌一八年にはライヒ交通大臣の呼びかけでドイツ各邦有鉄道の協同がはかられ、戦前の一九〇四年に計画されたドイツ鉄道共同体構想が復活した。経営の一元化をめざす計画（プログラム）をつくるための会議がヴィースバーデンではじまり、バイエルン、ザクセンの反対をうけたのちも、ハイデルベルク会議で協議は継続し、「ドイツ邦有鉄道連合」結成がようやく合意された。これが九月二十九日のことであった。

二か月もたたぬうちに戦争が終わり、やがて大量の復員者が出るとともに、戦時中の鉄道をむしばんだ人手不足は、人員過剰に一気に転じた。

また、路線や運行設備の損耗も甚大であった。一九一九年には賠償による引き渡しによる喪失を補うために、大量の車輛が導入されたが、それらも数か月で稼働不能となってしまった。職員・労働者の士気と労働生産性が低下し、メンテナンスが完全に停滞したからであった。機関車の四割、およそ一万二千輛がうごけなくなっていた。当時、にわかに強力になった日本円を懐に世界漫遊の旅に出ていた漫画家の岡本一平は、

「ドイツへ入る汽車の窓より眺めると麦の間に何十台となく機関車が腐ってる。戦時使って今多すぎる不用の車だ。勿体ない。」

と記した（平井正『ベルリン　悲劇と幻影の時代　1918-1922』二九三頁）が、おそらくは不用なのではなく、用があっても放置するしかなかったのであろう。

戦時中の一九一七年以来すでに経営的に破綻の色が濃かったプロイセンはじめ各地の邦有鉄道は、経営状況の極端な悪化に苦しむことになる。「鉄道をもつ主権国家」理念に並ぶか、あるいはそれ以上の

重みをもっていた邦有鉄道収入の財政的意義というものが完全に消滅し、逆に、官営鉄道は邦にとってお荷物となった。

ここにおよんで、鉄道統合のうごきが加速した。各邦からライヒへの国鉄債務の委譲問題が話しあわれることになる。

戦後の社会の不安定と鉄道業の惨状から、一九一九年三月にシャイデマン内閣は「一九二〇年十月統合交渉終了、二一年十月移行完了」という目標をさだめ、本格的な統合交渉に乗り出した。ライヒではカトリック中央党から出たライヒ交通相ヨハネス・ベル（Johannes Bell　一八六九～一九四九）が中心となってライヒ鉄道国有化局を新設した。ベルは帝国鉄道局の長官も兼ね、自由主義的なドイツ民主党から出たプロイセン公共事業相ルドルフ・エーザー（Rudolf Oeser　一八五八～一九二六）らとの共同作業にはいった。既に見たように、ヴァイマール憲法では第八十九条にライヒ全国政府による鉄道所有がうたわれた。ベルの尽力でプロイセン公共事業省の一部を割ってライヒ交通省が設置され、各邦との鉄道買収をめぐる交渉がつづけられる。

しかし、有力な邦有鉄道は、プロイセンにせよバイエルンにせよ、財政や債務の委譲をおこなったのちも従来の地域・邦レベルでの一定の主体性を残そうとした。交渉の結果、バイエルンについては組織構成において、一部それがなおみとめられた。ミュンヘンに管理局の支局がおかれ、バイエルン州の領域内についてある程度の監督権をもつことになった。帝政期の連邦制的な性格は根強く残っていた。

一九二〇年初春、カップ一揆とルール蜂起という左右からの反乱にゆれる時期に、ようやく買収と法的地位に関する政府間協定の締結をみた。四月三十日、エーベルト大統領とライヒ交通大臣ベルがこれに署名して協定が発効、五月五日、正式に七官営邦有鉄道がライヒ交通省の管轄下にはいり、統一的な国営の「ライヒ（の）鉄道（ライヒスアイゼンバーン Reichseisenbahn）」が成立した。

「ライヒ鉄道」という新しい現実は、技術者である鉄道人ドルプミュラーにとっては、合理的なものとして評価できただろう。プロイセン王国の西部州出身でプロイセン国鉄に奉職したが、特権的なプロイセン鉄道官僚のなかに根強かった最大邦としての「分邦主義」的な意識にとらわれることは少なかった。むしろ、かつて自分を疎外した旧弊な文官支配には反感を隠せないくらいで、有力文官に同調してプロイセン国鉄とその官僚組織をそのまま温存したいともあまり思わなかったのではないか。

また、ドイツ・ナショナリストとしても、ついに成った鉄道業統一は悪いものには思えなかったはずである。国民国家ドイツ帝国の草創期にうまれ育ち、長じては国外滞在経験が豊富であった。外国に暮らし、国際的に活動することが、逆にじぶんの国をあらためて意識させる——というよくある話が、ドルプミュラーにも当てはまるようである。現代的なナショナリズム論の一源泉である『想像の共同体』のベネディクト・アンダーソンが『比較の亡霊』で論じたように、ナショナリズムは彼我の比較という経験のなかから立ちあらわれる。ドルプミュラーは極東の外国にあって、しかも戦争の期間中に在留ドイツ人をある面で代表する立場を引き受けていたから、エルバーフェルト人やプロイセン王国臣民だという以上に、「ドイツ人」としての自分を意識するほうが自然であっただろう。

さらにいえば、一般論として、「多数派の鈍感さ」というものがある。こちらはドルプミュラーもプロイセン国鉄の高等文官たちと共有していた。プロイセン国鉄にもそれなりの自邦中心主義的要素はあったが、その路線規模や経営の内容はそもそも圧倒的であった。旧バイエルン国鉄などがふりまわす――また、そうせざるを得ない面もあった――分邦主義的メンタリティは、プロイセン国鉄官吏のドルプミュラーにはあまり理解できなかったにちがいない。

抜擢（一）　共和国の危機

プロイセン国鉄官吏からライヒ鉄道官吏となったドルプミュラーをまっていたのは、ライヒ交通大臣ヴィルヘルム・グレーナー（Karl Eduard Wilhelm Groener 一八六七～一九三九）による抜擢であった。

ヴュルテンベルク出身のグレーナー中将は、戦時中に参謀本部鉄道班長から野戦鉄道長官をつとめた軍事輸送の最高責任者であり、さらに戦時食糧庁をへて軍事省次官をつとめた戦時統制経済の立役者のひとり。敗戦直前の一九一八年に、参謀本部次長としてドイツ軍の事実上のトップにたった。冷静で合理的な将帥として知られる。

ドイツ革命では社会民主党穏健派のエーベルト暫定政府を軍として支援し、共和国成立に力を貸している。さきほど紹介した参謀本部発案の鉄道員への布告にみられる「新しい社会的な共和国」をみとめるトーンは、あきらかに当時の参謀総長ヒンデンブルクではなくグレーナーのものであろう。参謀本部次長としては、戦後の破綻した鉄道事情のなかで、前線からの復員をすすめることに尽力している。一九一九年に政界に転じたのち、一九二〇年六月にはライヒ交通大臣に就任した。

諸邦有鉄道の一元化による「ライヒ鉄道（ライヒスアイゼンバーン）」を前任のベルから引きついだグレーナーは、翌一九二一年七月に新たな国民国家的な紐帯を強調する「ドイツ・ライヒスバーン

(Deutsche Reichsbahn)」に改称することにした。新大臣の前には、問題が山積していた。

一九二一年四月末には先年のヴェルサイユ条約にもとづく賠償金総額が決定したが、千三百二十億金マルクというあまりにも過大なその金額は国家財政を圧迫し、ライヒ鉄道の経営にものしかかっていた。左右過激派の蜂起が鉄道の正常な運行にあたえる影響もはかりしれない。最大の問題はインフレ進行にともなう鉄道員の賃上げ要求の激化であった。革命と敗戦以来、鉄道業においては賃上げと労働者の同権化（経営参加）が、活発な労働運動のかたちをとって要求された。インフレ下の一九二二年二月一日から十日にわたり、賃上げを要求するストライキにより、全土の鉄道が運行を停止している。問題は、職場における紛争や怠業の常態化により、能率のただならぬ低下がもたらされていたことであった。

カップ一揆をおわらせたゼネラル・ストライキのあと、一部の官吏をふくめてあきらかに現場のモラルは低下していた。管理する職員側からのこれへの訴えも多い。

外国人の観察者は、容赦がない。英国の「レールウェイ・ガゼット」紙の記者は一九二二年の乗車経験から短い記事を書いた。戦勝国の外国人だから当然一等車をつかうだろう、と駅員は思っていた。恐ろしいほどの運賃の高騰。にもかかわらず、メンテナンスやサービスの低下が著しい。列車のガラス窓は割れたままに放置されているし、窓の日覆いを引くための丈夫な革紐がないので、ただの紐が使われていた。……

東西において帝国時代の領土を喪失したことが、ライヒの鉄道業にとって悩みの種となった。ドイツの鉄道は、およそ八千キロメートルの路線を喪っていた。うちポーランドが――ドルプミュラーの後年の回想によれば――「労せずして」手にいれたのは五千キロである。東部国境線の変更によって、運行がひどく不安定になった。

旧ドイツ帝国領東南部、オーバー（上部）シュレージエン地方は、豊富な地下資源にささえられた重工業地帯をもっていた。第一次世界大戦後には、その帰趨をめぐって住民投票がおこなわれたが、その間、ドイツ系住民とポーランド系住民とのあいだに三度にわたり大規模な流血の事態が生じていた。結局、国際連盟の仲介により、新生ポーランド共和国と共和制ドイツ・ライヒとのあいだでオーバーシュレージエン地方は分割されることになった。

一九二二年五月、ドルプミュラーは、新しくポーランドとの国境地帯となったこのオーバーシュレージエン地方に新設された、オペルン鉄道管区の管理局長官に任命される。この管理局は、かつてのカトヴィッツ管理局を改組したもの。オーデル河畔オペルンは、ポーランド語名オポーレ（Opole）をもつように、現在ではポーランドの南西部にあたる地域の都市である。一九二二年の国際連盟の裁定にもとづくオーバーシュレージエン東部地方のポーランド帰属決定により、もとのプロイセン国鉄の多くの路線が国境を横切り、寸断される形になった。円滑な運行の回復のためには、できたばかりのポーランド国鉄と共和制ドイツの鉄道（プロイセン国鉄、ライヒ鉄道）とのあいだに協同が必要であったが、すでに流血の衝突をくりかえしている両国の代表間の協力関係は、当然うまくいきはしない。そのうえ、ここでも職員、労働者のストライキやサボタージュが頻発していた。ドルプミュラーは、労働組合員を前に、職場秩序の回復をまず唱えてみせた。

グレーナー交通相は、帝政時代にはほぼ高等文官（法律・行政職官吏）に占められていた鉄道管理局（鉄道管区）長官ポストに技官出身のドルプミュラーを抜擢し、この問題への対処をまかせたわけである。

ドルプミュラーの抜擢は異例であり、これが決定的なきっかけとなってかれの加速度的な栄達がはじまったといえる。一九〇七年以来書き足されていたドルプミュラーの人事簿には、一九二〇年三月末の時点でなお、「上級建設顧問官」「鉄道局長官」「省上奏顧問官」への昇進については「判断を保留」とあった。ところがこのとき以来、書き込みは修正され、「どの指導的な地位にも抜きんでて有資格」と書きかえられている。*2 トップ・クラスの職階にまで展望が一気にひらかれた。十九世紀のプロイセン王国・ドイツ帝国の官僚制的秩序のなかでは、ほぼ考えられない事態であった。

もちろん、君主制国家そのものが世界大戦と革命によって消失したためであった。共和国となったドイツは混乱をきわめ、当時の欧州各国指導者の悲願である「常態への復帰」はなお視界にはいらない。グレーナーには、旧プロイセン国鉄の高等文官たちの才幹などは、こうした非常時にはたいして役に立たないものだと思えたらしい。かれがそう考えた根拠は、戦時輸送が結局は致命的に非効率であったことにあるのか、あるいはライヒスバーン誕生にいたるまでの保守的な邦有鉄道官吏の抵抗に手を焼いた経験にあるのか、あるいはその両方かもしれない。また、帝政終焉もヴェルサイユ条約締結もみとめた開明的な将軍としては、帝政時代の概して国権主義的な折り目正しいエリートに、新生ポーランドの荒々しいナショナリズムとぶつかり合うオーバーシュレージエン国境のような土地での仕事は向かないと判断した可能性もある。

極東の外地から戦時下の祖国に馳せ参じたドルプミュラーもじゅうぶん愛国的ではあったし、後年はばかりなく開陳したように、ヴェルサイユ条約で領土と鉄路をうしなったことには当時から批判的ではあった。だが、オーバーシュレージエンでは実務家らしい態度をつらぬいて、調整にとりくんだ。オペルン鉄道管理局では、ときには「プロイセン王国鉄道管理局」時代の「カトヴィッツ」という地名が印刷されたままの局長用箋を使い、それぞれ二重線で消して「ライヒスバーン管理局」「オペルン」と訂正をくわえた。

五十三歳のドルプミュラーがオペルンにいるあいだ、ヴァイマール共和国は八方塞がりの状況においこまれていた。

一九二二年六月の首都ベルリンでは、賠償履行政策の一方で対ソヴィエト・ロシア外交もすすめた外相ヴァルター・ラーテナウ（Walther Rathenau　一八六七〜一九二二）が、右翼によって暗殺された。かつては戦時統制経済のデザイン・プランナーのひとりで、テクノクラート的な世界観をもつ政治家であった。戦時以来のインフレーションは休戦直後から加速していたが、ヴェルサイユ条約により課された賠償金支払い額が一九二一年四月末にようやく決定し、千三百二十億金マルクという絶望的な額があきらかになると、マルクの通貨価値がとめどない下落をはじめた。ドイツ政府が一九二二年度以降の賠償金支払い不能を宣言すると、一九二三年一月十一日、フランス軍五軍団とベルギー軍一軍団がただちにルール工業地帯に侵入し、これを占領した。対するドイツ政府は、ルール地方の職員・労働者に占領軍の命令にしたがわない「消極的抵抗」を指示する。

混乱と不安のなか、工業生産の心臓部の活動が停滞することになると、ドイツ経済はいよいよ悪名高い天文学的インフレにむかって滑りおちていった。

占領フランス軍はライン・ルール地方に独自の鉄道管理局（Régie）をもうけ、この地域の鉄道路線約五千四百キロをライヒスバーンから切りはなした。多くのドイツ人鉄道員が職場を追われ、あるいは抵抗のかどで弾圧された。もしもエッセンにいれば、ドルプミュラーも占領軍による圧迫を直接うけ、おそらくはドイツ政府が命令した消極的抵抗の一先頭にたたされていたはずである。その結果、いかなる事態がこの技術者あがりの鉄道高官に生じていたかは想像するしかない。現にあの貴族的なクルップも、自社工場接収の抵抗を煽動したとしてフランス軍に逮捕されている。

寡婦たちの天文学的インフレ

前年の春にいったんもどる。

一九二二年四月のある日、デッサウ市在住の老婦人ベルタ・リープシャー（Bertha Liebscher）は役所からの通知の手紙をうけとって、がっかりしたにちがいない。亡夫エデュアルトは、廃兵の文官職への任官という当時の恩恵的福祉制度を利用して戦前のプロイセン商務省に転じたが、それ以前の下士官時代から数えて三十八年におよぶ忠勤の結果、退職時には官房書記として三千八百マルクの俸給を得ていた。一八八六年の死亡時に計算されたベルタのうけとるべき寡婦年金は、本人恩給計算額の三分の一に未成年者養育手当を加えた約千マルク。十九世紀末当時、二間のアパートの家賃が三百マルクを越したので、その後、子供の成人や戦時特別給付があって一息つけたかどうか。戦後、前年（二一年）十一月につづくこのたびの官吏俸給表の急遽改訂にともない、ベルタの寡婦年金は当初額の約十四倍、一万四千四百三十マルクにあがった。だが物価水準はすでに六月で戦前の七十倍にもなっていた。

この二二年末には、一九一三年の卸売物価の千四百七十五倍に達するのだが、天文学的インフレはこれでもまだ全貌をあらわしていなかったのである。

たしかにインフレーションとは、経済学的には結局のところ所得移転の問題である。つまり、物価上昇で損する者が出れば、その分だけ得する者も出る。一般的な物価の上昇が起きていれば、実質賃金低下などを通じて家計から企業に所得が移転しているわけだし、資産家からは借金の利子を払っている人びとに所得が移転しているともいえる。一般的なモノの価格ではなく資産物価の上昇（資産インフレ）だとまた話が変わってくるが、要はインフレーションで社会の全員が損ばかりということにはならないはずであった。

現に、第一次世界大戦後のドイツについては、以下が指摘されている。少なくとも二二年中頃までの戦後インフレは積極的といえる財政政策によって起きたもので、投資促進によって経済成長と事実上の完全雇用をもたらした。のみならず対外政策的にも、敗戦国にとって合理的な経済政策だったとの評価も成り立つ。

とはいえ、「ある時点」まで（いつまでなのだろう？）の「小さな悪」（どこまでだと「小さい」のだろう？）である物価騰貴と、二三年十一月にピークに達し、ドイツの貨幣経済そのものを崩壊させた天文学的インフレとを画然と区別することは、後世の私たちにとってすら、それほど簡単なことではない。ハイパー・インフレーションの経済学的定義にてらした観察や、マルクの対ドル・レートの変遷をフォローする作業にとどまるものではないからである。

まして、同時代の為政者が、大戦勃発以来続いたインフレを国益にそって操作・誘導することが可能だったかどうかは、きわめてあやしい。もしも戦後の比較的マイルドな（？）インフレが経済運営上不可避かつ合理的な戦略だったとすれば、なおさらにその行き過ぎをどこか的確なタイミングで止めなければならなかったはずなのだが、それには相当の見識と技術、それ以上に敏捷果断の政治的実行力が必要であった。左右過激派からのゆさぶりと外圧にさらされ、平均一年足らずという比較的短期間で内閣交代をくりかえした不安定な初期ヴァイマール共和国政府——独立的でなければならないはずの中央銀行・ライヒスバンクは、事実上、政府の一部となっていた——に、これを期待できただろうか。

中間層と新中間層（ホワイトカラー、職員・官吏層）こそが、ドイツの天文学的インフレの最大の犠牲者だったという通説には、やや性急な一般化があることが経済史研究では指摘されている。中間層・新中間層といっても一枚岩ではなく、インフレで儲けるドイツ人はたしかにいた。公債は紙切れになったが、株価はインフレによる一般的な物価騰貴にいずれは追いつくだろう。それまでの期間、株を売り払うのを我慢できたかどうかは、人それぞれだったともいえる。

だが、年金生活者はどう考えても最も直接的な被害にあった。

一方では、上級官吏の遺族も、下級官吏の遺族が直面した収入減にくわえ、また異なる不安にもおそわれていた。ひとつの例がある。空気のよいベルリン市南西郊外に居をかまえていた正枢密上級顧問官未亡人ヘレーネ・ゲルメルマン（Helene Germelmann）の寡婦年金の額は、敗戦直後の四万マルクから、まずは次の年五千マルク増額されるにとどまった。物価水準からすれば大幅な目減りであるのはもちろん、それ以上にこの市民女性にとって戦慄的だったのは、下級官吏遺族への支給額との差が、みるみる縮まっていくことだったかもしれない。インフレを追いかける形で改定をくりかえされた共和国の国家官吏俸給表自体も、官吏の等級による賃金格差の一定の是正、職階間の賃金平準化の傾向がうかがえる。

もちろん、一片の官庁文書——上記の二つのケースは、プロイセン公共事業省の人事記録[*3]より拾ったもの——から、個人の感情まで想像してよいかどうかは難しい。

ただ、たとえ印刷された書式にしたがい係官が機械的にうめた数字の行列であっても、それらに目を通すだけでも、あきらかになることがある。上にとりあげた官吏の老いた遺族たちは、それまで確かなものと信じていた世界の崩壊を目の当たりにしていた。

二三年末、ついに卸売物価は戦前の一兆二千六百億倍となる。これに対して、ライヒスバーンなど国営企業の熟練労働者の平均賃金は六千九百四十億倍、官吏俸給は五千九十億倍でしかなかった。実質賃金は半分以下になったわけである。ちなみに一ドルは四兆二千億マルクであった。このような途方もない数字は、戦前ならたしかに星をかぞえる時くらいにしか使うはずがなかったから、「天文学的インフレ」なのであった。

ハイパー・インフレーションは、誰かの手で押しとどめられなければならない。天文学的インフレがいよいよ黙示録的な様相をみせつつある八月、リベラル寄りになっていた保守政党・人民党をひきいたグスタフ・シュトレーゼマン（Gustav Stresemann　一八七八～一九二九）が首相兼外相に就任した。経済のエキスパートを集めたはずが事態打開に打つ手を欠いた前内閣が、たった九か月で退陣した後であった。地方ミニ政党党首アドルフ・ヒトラーらが、おそまつな武装蜂起「ミュンヘン一揆」（一九二三年十一月八～九日）を簡単に鎮圧されてから一週間とたたない十一月十五日、シュトレーゼマンは中央銀行総裁ヒャルマール・シャハト（一八七七～一九七〇）らとはかり、文字通り紙切れ（パピーア）と化したパピーア・マルクを廃して、国有地を担保とするレンテン・マルクを導入する。一兆パピーア・マルクと一レンテン・マルクが交換されることになった。

正貨の裏付けのない不換紙幣という点では、この新通貨も戦後無数に世にあらわれた銀行券や緊急貨幣と本質的に差がない。ライヒスバーンと各地の鉄道管理局も賃金支払い等のために、独自の緊急貨幣を発行している。

図12　天文学的インフレ時にライヒスバーンが発行した緊急通貨の一例

単なる補助通貨に通貨価値安定の期待を背負わせるのは政治的詐術に近いやり方であったが、名高い「レンテン・マルクの奇跡」がおきた。レンテン・マルク発行のニュースだけでインフレの鎮静化がはじまり、翌二四年、破滅的なインフレはようやく収束にむかう。

混乱の根本要因である賠償金支払い問題の解決のために、国外でも動きがはじまった。

うまれたばかりのライヒスバーンは、ここで賠償金支払いに決定的な役割を負わされることになる。レンテン・マルク導入が決定された十一月十五日、ライヒスバーンは国家予算から切り離され、国営企業となった。この「ドイツ・ライヒ最大の資産」が、ドーズ案の柱に擬されることになったのである。

抜擢（二）　ドーズ案とライヒスバーン会社

アメリカ合衆国は第一次世界大戦中、連合国に多額の戦費の貸し出しをおこない、一気に世界最大級の債権国の座に躍りでた。第一次大戦後の英仏がドイツに対してかくも仮借のない賠償請求をつづけたのは、アメリカに対して戦債を返済する必要に迫られていたからでもある。だから一九二三年一月、ドイツ政府にデフォルト（賠償金支払い義務の放棄）を宣言されてしまうと、英仏への貸し手アメリカもまた泰然自若としているわけにもいかなくなった。一九二四年、連合国賠償委員会はアメリカの銀行家・財政家チャールズ・ドーズ（一八六五〜一九五一）に、ルール占領という事態をもたらした賠償問題の解決策を議論する小委員会を組織させる。

一九二四年五月三日、オペルンからエーザー交通相に呼び戻され、ドルプミュラーはベルリンをへて、いそぎロンドンにむかった。賠償金支払いをになう新しいライヒスバーン構想のための組織委員会に諮問をうける、ドイツからの専門家の一人になる。豊富な国際経験と、中国でさらに磨きをかけた英語力をかわれたのであった。

これにさきだつ四月九日、ドーズ委員会はルール占領の解消と賠償支払い方式の改善をはかるプランを発表していた。支払い条件の緩和とアメリカ資本による借款提供（当初八億金マルク）がドーズ案の主内容であったが、ライヒスバーンは一種の国際管理下に置かれることになり、その収益が賠償金支払いの有力な柱とされた。ドイツ政府はこのドーズ案をうけいれ、八月十六日にはロンドンで協定に調印する。

これにもとづき必要となった「ライヒスバーン法」制定に際し、ここでもドルプミュラーは諮問委員に就任した。「鉄道を敵に売りわたすものだ」という右翼の批判の矢面に立つことになったが、意に介さなかった。現実的なドルプミュラーには、国会では共産党（ＫＰＤ）も法制化に最後まで反対票を投じた「ドーズ・バーン」としてのライヒスバーン国営会社化こそが、新しくさだめられた賠償金支払いを可能にし、国益にかなうものだという確信があったからである。

また、なによりも新しい会社組織であるライヒスバーンの成立は、それに貢献したドルプミュラー個人の栄達をもたらすものでもあった。一八三〇年代の経済学者フリードリヒ・リスト以来の悲願でもあったドイツ鉄道業のナショナルな統一と、かれ自身の利益がここにぴったりと重なった。どんな形態をとったにせよ「ドイツ・ライヒの鉄道（Deutsche Reichsbahn）」をドルプミュラーは愛さずにはいられなかっただろう。

八月三十日、ドイツ・ライヒスバーン会社（Die Deutsche Reichsbahn-Gesellschaft: DRG）発足。資本金百五十億金マルクの国営会社で、当時世界最大規模の企業となった。その運営はベルリンにおかれた本社（Hauptverwaltung）理事会の代表であるドイツ人総裁（理事長　General Direktor）以下の手でおこなわれるが、その上には最高意思決定機関であり通常の監査役会をはるかに超える権限をもった監理会（監事会 Verwaltungsrat）がおかれた。そのメンバー十八名のうち、半数はドイツ政府から、半数は債務者である連合国の代理人（ライヒスバーンの発行する賠償債券を引き渡された監理会管財人）によって構成された。このなかには英国人、フランス人、イタリア人、ベルギー人が一人ずつ入っている。監理会の会長は、世界的な電機企業コンツェルンの総帥であり、政界にも転じてリベラル派のドイツ民主党の国会議員（一九二〇～二四年）にもなったカール・フリードリヒ・ジーメンス（Carl Friedrich von Siemens　一八七二～一九四一）。初代総裁にはエーザーが就任した（九月二十七日）。この二人は、ドルプミュラーを高く評価し、ライヒスバーンの将来をかれに託することになる。

カール・フリードリヒ・ジーメンスは創業者ヴェルナー（Werner von Siemens）の三男で、ジーメンスの英国支社長や、ジーメンス・ハルスケ社の国際マーケティングの問題解決のための海外本部長などをつとめた国際派の指導的財界人であった。大戦後の経済界にはライヒスバーンの分割民営化をはかる声も大きかったが、当時の著名な鉄道専門家たちから鉄道業発展の経緯について知見をえていたジーメンスは、ライヒに一元化された国鉄としてのまとまりの維持を重視した。

その一方で、自社をふくむドイツ企業・ドイツ経済の国際復帰をはかるために賠償履行をすすめなければならないと決意していた。輸出市場を重視する電機や化学などの新産業の経済人は、国際協調に積極的で、そのために必要な共和制下の民主化にも容認的であるが、伝統的な重工業（製鉄業など）を中心とする旧産業の経済人は、概してそうでもなかった。ジーメンスは前者の代表格である。

戦前から議会で鉄道問題にたずさわったエーザーやヴュルテンベルク国鉄出身の指導的な鉄道高官カール・シュティーラー（Karl von Stieler 一八六四〜一九六〇）らは、ジーメンスの監理会入りを支持した。ライヒ予算から独立した法人になり、「役所」ではなく「経営体」として賠

図13　ライヒスバーン会社（DRG）監理会長　カール・フリードリヒ・ジーメンス

償履行に貢献するライヒスバーンが誕生した。そうである以上、経済人が監理会トップに就くことにもなるだろうが、かれら鉄道行政家にとって経済人のなかでもジーメンスには最も信頼がおけたのである。

ドイツ・ライヒスバーン会社発足をひかえた八月十九日、エーザーはドルプミュラーにあわただしく指令をくだす。ロンドン会議がおわり次第、まずは八月末にルール工業地帯の東端にある都市ハムにむかい、ここでエッセン鉄道管理局長官としての執務をはじめよというのである。まだルール占領はおわっていないが、ルールの鉱物資源輸送の再建がかれに任されることになった。エーザーの命令はいかにも急で、「貴殿の転勤は追って決定されるだろう。」とあった。[*4] 正式の辞令がドルプミュラーを追いかけてくる形となる。エッセン鉄道管区の長官に正式に任じられたのは九月三十日であった。

エッセン鉄道管理局長官は伝統的に、鉄道官吏としての栄進を約束されたポストである。オーバーシュレージエン地方の鉄道長官から、今度はルール地方であった。ドイツ・ライヒ内の最大級の産炭地域からの輸送という重任を、立て続けにまかされたことになる。

ライヒスバーン会社新総裁エーザーはすでに病身であり、ライヒスバーンの社内運営をまかせられる人物として、エッセン鉄道局長官に就任したばかりのドルプミュラーに白羽の矢をたてた。ディレクトゥア（Direktor 理事）に任命し、副総裁（常任総裁代理）にしようというのである。

ドルプミュラーの副総裁就任への動きは、多くの政府関係者や鉄道高官たちの反発をかった。エーザーの健康問題がある以上、万が一の場合、副総裁は後継者として総裁に就任することがある。技官あがりの、しかもイレギュラーな経歴をもつドルプミュラーでよいわけがあろうか、というのである。また、エーザー現総裁が連立与党「ヴァイマール連合」の一角をしめるドイツ民主党の政治家であったのに対し、ドルプミュラーには政治経験らしいものがなかった。「ライヒスバーンの経営には政治的観点が必要で、もしも純技術的な観点からそれがおこなわれることになれば危険ではないか」とは、当時のライヒ宰相ハンス・ルター（一八七九〜一九七二）の言葉である。ちなみにルターは高級官吏から財政家に転じた中道右寄りの政治家で、一九二五年に宰相就任、短期間で政権は瓦解したが、その後はヒトラー政権の初期に駐米大使をつとめている。

結果的に、ドルプミュラーの副総裁就任は、将来の総裁後継問題とは切りはなすのを条件にみとめられた。一九二五年七月一日、ドルプミュラーの副総裁就任が監理会で議決され、同三日、共和国の新大統領ヒンデンブルク（在任一九二五〜三四年）による認可・発令をうけた。職務手当をふくめて年俸は、計六万ライヒスマルク。これは当時のライヒ宰相の年俸四万五千ライヒスマルクを上回った。なお「ライヒスマルク（Reichsmark; RM）」は、一九二四年にドーズ案受け入れによって導入された兌換貨幣である。

この年の十二月、ドルプミュラーは母校アーヘン工科大学から名誉博士号をうけた。

第5章

ドイツ・ライヒスバーン総裁

相対的安定期から大不況へ

1926-1933

ライヒスバーン総裁に

エーザー総裁の健康は悪化し、オフィスには不在がちであった。その間、副総裁ドルプミュラーの職務代行がつづく。理事会（重役会）の長である総裁は本社における意思決定機関であり、会社の業務執行に関する全責任を負い、諸般の会社事項について最終決定権をもつ存在であった。みずから社内の組織をさだめ、重役である理事以下の社員を統括するのである。

監理会長のジーメンスは民主党の盟友でもあったエーザーを見舞い、当人がすでに回復をあきらめているのを密かに確認している。

一九二六年六月三日、エーザー死去。翌四日、ライヒスバーン監理会は、ただちにユリウス・ドルプミュラー博士を規定通り四分の三以上の賛成でもって、後任の総裁に指名した。手続き上は、大統領の承認と憲法にもとづく主管大臣の副署を待つばかりとなった。

もちろんここには、カール・フリードリヒ・ジーメンスの決断があった。エーザーの死を知ったドイツ政府や議会は、意のままにならぬライヒスバーン監理会に対抗して自分たちの息のかかった議会出身者を理事会トップたる総裁ポストにすえるチャンスがきたと当然考えたが、ジーメンスはその機先を制したのである。

轟然たる非難の声があがる。交通省の高官たちは公然と反対の声をあげ、選出結果をみとめず反対候補をたてるといきまいた。リベラル系の新聞は、ジーメンスら経済界のごり押しを批判した。「産業（界）の候補者」ドルプミュラーが前任者の葬儀もすまぬうちにえらばれたのは、ライヒ政府の影響力を排除しようとするためだ、というのである。与党連合を構成するドイツ社会民主党（SPD）、ならびにその支持母体である相当に戦闘的だった全国労働組合に代表される社会主義的な勢力と経済界との対抗関係が、こうした憶測の背景にあった。

ジーメンスの真意は、史家ミーアゼジェウスキイが論証するところでは、それとはやや異なるところにあった。

ジーメンスらの考えによれば、新生ドイツ・ライヒスバーン会社は、賠償金支払い履行のために、営業収益を第一とするものに生まれかわらなければならない。

ライヒスバーン会社は設立にさいして百十億金マルクの賠償債券を発行し、戦勝国が任命した管財人に引き渡したが、この債券の利息と償還が賠償金支払いにあてられることが決まっていた。企業としての収益が確保されなければ、毎年三％～五％の賠償債権の利息を支払うことはできないのである。

ところが、帝国時代以前からの邦有鉄道の官吏たち――会社への改組後も公的・法的な「官吏」身分を保持した――には、公益優先の発想が抜きがたいものとしてあった。およそ鉄道のみならず社会的な

図14　ライヒスバーン会社（DRG）の社章。伝統の鷲を現代的にデザイン

インフラ関連事業につきものの、公益と営利のどちらを優先すべきか、という対立。実際のところ、明白な決着がつくはずもない議論である。だが、賠償金支払い義務履行が政策的に最優先されるならば、二〇年代のドイツにおいては、ライヒスバーンは高収益を確保しなければならず、直接的な公益重視のための赤字容認や利潤の社会還元などはとりあえず考えるべきではないだろう。（この点で、出身党派の影響を強くうけるだろう議会政治家出身の総裁も、あまりあてにできるものではない。）

エーザーやジーメンスがドルプミュラーに期待したのは、邦有鉄道出身の折り目正しい行政官吏たちに牢固たる公益思想を、対西欧外交上の役割をもつライヒスバーン会社では打破することであった。技官出身で国際経験に富むドルプミュラーにはそれができると、この穏健派連立政権「ヴァイマール連合」の比較的リベラルな政治家たちはふんだのである。

しかし、ドルプミュラーの総裁就任には異論がもちあがり、正式の就任までには時間がかかった。左翼にとっては経済界の走狗であったドルプミュラーは、右翼から見れば「ドーズ・バーン」の現状をまねいた裏切り者のひとりに他ならなかった。また、内閣がライヒスバーン監理会決定にどの程度介在すべきなのかという独立性の問題は、これにからんで議論が尽きなかった。

この頃すでにドイツは、「相対的安定期」とのちに呼ばれる時期にはいっていた。ドーズ案受け入れで一息つけた共和国の、つかの間の政治・経済的安定である。

ドルプミュラー人事でもめていた、この一九二六年の夏から秋にかけて、次のことが起きている。ちなみに一九二六年は大正十五年にあたり、十二月二十五日からは昭和元年である。

六月二十八日、ダイムラー社とベンツ社という自動車製造のライヴァル企業が合併し、ダイムラー・ベンツ社が誕生する。この時期のドイツは自動車製造技術の先進国ではあっても、自動車大国というにはまだほど遠い。映画はサイレント時代のおわりにさしかかっており、ベルリンのウーファ（Ufa）映画の撮影所ではフリッツ・ラング（一八九〇～一九七六）監督が「二〇二六年」の未来を舞台にした大作『メトロポリス』の製作中であった。七月四日から八日、なお弱小政党である国民社会主義ドイツ労働者党（ＮＳＤＡＰ）がヴァイマールで第二回党大会をひらき、先年のミュンヘン一揆失敗からの復活を懸命にアピールした。このとき、党青少年組織に「ヒトラー・ユーゲント」の名があたえられた。この夏、ベルリンでは九つの劇場で絢爛豪華なスペクタクルレビューが上演され、毎晩一万人の観客が熱狂した。八月二十日、ドイツ共産党は、スターリン体制下のソ連・コミンテルンを批判したかどで、女性国会議員で党指導グループのひとりルート・フィッシャー（一八九五～一九六一）らを除名している。同三十日、ドイツ・ハンザ航空はベルリン―ロンドン間の夜行定期便の運航を開始した。洗面所、無線電話、ベッドをそなえた四人用客室をもつ複葉機が飛ぶ。高速での長距離移動にも快適な旅が求められる時代の幕があいた。九月三日、ベルリンの国際見本市会場にハインリヒ・シュトラウマー（一八七六～一九三七）設計の放送塔がそびえ立った。そして同八日、シュトレーゼマン外相は、ドイツの国際連盟加入を実現させた。

一九二六年十月十九日、ヒンデンブルク大統領は、ドルプミュラーのライヒスバーン総裁選出を認可・発令した。ライヒスバーンの独立性を――たとえその最高意思決定機関に旧敵国の外国人が入っていようとも――まもろうとするカール・フリードリヒ・ジーメンスの意志が通ったといえる。一方、ヒンデンブルク老将軍にとって、国鉄総裁に指名された元鉄道技師にうかがえるドイツ・ナショナリズムや帝政期へのノスタルジーは、シンパシーを感じられるものだった。

このときドルプミュラーは、五十七歳。ベルリン市南西部郊外の高級住宅地ツェーレンドルフのプリンツ＝ハントイェリイ通り七〇番地には、副総裁時代に転居していた。ライヒスバーン所有のこの邸宅に、妹と一緒に住んだ。

ドルプミュラーは生涯非婚であった。その理由は不明であるが、ある評伝では「忙しすぎて結婚する暇がなかった」で片づけている。また、十九世紀生まれ育ちのドイツの高級官吏、とりわけ異動の多い鉄道官吏が独身をとおすことは、とりたてて異常視されるほどのこともなかったようである。壮年期の中国行きが影響したことはまちがいないだろう。二十世紀初頭の極東はヨーロッパ人にとってはさすがに遠かった。この時期、極東に移住する欧米人といえば、たとえばプロテスタントの宣教師であったが、かれらも結婚して妻と同行するのではなく、女きょうだいをつれて赴任することが多かったという。その宣教師たちのようにドルプミュラーが中国に女手としてつれていった妹マリーアも、非婚を貫いた。ドルプミュラー本人の場合には、毎日のような華やかな社交が婚姻生活の欠如をおぎなって余りあるというところがあったが、中国行き以来ドルプミュラー家の主婦として兄につきしたがったマリーアの場合はどうであったか。

ドルプミュラー邸は「ツェーレンドルフ」駅とは目と鼻の先といっていいすぐそばであり、毎朝「ポ

図15　ライヒスバーン本社ライヒ交通省（旧プロイセン公共事業省）庁舎（右）と、ヴィルヘルム通り79・80番地／ヴォス通り34・35番地の現況（左）

ツダム」駅（ほぼ現在の「ポツダム広場」駅）までノンストップの「銀行家列車」とよばれた快速急行列車の席にすわって通勤した。駅員や車掌の挨拶をうけ、新聞をひろげる。十五分たらずで着く市内「ポツダム」駅は、欧州有数の交通量をほこったポツダム広場に面していた。すでに一九二四年には、市電と自動車と徒歩の人たちが行きかうこの広場にヨーロッパ大陸初の有人式交通信号機が設置されていた。

一大繁華街であったポツダム広場から歩いてもそう遠くない、プロイセン王国時代以来の官庁街ヴィルヘルム通りの一角、ヴィルヘルム通り七九・八〇番地とヴォス通り三四・三五番地の角を占めていた建物の中に置かれたのがライヒスバーン本社である。ライヒ交通省庁舎と一体化しており、もともとプロイセン公共事業省の庁舎が十九世紀の業務拡張とともに建て増しをかさねてきた一角だった。現在は二〇一四年開業のショッピングセンター「モール・オブ・ベルリン」の一部となっている。

「ライヒスバーンはドイツ経済と興廃をともにする」

総裁としてのドルプミュラーは、かれを抜擢したカール・フリードリヒ・ジーメンスらの期待にこたえただろうか。つまり、企業として収益をあげ、賠償金支払いに貢献するライヒスバーンは実現できたか。

実質的に副総裁時代からライヒスバーン社の経営はドルプミュラーにまかされていたが、この一九二五年から一九二九年の世界大不況がおきるまでのあいだ、ドイツの鉄道業は復興をとげ、ライヒスバーン社の経営は安定した。「ドーズ・バーン」そのものへの敵意を代表してうけ、また、あいついだ大事故の責任を問われることもあったが、一九二九年に総裁に再選されているので、監理会から一定の信頼をかちえていたことはたしかである。

この期間、ライヒスバーンは安定的な収益をあげ、二六年から二九年まで純営業収入が平均八億七千万ライヒスマルクに達し、これにより平均六億二千万ライヒスマルクの賠償金支払い額を計上できた。

ドルプミュラーによるライヒスバーン経営の力点は、大きく以下の三方面にあったといえそうである。合理化、近代化、そして国際的地位の向上・回復である。これらはもちろん互いに密接に結びついていたし、その結びつきにはドルプミュラーの個性があらわれていたといえる。

①合理化

ドルプミュラーは経営合理化の必要を当初から力説していたが、しばしば誤解されるように、そのためにライヒスバーンが大規模な解雇を頻繁に強行したわけではない。敗戦の結果生じた大量の余剰人員をドイツ各地の旧邦有鉄道が抱えこみ、ライヒスバーンがそれを――企業化以前の一九二三年・二四年にたまらずレイオフに踏みきった後も――引きつがざるをえなかったのはたしかであるが、「新しい社会的な共和国」における強力な労働組合との対峙があった。

ライヒスバーンは雇用維持・賃金上昇をできる限り約束せねばならない。と同時に、経営を圧迫する最も重い要因である人件費の抑制を図らなければならなかった。

一九二五年の時点で、ライヒスバーンは戦前の官営鉄道の総計より五・八％多い七十三万二千名の職員・労働者を抱えていたが、二九年にはこれを七十一万三千名まで減らしている。これでも依然として戦前より三％弱多い人数であり、ライヒの領土喪失によって路線規模が戦前の八六・五％まで縮小していたことを考えると、ライヒスバーンの人員過剰は結局解消しなかったともいえる。

またライヒスバーンは、数えあげれば二百九十万人もの人々の生活を支えなければならなかった。三十三万人の官吏身分の職員とその家族九十万人弱、四十二万人の労働者の家族七十八万人。これら現職とその周辺にくわえて、恩給・年金が支払われるべき退官した職員二十三万人とその家族・遺族、九万五千人の退職労働者とその係累三万人である。

ここに、ドーズ案の構想のほころびがあった。ライヒスバーンが社会福祉の担い手としての役割をもつ以上、ジーメンスらが期待した営利企業としての性格は不徹底なものにならざるをえない。

にもかかわらず、ドルプミュラー総裁のもと、経営改善がすすんだことは事実であった。

圧倒的な存在となったアメリカ経済にならった「(産業)合理化」は、ドイツの鉄道業にとどまらず、二〇年代の工業国の企業経営における合言葉のようなところがあった。ライヒスバーン当局も科学的管理法の導入をこころみ、抵抗する労働組合を説得して、いわゆる「テイラー・システム」による作業効率の向上をめざした。テイラー・システムは、二十世紀初頭にアメリカのF・W・テイラーらが提唱していた工場生産管理法。労働現場での作業時間や動作のストップ・ウォッチなども使った計測にもとづいて標準作業量を定め、これにより賃金を決める差別出来高給制や、一日の作業を計画する社内部門の設置、作業指示のマニュアル化や工具・器具の標準化などが有名である。これらの導入によって、しばしば職場自治的だった職長支配を否定して、労働現場を新しい職場長制度に再編する。労働組合が、労働強化につながるとこれに反発したのは、ある程度当たっていた。そしてライヒスバーンの現場や工場での、テーラー・システムの試みがどの程度成果をあげたのかには、議論の余地が大いにある。ドルプミュラーが確信していたほど、科学的管理法に効果があったかどうかは不明とせざるをえない。だが、組織の運営効率の見直しによる人件費抑制という意味では、ライヒスバーンの合理化は二〇年代後半に成功したといえる。

できるだけ大規模解雇を避ける代わりに採用の凍結や削減をおこない、官吏身分を保証された終身雇用権をもつ職員の業務内容や賃金制度を見直すことで人件費をおさえたが、一方では、作業合理化を負担する組合労働者の賃金について上昇があるよう配慮をはらった。

これらの結果、労働生産性の上昇がたしかにもたらされた。たとえば一九二五年から二九年にかけて、一人当たりの業績をしめす指標（従業員一人当たりトンキロ、一人当たり人キロ、一人当たり売上額など）では、顕著な改善がみられたのである。

しかもこの間、鉄道員の生活水準は全般的に向上していた。ライヒスバーン従業員の賃金は他の産業分野の平均賃金を常に上まわるレベルにあり、二〇年代後半の伸び率はドイツの国民所得のそれを超えていた。官吏待遇の職員と労働者との賃金格差も縮まる傾向にあった。

採用減による従業員の高齢化がすすんだせいもあって、病欠数はむしろ微増するなど、現場のモラルが急速に改善されたわけではない。鉄道員が悲惨な鉄道事故や工事事故の犠牲になるのもしばしばであった。人件費の圧迫要因だった、官吏待遇の職員の過剰という問題もそれほど解決しなかった。だが、ライヒスバーンの財務悪化という事態は沈静化し、労働生産性の上昇によって安定した経営が実現したといえるのである。

②近代化

人件費と労働生産性の問題がある程度落ちついた一方で、ライヒスバーンの財務状況により影響を与えたのは、設備投資であった。

ドルプミュラー総裁下のライヒスバーンにおいては、きわめて積極的な設備投資が、とりわけ車輛に集中しておこなわれた。機関車の登録数こそ一九二五年の二万七千台をピークに二九年には二万三千台まで漸減したが、これは戦前の約八%減でしかなく、総馬力数はこの間、逆に増大し、二五年から二九年で一四%増であった。技術進歩による機関車の大型化・高出力化がすすむなか、ライヒスバーンは機関車の購入をつづけ、一大車列を構築したのであった。貨車も戦前を台数で二割、輸送キャパシティで三割上回る水準を二〇年代後半にキープした。

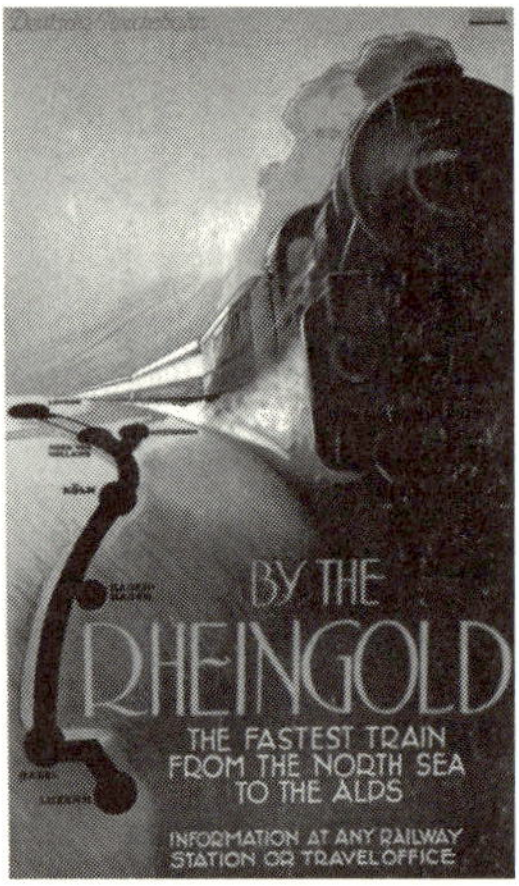

図16　特急「ラインの黄金」号の宣伝ポスター

三〇年代をかざる数々の有名な新鋭列車——特急「飛ぶハンブルク人」や、〇五型蒸気機関車——の開発・導入の流れは、この時期にはじまっていた。サロン車輛の豪華な調度でしられた国際列車「ラインゴールト（ラインの黄金）」の運行開始も一九二八年である。

　ここにはジーメンス監理会長の考えもあった。強弱電双頭体制の企業グループをひきいる多忙のなかで、ジーメンスはライヒスバーン本社に午後遅くには出社し、総裁以下の理事と定期会合をもった。そこでは技術的な問題も熱心に話しあわれた。ドルプミュラーはプロイセン国鉄から機構的にひきついだ研究開発担当部署である鉄道中央局（Eisenbahnzentralamt; EZA）に、自動車や航空機の図面を引いていた設計技師を何人も雇い入れたが、これもジーメンス監理会長の示唆を受けてのことだったともいわれる。やや旧態然としていた鉄道機械建造に、軽金属の利用、車体の流線型化、そしてオイル・モーターの導入という新しい傾向がもちこまれ、高速化時代への対応がすすんだ。

　だがこうした動きは、あきらかな機関車・車輛の過剰をもたらした。

ドルプミュラーは新車輛導入の流れの先頭に立ち、財務に責任をもつ経営者としての葛藤をかかえながらも、これを方針として堅持した。ひとつには、戦前以来カルテルを結成し、苦境を乗り切ってきたドイツの車輛製造企業からの要請があった。かつての「死の商人」クルップも、ヴェルサイユ体制下では平和産業である車輛製造により力をいれざるを得なくなっていたが、こうした諸メーカーの立場は、エッセンで重工業界と親しくまじわったドルプミュラーがよく知るところだった。

また、ドルプミュラーには生粋の技術者あがりの鉄道人として、監理会長にうながされるまでもなく、もとより技術進歩への偏愛があった。人並み外れてあったといえる。ユリウス・ドルプミュラーは、ハインリヒ・ドルプミュラーの長男であった。有能な発明家で、そのせいもあって鉄道職員として不遇をかこつこともあったハインリヒの息子であるという意識を、周囲にかくさなかった。またジーメンス以下の社内も、そうした人物であるドルプミュラーに、技術の開発・導入への理解ある投資を期待したのである。ベルリンの鉄道中央局（ＥＺＡ）など、車輛の開発や選定・導入にかかわる技術関連の部局がその中心であった。

新機関車の導入には、ライヒスバーンという新組織ならではの合理性もむろんあった。邦有鉄道分立時代には、各鉄道は重工業メーカーと地域的な関係をもち、それぞれ多様な機関車を導入していた。しかし全独規模で機関車を統一する必要は高い。たとえば、ライヒスバーンでは旧プロイセン国鉄「Ｐ８」型機関車を「38―10～40」型として使用することになったが、もしもこれが旧バーデン国鉄や旧ザクセン国鉄の路線内で故障した場合、その管区内には代替部品や修理ノウハウそのものがなく、すぐに修繕できないおそれがある。規格や部品の標準化がなければならなかった。そこで一九二五年から二六年にかけて、最初の統一機関車である〇二型と〇一型が開発製造された。両型の比較検討をへて二気筒の〇一型の配備がきまり、数百台ずつのゆっくりしたペースでこの統一機関車が急行列車用に投入されていった。

だが機関車・車輛の過剰が、経営に悪影響をあたえたという批判は正しいのである。車輛メンテナンスの必要が増えたので、そのぶん人員増をおこなわなければならなかった。さらに二七年から二八年にかけて、ライヒスバーンは流動性不足におちいった。つまり、資産はあるが支払いなどにあてられるべきキャッシュ（流動性）が手元に十分にない状態である。中国では津浦鉄道の財務もみてきたはずのドルプミュラーだったが、経営者としては、資本とカネとの混同があったともいえる。

そして、車輛に偏った設備投資の弊害は、路線や橋梁の補修不足による事故の多発という形をとってあらわれた。

都市交通を中心に電化はたしかに進行したが、総裁とジーメンス監理会長との密接な関係にもかかわらず、設備投資の最重要課題にはならなかった。したがってライヒスバーン全体の電化率は他国と比較してやや見劣りした。専門家らしく、蒸気機関車の将来にはまだまだ技術的可能性があるとドルプミュラーが判断していたためでもある。

旺盛な車輛、とりわけ機関車への投資の断行はたしかにライヒスバーンの近代化に道をひらき、三〇年代初頭の鉄道史にのこる達成をもたらした。だが、その裏面にはドルプミュラーの経営能力に疑問をいだかせかねないほどの錯誤もひそんでいたのである。

③国際的地位の向上・回復

「ライヒスバーンはドイツ経済と興廃をともにする」とは、ドルプミュラーの言葉である。これはライヒスバーンが発行する写真入りカレンダー（一九二八年版）にも麗々しく印刷された。

たしかにその通りであった。賠償支払いの忠実な履行を条件にアメリカ合衆国からの多大の投資を受けいれることで、戦間期のドイツ経済の復興はすすんだ。ドーズ案の申し子であるライヒスバーン社は、これを支える存在である。と同時に、ドイツ経済の安定と復調によって輸送企業としての収益を確保していた。この点でドイツ経済と離れがたく互いに支えあう関係にあった。

だがドルプミュラーの口から出ると、この言葉からは、一方的な自負の匂いがむしろ強く嗅ぎとれる。ドイツ経済の復興のみならずドイツ国家そのものの威信を担うのが、このライヒスバーンだ、である。ドルプミュラーによるライヒスバーン経営の最も根底にあったのは、この意識であった。合理化や近代化という目標も、これを軸として位置づけられる。

図17　後尾にプロペラをもつ「レール・ツェッペリン」

二〇年代の技術革新をふまえて三〇年代初頭には、数々の新鋭高速列車がお披露目された。ドルプミュラー総裁時代をいろどる「レール・ツェッペリン」、「飛ぶハンブルク人」「SVT137　155　ディーゼル機関車」といった斬新なデザインと高性能の高速列車の開発は、ドイツ鉄道の技術力を世界に喧伝するものとして大いに意味をもっていた。ドイツ製の車輛の輸出も再開される。

賠償金の支払いを鉄道業がになうことは、ドルプミュラーにとっては決して本意ではなかった。副総裁時代の一九二六年五月、ドイツ工業同盟の招きで「経済の希望とライヒスバーン経済」と題して講演したドルプミュラーは、人員削減の必要を説明し、なお財務が――二百万人の失

業者をだしている景気全体の状況を考えても――思わしくない等々とのべた。そして、

「鉄道業の経済における最も重要な領域は、運賃政策にあります。(……)我々は、そもそもの外国の経済に優位をもたらすような運賃をのぞんでいないのです。そうした優位が、ドイツの路線を避けることで得られるとは、ありうべからざることです。」

と現状の高運賃を批判し、さらに次のように講演をしめくくった。

「(……)結局のところ、互いに頼らざるをえないライヒスバーンとドイツの産業とが共通して見舞われてきた、すべての困難と欠損はどこからくるのでしょう? その大部分の原因はわれわれの零落にありますし、われわれが課されている負担にあります。(……)ライヒスバーンに課されたドーズ負債は、本一九二六年において八億四千万マルクです。貨物輸送による収入は、三十一億五千万マルクになると見積もられます。もしもドーズ負債がなければ、理論的には貨物運賃は二七%下げることができましょう。」

「ドーズ負債(負担)」ことドーズ案による賠償支払いそのものに否定的なこの発言は、物議をかもした(ただし、「ドーズ負債」という言葉自体はジーメンス監理会長も使っていた)。ライヒスバーンは収益の七割前後を賠償支払いにあてなければならなかった。本当なら利潤が上がった分を運賃低下にむけられるは

ずだが、というのがドルプミュラーの真意であり、本来のドイツの鉄道は利益を社会に還元し、あくまで公益性を追求すべきだとの考えに立っていたことがわかる。鉄道業の営利事業としての側面ではなく、公益事業としての側面こそが重視されねばならない――というのがドルプミュラーの信念であった。

後年、一九三三年五月十七日といえば、まだドルプミュラーとナチ新政権が互いに距離を保っていた時期であるが、その日ベルリンで招待客の前でおこなった講演「ライヒスバーンと経済ならびに国家との紐帯」でも、次のような言葉をつかって、この当時の鬱懐を漏らしている。

「最近になってもなお、ライヒスバーンは、しばしば〝外国の企業〟だとか、あるいは〝私的・資本主義的企業〟だとみなされます。この種の誹謗は、悪意や歴史的関係への無知によるものであります。」

ライヒスバーンが賠償のかたにされたのは、ドルプミュラーにとっては五年半続いた屈辱的事態だったのであった。資本主義的私企業であるとみなされるのは「誹謗」だと受けとったのである。

だが、「ドーズ・バーン」であることも労働生産性をあげることも、わがライヒスバーンの国内外における地位を確固とするものであれば、うけいれられた。

ドルプミュラーがまだ駆け出しの技師だった十九世紀終わりごろから、ドイツの鉄道業は経営体としての統一こそ欠いていたが、その技術力において世界の鉄道業の先頭をはしる存在だった。

世紀転換期にドイツの鉄道業（その代表としてのドイツ鉄道管理体協会ことＶＤＥＶ）は、フランス、ロシアとのドイツの外交関係悪化の煽りをうけ、ロンドンで開催されることになった国際鉄道会議をボイコットしたことがある。この世界規模の鉄道国の会合では、前回大会以来、仏露が主導権をしばしば握っているのが面白くない——というのが、ＶＤＥＶの、というよりはむしろドイツ帝国政府・プロイセン政府の立場だった。世界鉄道会議はハード面・ソフト面双方の技術交流の場でもあったから、当の鉄道業の職員たちは文官・技官ともに、「鉄道の母国」での会合参加に期待を隠していなかった。にもかかわらずボイコットがきまったとき、かれらがみずからに言いきかせるように鉄道技師団体の機関紙に記したのは、「ドイツの鉄道技術者の諸氏が、前回パリ会議や今回ロンドン会議でいまさら学ぶべきものはあまりなかった」という某外国人鉄道関係者の言であった。さらに、ドイツ語圏のみならず中欧全体をカヴァーする比類のない存在であったＶＤＥＶの結成五十周年が、官民あげて祝われることになった。

若きドルプミュラーの修業時代におけるドイツ鉄道業をとりまく空気が知れる。ヴィルヘルム時代の国際関係の緊張に翻弄されながらも、ドイツの鉄道人たちの自恃は大変なものだった。かれらが誇る大戦前ドイツの鉄道技術の高水準は、ドルプミュラー自身、極東で証明している。

第一次大戦後のドルプミュラーの努力は、どんな仕事にあたったにせよ、このかつてのドイツ鉄道業の地位の回復にむけられたものだといってよい。

一九二九年六月、ドルプミュラーは英国を公式訪問した。英国グレート・ウェスタン鉄道などがこれを迎えたが、戦後のドイツ鉄道業の国際社会への復帰を印象づける行事となった。翌三〇年五月にはスペイン・マドリードでひらかれた世界鉄道会議大会に使節団として参加し、六月には逆にベルリンで第二回世界動力会議のホストとして各国代表をむかえた。スピーチでは英語と仏語をあやつり、国際協調のなかのドイツ鉄道業の顔として十分に役目をはたした。

しかし結局のところ、ライヒスバーンの生みの親である企業家や国際協調志向の政治家とは、同床異夢に近かった。エーザー、ジーメンスといった戦後ドイツ鉄道政策における賠償履行派のリーダーたちは、見立て違いをしたのだ。――と、綿密な分析でライヒスバーンの歴史を通観した史家ミーアゼジェウスキイは喝破する。それによれば、技術者で外国をよく知るドルプミュラーに、伝統の桎梏から自由な新しいタイプの鉄道人を期待したが、かれは純然たるドイツ・ナショナリストであった。企業家として収益を確保することで賠償履行を実現し、西欧諸国との協調に寄与する人物であるべきだったが、経営においては技術的達成に傾斜し、財務会計をみる経験と能力に欠けるところがあった――という。後者については本人もごく素直にそれを認めていたが、それもドルプミュラーが営利性を鉄道業の本質としては重視していなかったことの裏返しではなかったか。

いいかえるならば、ドルプミュラーもまた、ドイツの官営鉄道の百年近い歴史のなかにいた。鉄道業は片々たる私企業として営利を追うのではなく、国家の公益を実現する公共事業でなければならなかった。たとえ当代の先端的な工学技術を身につけていても、鉄道技師、技官もまた歴史的に形成された諸条件に骨がらみの存在であることに違いはなかった。また、国際人であることと愛国者であることは、よくもあしくも両立するのであった。

知識や経験を新しく積み重ねたからといって、そのぶんひとが新しくなれるわけではない。ドルプミュラーは世紀転換期――すなわち、「長い十九世紀」の終わりに形成された人格と世界観で、二十世紀的現実に対処しなければならなかったのである。

とはいえ、公益事業としての官営鉄道という考えは、市場と政府、または自由と秩序という巨大な問題に対して、「長い十九世紀」後半のドイツ社会が試行錯誤しながら出した先進的な解答のひとつであった。二十世紀の世界はそのバトンをうけついでいた。その点で、ドルプミュラーは自分の鉄道観に自信をもっていたかもしれない。

「ユリウス」の同僚たち

今日的観点からは経営者として辛い評価があるとはいえ、大不況の前後まで、ドルプミュラーは総裁の任務をまずはきちんとこなした。後世の研究者以上に同時代も辛辣に批判的でありうるはずだったから、任期を重ねた以上、そう評価してもよい。

もちろんかれ一人の才覚によるものではない。会社組織ライヒスバーンが安定した業績をあげたのは、総裁を補佐するスタッフと忠実な下僚たちの働きがあった。

まずは、あわせて六名の理事会のメンバー（ディレクトゥア）が、総裁の派手な活動をささえた。

ドルプミュラーの総裁就任にともない、監理会が副総裁に指名したのがヴィルヘルム・ヴァイラウフ（Wilhelm Weirauch 一八七六〜一九四五）であった。法学博士号をもつ、親子二代の鉄道官吏で、プロイセン国鉄出身。第一次大戦中はプロイセン公共事業省で賃金・労務担当の高官としてはたらき、一九二五年からライヒスバーンの人事担当重役（ディレクトゥア）として理事会入りしていた。社会民主党にも近いリベラルな考え方をもち、ジーメンス監理会長からの信任があつかった。

ライヒスバーンの人事関連業務を一手に担いつづけたこのヴァイラウフ副総裁以下、理事会メンバーとその管轄は一九二七年ごろには以下のとおりであった。運輸・運賃担当ヨハネス・フォークト（Johannes Vogt　一八七二～一九三七）。運行・建設担当マックス・クムビアー（Max kumbier　一八六七～一九三七）。機械技術担当リヒャルト・アンガー（Richard Anger）。財務・法律担当アレクサンダー・ヤーン（Alexander Jahn）。管理部パウル・ヴォルフ（Paul Wolf）。買入れ担当グスタフ・ハマー（Gustav Hammer　一八七五～一九六二）。そして、ライヒスバーン本社から一定の独立的地位をたもったバイエルン・グループ管理部アロイス・フォン・フランク（Alois Ritter von Frank　一八五九～一九四〇）が理事会に参加した。

このうち、クムビアー、アンガー、ハマーが名誉博士号をもつ技官である。

財務担当重役は、三一年からルートヴィヒ・ホムベルカー（Ludwig Homberger　一八八二～一九五四）に代わる。ホムベルカーはライヒスバーンの財務会計システムを抜本的に改革し、経営状況の改善に功が大きい。

視察や記念行事、新車輛のお披露目などで頻繁に活躍の姿をみせることを好んだドルプミュラー総裁のためには、工学博士号ももつ報道班長ハンス（ヨハネス）・バウマン（Hans Baumann　一八八八～一九六七）が常にはたらいた。

ドルプミュラーは、ライヒスバーン従業員の広範な層に人気があった。叩き上げの鉄道技師出身の総裁（長官）は当時としては、新鮮である。鉄道業の現場には、「鉄道人」あるいは「鉄道屋」とでもいった独特の自意識とある種の一体感が育つ。これは高位の官吏も共有していた。学卒エリートとはいえ自分たちのなかから出たとも思えるリーダーを組織にえて、かれら鉄道屋のプライドははじめて十分に満足させられた。また、外貨制限で一般に外国旅行が難しかった共和国の市民・労働者にとっては、ドルプミュラー総裁の豊富な外国経験はまぶしいものだった。そのくせ総裁閣下には、庶民的な匂いがある。

ドルプミュラーの開放的で気さくな人柄は、愛称「ユリウス」のそばにいる関係者にだけではなく、さまざまな行事参加の報道を通じて世に広く知られた。ドルプミュラーは出身大学の学生クラブや中国帰りのドイツ人会をはじめとする昔の仲間とのつきあいも疎かにしなかった。豪快な酒飲みで、そうした会合で羽目をはずしてみせるときも多かったが、後年の伝記では「アルコール中毒」とも書かれてしまうような度を過ぎた大酒も、周囲やメディアは好意的にあつかった。

ドルプミュラー総裁の六十歳を、当時の労働組合の機関紙ですら祝った。鉄道員労働組合は、ドルプミュラーの総裁就任にさいしては「鉄道員の敵」がトップにすわろうとしている、とはっきりとその機関紙「ドイツ鉄道人」(一九二六年六月十三日号)にしるした。経済界の息のかかった人物であるには違いないドルプミュラーに、イデオロギー上も戦闘的な当時の労働組合が好意的である必要は皆無であった。また、大戦後にはオペルンの鉄道管区で職場秩序の回復をとなえ、いまは経営合理化の名目で人員削減をねらってくる新総裁には警戒しなければならない。にもかかわらず、一九二九年七月二十八日付けの同じ機関紙は、次のように書いた。

「ユリウス・ドルプミュラー博士は七月二十四日に六十歳である。総裁の誕生日は、ライヒスバーンの鉄道員に別段の印象を喚起するものではない。我々と総裁では、生活習慣も生活条件も全く異なるからである。だが、それにせよ、である。ドルプミュラーは、この誰にとってもよくない時代における一個の堂々たる男子である。そしてドルプミュラーが、世界を知り、鉄道がどのようにつくられるべきなのかも熟知した専門家であることは、鉄道関係者のよく知るところだ。祝賀の列に鉄道員の代表もみえるとすれば、総裁の誕生日だからというだけではない。ライヒスバーンの指揮者は、鉄道に尽くす人生のまさに只中に還暦をむかえたのである。また、これまでしばしば鉄道界のお偉方の委託で命令を下してきた闘争相手であるとはいえ、この六十歳の人物はあきらかに常に公明正大であった。かれは自分の能力によってこのポストにつき、その任務をよくはたしてきた。〝お誕生日の主役〟であるかれが、ライヒスバーン経営において自分が果たした出世を存分に味わってくれればよいと望む。この栄達はかれの喜びのみならず、我々鉄道員の喜びだからである。」

なにやら「ツンデレ」という言葉を思い出すとしかいいようがない、そっけなさを装いつつ、ある親しみと畏敬の念のにじみでる挨拶である。ドイツ・レーテ革命から十年がすぎていた。

しかし、こののちもドルプミュラーが、好意と信頼をいだいてくれる部下や同僚たち、あるいはそればかりではなく広くその時代の人びとに対して、常に「公明正大」でいられたか、ライヒスバーン総裁としての職責をはたしたといえるのか、そして、その「職責をはたす」とはどういう意味で考えるべきなのか――このことを、私たちはこれから見ていかなければならない。

世界大不況とシェンカー契約

ドイツ革命の十一年後にしてドーズ案受諾の五年後、一九二九年十月、世界大不況がはじまる。株価の暴落は予想もされなかった広がりをみせ、欧州大陸でも金融恐慌を引きおこして経済システムに致命的な打撃をあたえた。国内外のすべての種類の市場が急速に収縮した。政治・社会の「相対的安定」が吹き飛び、合衆国をはじめとする外資による支えをうしなったドイツ経済は、六百万人ともそれ以上ともいわれる膨大な数の失業者を出す。推定失業率は三〇〜四〇％に達する。一九三二年、ドイツの鉱工業生産は、二九年にくらべてほぼ半減した。輸出額はおよそ六〇％減。この間、物価水準はおよそ三〇％低下したとされる。

この破滅的な経済状況で、運輸企業であるライヒスバーン社の業績も悪化しなければおかしいくらいのものである。現に、ライヒスバーンの一九三二年における総利潤額は、二七〜二九年平均の四三％減であった。二三年以来はじめての赤字収支を記録する。

しかし、三〇年代初頭ライヒスバーンの経営不振には、経済全般の落ち込み以外にもさまざまな要因がからまっていた。

ひとつにはドルプミュラー総裁の二期目にあって、従前の経営スタイルがつらぬかれたことがある。ライヒスバーン経営陣は人員削減の実行には消極的であった。もちろん、結果的に三〜四％の人員を解雇し、賃金カットをおこなって職員と労働組合の怨嗟をかったが、大不況期の業績に即応したというべき規模ではなかった。ドルプミュラーら首脳部は、機械的に解雇を増やすのではなく、あくまで新技術の導入や組織改革によって減らせる雇用者数を算出しようとした。

そして一方では車輛を中心とする設備拡張をおしすすめた。一九三〇年から三二年までに、二百九十二台の機関車が新たに購入された。後部プロペラと流線型の軽量車体をもつ超高速列車「レール・ツェッペリン」の試作もただ一台に終わっていることが、この時期の設備投資のある側面を象徴する。当座の経営の必要とは関係の薄い過剰投資であり、市場の収縮を度外視したものだった。ライヒスバーン社の資本的体力と、財務担当重役ホムベルカーの財務システム革新の努力が、この無理を支えた。

いまひとつは、国営会社であるライヒスバーン社の特殊な性格である。大不況期にそれが前面に引きずりだされた観があった。一九三〇年、大不況がいよいよ深刻化するなかで、ライヒ政府はライヒスバーンに不況対策としての資本投資や運賃削減を強要した。すでに従来の「ヴァイマール連合」といわれる中道左派の連立政権は崩壊し、大統領は中央党の経済学者ハインリヒ・ブリューニング（Heinrich Brüning　一八八五〜一九七〇）を首相に指名していた。中道右派連立のブリューニング内閣が再法制化・強化したいわゆる「東部救済」の一環として、ライヒスバーンには副次的なローカル路線の維持や追加建設がもとめられたし、国の雇用計画の担い手に利用されようともした。

ヤング案による賠償の減額（一九三〇年一月）にはじまり、大不況下にドーズ案がさらにみなおされ、フーバー・モラトリアム（一九三一年六月）による支払い猶予、ローザンヌ会議（一九三二年六〜七月）による賠償支払いの緩和、という流れになると、賠償履行におけるライヒスバーンの位置づけも異なってきた。ヤング案以降、ライヒスバーンはとりあえず賠償責任の負担から解放されたのである。監理会における連合国メンバーも去った。

こうなると当然のように、ドイツ・ライヒ政府の直接的なコントロールの下にドイツ国鉄をおく、というある意味オーソドックスな考えが、公益事業としての鉄道というこれも伝統的な理念とともに浮上してきた。「ライヒスバーンをライヒに返さねばならない」というわけである。ここには、確実にナチ期との連続性がある。

こうしたなかで、ドルプミュラーは大胆な——あるいは、乱暴な——手をうった。ライヒスバーン経営において、とくに落ち込みが激しいのが貨物輸送であったが、鉄道の将来的な競合相手としてトラック輸送に目をつけた。ドルプミュラーはさすがに鉄道以外の新しい技術的可能性にも鈍感ではない。それだけにライヒスバーン総裁としては、自動車に対する鉄道の地位低下を危惧し、あくまで鉄道を中心とする陸上輸送の今後の展開を考えたのである。それはいいとして、問題は、ライヒスバーンという国営企業による長距離運送業の事実上の独占というプランを立てたことであった。

一九三一年二月、オーストリアの老舗の輸送業者シェンカー社（Schenker）と秘密裏に独占協定をむすび、長距離輸送を独占する仕組みをつくろうとした。駅・鉄道利用の輸送業者をライヒスバーン社とシェンカー社の共同出資企業に限定し、その他の短距離の輸送業者、トラック運送業者は同社を中心とするカルテルに組織してしまう。カルテル参加のそれらの会社には地域的独占にあずからせる一方で、都市部から五十キロメートル以上の範囲外でのトラック輸送業務につくことを許さない。これで一国レベルの長距離輸送はライヒスバーンがにぎることになろう。さらに経営不振のシェンカー社をライヒスバーン社が買収・傘下におさめることも、ひそかに契約された。

秘密契約の第一の部分は比較的はやくあきらかにされ、ただちに激しい議論をまきおこした。トラック輸送業務はドイツにおいては——賠償履行とからんだ鉄道優遇政策がつづいていたためもあり——まだ大きな割合を占めるにいたっていなかったが、歴とした成長部門である。それがこんな契約を実現されては、個々の経営もたまったものではない。長距離トラック輸送をやろうという業者は、のきなみ破綻するだろう。

ブリューニング内閣は、ライヒ政府のまったくあずかり知らないところで重大な契約をライヒスバーンがむすんだことを、最も問題視した。その契約内容に露骨な、鉄道業の利己主義的な態度にも頭をかかえさせられた。

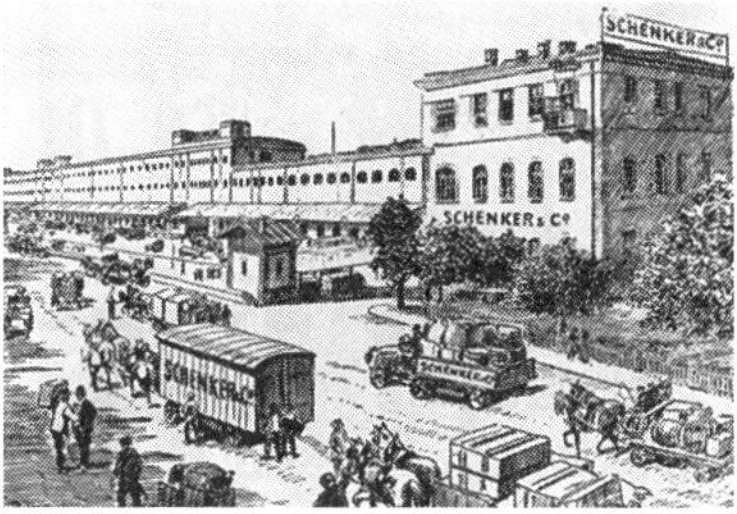

図18　シェンカー社の輸送業務

だが、大不況下の市場競争の制限、産業部門の組織化というアイディア自体は、ブリューニング首相の経済政策思想に照らして、断じて許しえないものでもなかったようである。ハインリヒ・ブリューニングは当代きっての経済の専門家であり、緊縮財政を信条に、金本位制の維持には政権の最後までこだわった。「大洪水（世界大不況）のさいちゅうに、火事だ火事だと呼ばわって」と後世の研究者（たとえば、ケインズ派の経済史家P・テミン）に批判されるいわれである。かれが賠償問題の解決をこのときも最大の政治目標においていた以上、ドイツの賠償履行の意思に不信の目を——実際のところは、正当にも——むける諸外国の手前、これにはやむをえないところもあったが、ブリューニングがLSE（ロンドン大学）にも留学して身につけた正統的な経済思想もまた、そうさせたといわれる。しかし、二十世紀国家経済では組織化を進める必要があるという意識が、この議会の裏づけを欠いた政権――最初のいわゆる「大統領内閣」――のテクノクラート的な首相を動かしているところもあった。

また、十九世紀以来のドイツ経済には、カルテル、コンツェルンといった手段を容認ないし積極的に評価する協調主義的伝統がある。ブリューニングもそれに無縁ではなかった。このドイツの「組織資本主義」志向は、十五年前の戦時統制経済や、目前にその必要がつきつけられた国家管理経済という、二十世紀の新しいパンをふくらませるパン種というべきものであった。

それが証拠に、――ということになるかどうか。ブリューニングは、「シェンカー契約」をめぐる政府との会談におとずれたドルプミュラーを、高く買ったといわれる。

ドルプミュラーは、ライヒスバーン社の賠償履行政策における特別な立場を前提に、政府からの独立性を主張してみせた。そのいつもながらの堂々とした態度が評価されたのかもしれないが、ブリューニング首相は、次期ライヒ交通大臣としてドルプミュラーを考えはじめた。

もっとも、シェンカー契約問題は容易に決着がつかず、はげしいドルプミュラー批判は閣内からもあがった。交通大臣就任などとんでもない、という声がむしろ多数である。ドルプミュラー自身もこのときは誘いをことわったとされる。

そのうちに、シェンカー契約問題もなお解決していない三二年五月、ブリューニングは自伝の表現を借りれば「ゴールの手前で」倒れた。すなわち、彼を任命したヒンデンブルク大統領の信をうしなって退陣したのである。ブリューニングの悲劇は、彼の「ゴール」があくまで賠償金問題の解決であって、目下の破滅的な経済状況からの回復ではなかった点にあった。大不況はなおも猛威をふるい、ドイツ人の生活を破壊しつづけていた。

ブリューニングが与党支持を固めるために仕掛けた国政選挙は、案に反して、左右の過激な反体制政党を議会内外の強力な存在にしてしまった。「内戦」状態にもたとえられる、政治的暴力の日常的な蔓延が大統領内閣の統治下ですすむ。いや、「統治下」にあったといえただろうか。すでに各地の大都市の路上では、ドイツ共産党とナチスとのあいだで流血の衝突が常態化していた。たしかに内戦的な状況が、最後の一年足らずをむかえた共和国に出現していた。

そして、この混乱の当事者であるナチスに、さらなる「内乱」発生の回避を期待して政権をくれてやろうという、本末顚倒の奇策が右派政治家の頭に浮かびだしたのは、どうしたものだったろうか。

路上でくりひろげられる怒号は、やがて、ライヒスバーン総裁にも向けられていく。シェンカー契約問題は、一九三三年一月末以降のドルプミュラーへの攻撃材料ともなる。

第6章 ヒトラーといかにつきあうか 強制的同質化のうけいれ

1933-1937

民主主義がナチス・ドイツをうんだ?

さて、ナチス・ドイツは民主主義のなかからうまれた——とは、私たちが一度は目や耳にする、一種の決まり文句である。クーデターや大衆暴動などの暴力的手段ではなく、当時の民主主義的な共和国における合法的な政権移譲の手続きをふんでヒトラー政権が成立した、という意味ではまったく正しい。だが、同じことをいうつもりで、「ナチスは民主主義的な選挙によって国民にえらばれ、政権についた」としたら、これは誤りとすべきだろう。

一九三〇年代の国政選挙におけるナチスの躍進ぶりは、すでにみたとおりである。一九二八年選挙では改選前から二議席をへらして十二議席しかえていなかったナチ党は、大不況襲来後の一九三〇年選挙で議席を百八議席にまでのばし、さらに一九三二年七月選挙ではさらにこれを倍以上とした。得票率三七・六％、二百三十議席は、社会民主党をおさえてライヒ議会第一党である。ナチ支持者は、もはや危機意識にあおられた新旧中間層だけではなく、社会上層部や労働者層のかなりの部分にもおよび、一種の国民政党的な体裁をもちはじめた。ヒトラーは、首相指名を要求した。ここでヒトラー政権が成立していれば、たしかにナチス・ドイツは民主主義的に選択された、とまでもいえるだろう。

しかしこのとき、ヒンデンブルク大統領はヒトラーとその徒党を政権につけることを拒否した。ヒトラーは憲政の常道をはずれるものだと激怒した。この意味では、民主主義的な首相指名を保守反動の権力者がはばんだ結果、ナチス・ドイツの成立が回避されたということになる。もっとも、帝政復活論者であったヒンデンブルク大統領もまた、一九二五年に国民の直接選挙でえらばれた共和国の国家元首である。いうまでもなく、大統領の強大な権限は、民主主義的なヴァイマール憲法の規定するところであった。

そして同じ三二年の十一月におこなわれた選挙では、ナチ党の勢いはあきらかに後退していた。第一党の地位にこそ依然いたが、得票率は三三%、獲得議席数は百九十六議席まで減った。振りかえってみれば、世界大不況によるドイツの景気下落がついに底をうち、景気循環でみれば上昇局面にようやく入ったのが一九三二年夏以降のことであった。

もっとも、景気回復の開始は同時代に広く共有された事実認識ではなかった。大不況でとりわけ打撃をこうむったのは、造船業、製鉄業をはじめとする伝統的な重工業の集積する地域である。その立ち直りには時間がかかった。たとえば、ハンブルクの港湾や造船所では、三三年にはいっても総雇用の半数程度が失業する最悪の時期がつづいた。

したがって、三二年末のナチス失速の主因は別にある。政権獲得の失敗は、前回選挙でナチ党に投票した経済界の一部や無党派層を失望させた。地方議会の敗北後、大量脱党者が出る。多くの人びとが矯激な人種主義的主張にはとりあえず目をつむって抱いたヒトラーへの期待は、急速にしぼみつつあったのである。ナチ指導部自身が強い危機感をそこに感じていた。

ところが一九三三年一月三十日、ヒンデンブルク大統領は、渋りに渋った末に、ナチ党首ヒトラーをライヒ首相に任命している。

老元帥にとっては「ボヘミアの伍長」にすぎない成り上がり者であり、先の大統領選では対立候補として自分を攻撃した張本人であったが、側近フランツ・フォン・パーペン（一八七九〜一九六九）らの進言に抗しきれなかった。パーペンは、かつての盟友であり今は仇敵となっていたクルト・フォン・シュライヒャー（一八八二〜一九三四）の内閣を打倒するために、ナチ党首であるヒトラーの力を借りていた。さきごろ自分を政権から追い落としたシュライヒャーへの復讐をはたしたパーペンは、ヒンデンブルクの息子オスカー・ヒンデンブルクらとともに、後継首班指名をヒトラーに下すよう大統領をかきくどき、言いくるめたのである。この結果、パーペンは新内閣で副首相にむかえられ、当人のつもりでは――政界、言論界も当初はそのように思い違いをしたが――内閣の陰の主として政権に返り咲くことができた。

パーペンもシュライヒャーも軍人出身で、ヒンデンブルクがブリューニングを退陣させたのちに、あいついで首相の座につけた「大統領内閣」の主であった。議会勢力の裏づけをもたない――「政治将軍」シュライヒャーは国会や州議会の議員になったこともなかった――「大統領内閣」の根拠は憲法に規定された大統領緊急令であったが、「大統領内閣」が議会制を逸脱するものだったことはたしかである。また、いったんは潰えた「ヒトラー政権」が幻のように姿をあらわしたのは、投票所や議場においてではなく、ヒンデンブルクをはさんだ側近同士の激しい相克のなかからだったこともあきらかであろう。

そもそも「民主主義」の概念自体、このヴァイマール共和国期のドイツには、西欧型の議会制民主主義モデルだけにとどまらない概念と定義の広がりや揺れがあったこともおぼえておきたい。イデオロギー上の左派が原理主義、過激行動派から穏健な社会民主主義、リベラルに至るまで幅が広く、それぞれの世界観にもとづく「民主主義」思想があったのはよく知られているが、右派といえどもなにも帝政復活をかかげる勢力ばかりではなかった。自由や平等といった伝統的な民主主義的価値観ではなく、共同体や全体性に重きをおく「民族的（Völkish フェルキシュ）民主主義」さえ主張されていた。

とはいえ、最後の憲法上の手続きにいたるまで、ヒトラー政権をまねいた決定的なこの「三十日」間（H・A・ターナー・ジュニア）には、どんな意味でも民主主義的な要素が入り込む余地も薄く、民意の直接的な反映もほぼ皆無だったといってよい。少なくとも成立過程においては、ナチス・ドイツは政変の産物ないし副産物でしかない。愛憎からまる政変劇が、どんな意味でも民主主義とはほど遠い場所で、民意をほとんど歯牙にもかけず軽蔑すらしている政治的高級軍人たちによって演じられたのであった。

こうしてみると、「民主主義がナチス・ドイツを生んだ」とは簡単にはいいにくい。むしろ、先進的な憲法をもつ共和国において議会制民主主義の機能が麻痺していたからこそナチスの政権掌握があった、としたほうが正確であろう。

「ナチス・ドイツ」を生み出しかねない、民主制の運営の難しさや制度設計のもろさを意識するのは、おそらく正しい。しかし、民主主義とその合法的な運営には、民主主義の不倶戴天の敵をうみだす危機がかならずある、と唱えるとしたら、同程度に正しいといえるかどうか。ちなみに政権奪取からわずか二か月後におこなわれた国政選挙においては、ヒトラー新政権を信任するものといえる得票率四四％をナチ党は得たが、これをどう評価すべきか。目標の過半数の議席をえられなかったとはいえ、右派との連立政権が樹立できた数字である。しかしこれは同時に、すでに公権力と化したナチ政権が他党への選挙妨害を堂々とおこない、国会議事堂放火事件を悪用するなど、独裁政権らしい手練手管をすでに活用した結果でもある。

民主主義とナチス・ドイツ誕生を短兵急にむすびつける言説は、検証された歴史的事実に確たる根拠をもつのではない。にもかかわらず、それが執拗にくりかえされてきたのは、まずはナチ政権誕生という失敗の経験があまりに深刻であるためにちがいない。そのぶんには、警戒はやむをえないところがある。だが、もしもそこに、議会制民主主義に対して斜に構えてみせる態度があるとしたら、それはさほど生産的ではない。くわえて、それなりに機能している議会制民主主義的な体制のなかで、その時どきの対抗勢力をたがいに安直にナチスやヒトラーに見立てるという政治的修辞の蔓延を、こうした言説の普及が助長するところはないか。それは問題だろう。ヒトラーやナチスという歴史的存在——あるいは非民主主義的な独裁政治という世界に現存の課題——への、過小評価を招くおそれがあるからである。

「ライヒスバーンのヒンデンブルク」から「古きドイツ」の象徴に

ベルリン市ヴォス通り三四・三五番地のオフィスで、どっしりとした執務机についていたドルプミュラーに話をもどす。交通省は官庁街ヴィルヘルム通り七九・八〇番地の角にあったが、七七番地にはライヒ首相官邸があった。一月三十日月曜日の昼、ヒトラーの首相就任の報を聞きつけた党員たちが群れつどう姿をドルプミュラーは目にできただろうし、夜には突撃隊による祝賀の松明行列もながめられただろう。

ドルプミュラー自身、すぐに、かれらナチ党員やその同調者によるデモの標的となった。ドルプミュラー総裁が、間をおかずに新政権に迎合的な訓令をだし、新しい政府にしたがうようにライヒスバーン職員・労働者に呼びかけたのちも、事態はかわらなかった。

そもそも一九三三年以前から、ナチ突撃隊は他の保守・右派勢力と同様に「賠償のエージェント」だとドルプミュラーに批判の声をあげていた。

これにくわえて、強引なシェンカー契約への批判は、「ライヒスバーンのヒンデンブルク」ともいわれた老総裁への排斥の要求につながっていた。ライヒスバーンの中級・下級職員には、すでにナチ党員やその同調者が姿をみせていたため、ドルプミュラー退陣を要求する声は、社の内外におさえがたい高まりをみせるようになった。

ナチ系職員はまずユダヤ人職員の追放を要求したが、ライヒスバーン社が当初、容易にそれに応じない姿勢をみせると、シェンカー契約によって被害をこうむる中小輸送業者の声もうけて、ドルプミュラーと社首脳部への反発を強めた。

三月、結成されたばかりのナチ系職員組織「ライヒスバーン・ナチ専門家協会」指導部は、首相官邸において「ライヒスバーン首脳部の刷新」をもとめる声明をだした。大工業の利益を代弁しすぎているというのであったが、同時にユダヤ系の専門職や中級官吏の休職、首脳陣の特別給与規定の見直し、首脳部への監察官の派遣などを要求した。四月、二十人の突撃隊員が本社におしかけた。五月には「ナチ専門家協会」機関紙がドルプミュラーに対する公開質問状のかたちで、ライヒスバーン首脳部の「ユダヤ人」であるホムベルカー、バウマン、鉄道中央局買付担当エルンスト・シュピーロ（Ernst Spiro 一八七三～一九五〇）の解雇を要求した。

これに対してドルプミュラーの態度は曖昧で両義的だった。先にあげた一九三三年五月十七日のベルリンでの講演「ライヒスバーンと経済ならびに国家との紐帯」で、ライヒスバーン成立史を整理しながら、その途中では、ほとんどナチ新政権にふれることがなかった。「最近になってもなお、ライヒスバーンは、しばしば〝外国の企業〟だとか、あるいは〝私的・資本主義的企業〟だとみな」す「誹謗は、悪意や歴史的関係への無知によるもの」というのは、暗にナチスによる自分たち理事会への攻撃に反論したものであった。講演をしめくくるにあたっては、次のようにのべた。

「私たちは秩序ある戦前に生まれ育ったので、今日すでに形骸化したライヒスバーン法の鎖から解かれ、ライヒの利益にさらに尽くす以外の望みはありません。／国民的蹶起の政府に対し、私たちは以下の二点を望み、かつライヒと民族の利益のための私たちの経験と専門的知識から、これを勧奨するものであります。／一つ、ライヒスバーンをして、営業に必要な自主経営を維持させよ。ライヒのみに属し、ライヒのみに影響をうけ、そしてライヒのみに責任を負う交通機関という形をとるべきである。」

「国民的蹶起の政府」（発足初期ヒトラー政権への常套的賛辞）と持ちあげながら、ライヒスバーンの独立性維持をうたったのだが、これには次のようにつけくわえた。

「二つ、ライヒスバーンに他の交通機関ならびに種々の国家機関との共生関係において、十分な『生存圏』と保護をあたえよ。それは民族と経済に公益の基礎において奉仕するために不可欠である。」

たかだかとナチ政府に要求する姿勢をみせているといえる。しかし一方で引用符付きで「生存圏（Lebensraum）」という語を急に持ちだすことで、ナチ・イデオロギーへの秋波をおくってもいるようだ。あるいは、一種の皮肉だったのか。

ライヒスバーンの主権を維持しながらの新政権への妥協が可能かどうか、ドルプミュラーが模索していたことがあきらかであった。だが、こうした微妙な交渉のサインは、ナチ系職員には通じなかった。六月二十一日には、ライヒスバーン・ナチ専門家協会と従業員中のナチのメンバー（細胞）により、ニュルンベルクのライヒスバーン・オフィスならびに隣接する鉄道博物館をとりかこんで、ドルプミュラー排斥の大規模なデモが実施された。ナチ党員とその同調者である職員・労働者がかかげるプラカードには、ユダヤ人職員・従業員を排斥するとともに、ドルプミュラーを批判し、「ドルプミュラーとともに去れ」「われわれの賃金は十八ライヒスマルク。ドルプミュラーは十万ライヒスマルク」「ドルプミュラーはもう御免」などとあった。

ナチスによる政権掌握には右派・保守派や経済界の一部による支援もあったが、一方で運動をささえた大衆層には、少なくとも当初は、ドイツ社会のエスタブリッシュメントに対する反抗や旧秩序転覆を志向する意識も強く働いていた。

ケスラー伯爵（Harry Graf Kessler　一八六八～一九三七）の有名な日記（『ワイマル日記』）の終わり近くには、

ナチ政権成立直後の二月八日の出来事が書き留められている。ある自由主義的な集会が警察に強引に解散を命じられ、ケスラーが帰宅したとみるや、門番（突撃隊員ではあったが、顔なじみの男）の妻がわざわざ中庭に出てきた。そして、階上を威嚇する身振りとともに、「上にいる悪い連中はもっとひどい目にあわせてやればいいのさ」と、ヒステリックに叫んだのである（松本道介訳）。ハリー・ケスラーは、ドルプミュラーの一つ齢上。父親が富貴によって得た爵位を継いだブルジョワ知識人で、共和制擁護派のリベラリストであったが、ナチス・ドイツ成立期の庶民の声に衝撃的な印象をうけたのである。

政権掌握後も行動的な左右両翼を党内にかかえこんでいた初期のナチ政権は、このんで自分たちの「国民革命」を呼号し、また実際「革命」性を錯覚させる要素も色濃かった。政権初期にはヒトラーは、ナチ党の機関紙「フェルキッシャー・ベオバハター」において、帝国以来の伝統的な呼称である「ライヒ首相（Reichskanzler）」ではなく、わざわざ「民衆の首相（Volkskanzler）」とよばれたのである。

窮地においこまれたドルプミュラーは、しかし辞任をまぬがれた。この一九三三年夏ごろには、ヒトラーがドルプミュラー攻撃を制止している。三月から六月にかけてヒトラーとドルプミュラーのあいだでは、ライヒスバーンが引きうけるべき雇用創出計画やアウトバーン建設で利用させるインフラについての一連の話し合いがもたれた。ヒトラーは当座ドルプミュラーを職にとどめておくべきだと考えていることがわかった。

ヒトラーは、どうやらドルプミュラーの利用価値を見ぬいていた。ライヒスバーンの顔となっていたドルプミュラーとの握手は、「古きよきドイツ」とナチス・ドイツが連続するという印象をあたえる。獲得した政権に穏当なイメージをもたせるために、保守陣営を中心に幅広い層の人気者だったドルプミュラーを取りこむことの効果は大きい。ヒトラー政権は突撃隊のエルンスト・レーム粛清をふくむ「長いナイフの夜」（一九三四年六月）によって、なお「第二革命」をさけんでいた党内の左右両翼を切った。三島由紀夫はこのレーム粛清をとりあつかった戯曲『わが友ヒットラー』で、登場人物の「ヒットラー」に「そう、政治は中道を行かなければなりません。」というセリフをあたえている。

ヒトラーの指示により、ナチスは「ライヒスバーンのヒンデンブルク」攻撃を表立っては控えるようになる。とはいえ、その後もナチ職員からのドルプミュラーへの反感は根強く、ドルプミュラーのほうもまた六月には、社内の政治活動による混乱は鉄道の安全な運行をさまたげかねないと首相府に抗議するほどだった。

ナチ政権とドルプミュラーとのあいだで妥協が成立するには、この初夏から翌一九三四年九月までかかった。ライヒスバーンは、その内部人事についてはナチ党からの直接介入を控えさせることになったが、そのかわりに他の方面では政府の指示を無条件に受け入れるのが避けられなくなった。

シェンカー契約問題については、シェンカー社の国有化がこっそり実行されるほかは、含みをもたせる形での棚上げがおこなわれた。トラック輸送業者など自動車運輸に関連する企業には、ヒトラーは特別の関心をいだいていた。また、ナチス・ドイツの経済政策は、民間企業を主体とする市場競争に決して敵対的ではなかった。民間中小企業を圧迫することが確実な国家独占をあえてする必要を、この場合ヒトラーも感じていなかったのである。

もちろん、ドルプミュラーがヒトラーとの妥協をはかった代償は、これでは済まなかった。

強制的同質化

内部人事には手を出されないはずだったが、ライヒスバーン首脳部にナチスが入りこんでくるのは、止めようがなかった。ライヒスバーンも、ナチスによる民族共同体的思想による社会の強引な改変、いわゆる「強制的同質化（Gleichschaltung）」の対象にされた。社内にはナチ党員やその同調者の浸透がはかられ、着々と進められていく。しかしドルプミュラーは、とくに一九三四年九月の妥協によって一応の組織の独立性が担保されたのちは、ほとんどそれに抗することがなかったのである。

すでに一九三三年七月には、ライヒスバーン副総裁はナチ党員であるエッセン鉄道管区長官ヴィルヘルム・クラインマン（Wilhelm Otto Max Kleinmann 一八七六〜一九四五）にかわっている。クラインマンは二〇年代以来、党活動を輸送面で支援しており、ライヒスバーン・ナチ専門家協会の信頼が厚かった。この年五月、「ライヒスバーン問題解決」すなわちナチスによるライヒスバーンへの直接介入をねらってナチ党内につくられた「指導者（総統）スタッフ」のリーダーとして、副総統ルドルフ・ヘスなどの後ろ盾をえてナチスによるライヒスバーン掌握の先頭にたっていた。上記三四年九月のドルプミュラーとナチスとの協議でこの「指導者スタッフ」の直接介入は一段落することになったが、副総裁クラインマンの人事権の行使をおしとどめられるわけではなかった。

長くドルプミュラーの片腕であったヴァイラウフ副総裁は社会民主党に近いとみられており、反ナチ的だと判断されたため解任された。ジーメンスとドルプミュラーは、ヴァイラウフを線路資材の化学的検査を担当する検査局の長官としてなんとかライヒスバーン内にとどめたが、かれが首脳陣に返り咲くことはついになかった。戦後、ヴァイラウフはようやく占領下ベルリンの鉄道運営をまかされる地位にもどるが、直後にソ連軍によって逮捕拘引され、四五年、抑留中に命をおとした。

一九二七年以来、カラー図版も美しい「鉄道カレンダー」を発行するなど、宣伝活動にいそしんできた報道班長バウマンもまた「半ユダヤ人」としてポストをおわれた。バウマンには民主主義思想もうたがわれたが、一方では第一次大戦における前線の勇士でもあったために解雇だけは免れた。解職されたユダヤ系職員の窓際部署のようなライヒスバーンの子会社ではたらくことになったが、バウマンの才能を買ったゲッベルス宣伝相の口添えもあったとされる。

すでに一九三三年四月、「職業官吏再建法」が出され、「政治的に信頼できない者」として左翼が、「非アーリア人種」としてユダヤ系が、それぞれ官吏身分から追放されることとなっていた。ナチスによるユダヤ系の排斥要求を、法的根拠がないとして拒んできた交通省やライヒスバーン当局の立場は、この法制定で弱くなる。このとき多数のユダヤ系職員が解雇された。

「時刻表の父」といわれ、旅客輸送のダイヤ作成に長年貢献したアルフレート・バウムガルテン（Alfred Baumgarten　一八七五〜一九五一）は、ユダヤ系とはいえ戦前からの官職キャリアと第一次大戦従軍経験のために解職をまぬがれるはずだった。しかし、かれに対しても圧力がかかり、ドルプミュラーは本部勤務からのバウムガ

図19　「ドイツ・ライヒスバーン・カレンダー　1927年版」表紙

ルテン解任を決定する。総裁のたっての希望で、ベルリン・「ハンブルク」駅の交通・建設博物館長のポストについた。だが三五年のいわゆる「ニュルンベルク法」制定により、バウムガルテンがライヒスバーンにとどまる可能性は完全に断たれた。三九年、ロンドンに亡命する。

この三九年に同じく英国に亡命したひとりに、一九三〇年に鉄道中央局で買付の責任者になった上述のシュピーロがいる。プロイセン国鉄以来ライヒスバーンの各地工場を指揮してきたすぐれた機械技師だったが、かれも六十歳をむかえたところでナチ政権成立にであい、ナチ系職員の指弾をうけた末、夏にはユダヤ系を理由にポストから退けられた。

三三年五月初旬には全国で一斉に労働組合が禁止され、ライヒスバーン社内の職種ごとの諸労働組合は解散か、ナチ組織への再編を余儀なくされた。かつてドルプミュラー六十歳への祝辞をおくった鉄道員労働組合も、ナチスの官製労働組織であるドイツ労働戦線に吸収されて消滅した。政権掌握後ほどなくして共産党と社会民主党が壊滅状態にされ、労働組合の指導者たちは早々に弾圧されて消えている。このことが、のちのホロコーストへの加担に、ライヒスバーンの運行現場で何ら目立った抵抗がなかった理由のひとつだといわれる。

新理事会の記念集合写真で突撃隊制服姿のクラインマンの後ろに立ち、所在無げにも不安げにもみえるのが、財務担当重役として留任したホムベルカーである。ホムベルカーは結婚によりルター派に改宗したユダヤ系であった。当初からライヒスバーン・ナチ専門家協会の攻撃対象である。徐々に公の場に姿をみせられなくなり、財務担当としての権能もうばわれていった。一九三五年九月になるまで職にとどまったが、九月十五日に「ニュルンベルク法」が制定され、差別・攻撃されるべき「ユダヤ人」にそれなりに明確な法的定義があたえられた。これをうけて、人事担当のクラインマン副総裁は社内からのユダヤ系職員の一掃にのりだした。結局ドルプミュラーは、このきわめて有能な財務経理の専門家に退社を勧告した。ホムベルカーは合衆国に亡命することになる。

ドルプミュラー以外のライヒスバーン首脳陣の多くは、ナチ党にあたふたと入党し、保身をはかった。もともとナチ党員はライヒスバーンにおいてごく少数派でしかなかったのだが、比較的短期間で、たとえば人事部の三分の一程度は党員ということにもなった。クラインマンは職員採用における党員の優待などで、この比率をあげていった。ここでは同時に、従来の官僚制的な昇進階梯である「ラウフバーン（Laufbahn）」を考慮の第一から外すことにもなったであろう。旧弊な人事の慣行やルールをやぶって、正しい思想をもつ若く有能な人材が抜擢されていかねばならないのである。

図20　ナチ政権成立後のライヒスバーン新理事会（中央にドルプミュラー。前列右に制服姿のクラインマン。その奥、右端にホムベルカー）

クラインマンが党とはかってすすめたナチ化は、監理会を標的とした。監理会メンバーの大半をナチ党員に置きかえられ、信頼できる同僚をうしなったジーメンス監理会長は失望のあまり、三四年末ライヒスバーンを去っている。企業・ライヒスバーンの強力な最高意思決定機関だった監理会は、この後単なるアドヴァイザリー・ボードの機能しかもたなくなる。

強制的同質化は、ライヒスバーンの組織構造におよんだ。鉄道管区のいくつかが改組されもしたが、大きな意味をもったのは、バイエルンのライヒスバーン内部における特権的地位を廃したことである。十九世紀以来の各地邦有鉄道の合同によってライヒスバーンがはじめてつくられた時以来、ある程度の独立性を保っていたバイエルン・グループ管理局も、ミュンヘンからの懸命の主張にもかかわらず、一九三三年末をもって閉鎖された。一九二〇年の鉄道ライヒ一元化のさいの協定は無効化され、共和国ではなおみとめられていた州政府の鉄道に関する権利は三四年二月にすべて廃止となった。ライヒ交通省による中央主権的な鉄道統治が確立した。

ジーメンス時代の監理会とは異なり、ナチ政府は鉄道があくまで公益に奉仕する存在であることを強調した。ヒトラーは従来のライヒスバーンの営利主義を批判する演説をおこなう。一九三七年二月、ライヒスバーンは会社組織ではなくなり、一九二〇年以前のようにライヒ政府直属の公共事業体にもどった。

ナチ新政府をどうみたか

ナチ政権初期のドルプミュラーは、強制的同質化の進展と自分のヒトラーとの妥協という、こうした状況をどのように考えていたのだろうか。

一九三三年一月のナチスの政権掌握に、ただちに深甚なショックをうけたわけではなかったのはたしかである。総裁である自分に反発する、社内のうるさい少数派であるナチ系職員が勢いづくのには困惑しただろうが、まずはそれくらいだった。

それも大して長い我慢ではなさそうであった。ドルプミュラーにとって、新しいヒトラー政権も、最近の非力な大統領内閣のひとつにすぎないと思われたはずだ。ナチスからは当初ヘルマン・ゲーリング(Hermann Göring　一八九三～一九四六)、ヴィルヘルム・フリック（一八七七～一九四六）の二人しか入閣できていなかった組閣の顔ぶれをみても、直前のきわめて短命だった二つの保守派による大統領内閣にほとんど代わり映えないものだった。そもそも共和国の内閣は、大不況以前からおおむね短命であった。ドルプミュラーはライヒスバーン総裁になって以来、六人の首相と八人の交通大臣に仕えた。かれらがライヒ交通省庁舎や近在の首相官邸をあわただしく出入りするのを、同じヴィルヘルム通りに面したオフィスから見物していたのである。

ドルプミュラーばかりが迂闊だったのではなく、過激で奇矯な主張をとなえる成り上がりのヒトラーの政権がそう長続きするとは予想できないのが、当時は普通であった。ヒトラーとナチ首脳陣の究極的な政治目的のひとつが、一度奪取した政権の死守にあるとは、ヴァイマール共和国を生きた政治関係者の想像の外にあったようである。

ナチ政権が強引で暴力的な手段で地歩を固めつつある途中で、ドルプミュラーはナチスへの見方を徐々にあらためていったようである。ナチスが声高にとなえた国家主義的発想は、そもそもドルプミュラーに親しくないものではない。懸案のシェンカー契約問題では、陸上交通の国家独占の容認すら期待できた。一九三四年九月のナチスとドルプミュラーの妥協では、ライヒスバーンの自立性が共和国時代以上にみとめられるかのようであった。数多い同僚・部下をすでにうしなったが、自分への執拗な攻撃がやんだ以上、今回の政権にとりあえず迎合することには、それほどの苦労はないかもしれないのであった。

ナチスから理事会に乗りこんできたクラインマンは技官出身の生粋の鉄道人であり、そのうえ、オペルンの鉄道管理局においてよく知っていた下僚であった。ヴァイラウフを追いだされたのは愉快ではないが、新しい女房役とのつきあいは、ドルプミュラー総裁にとって非常に困難なわけではなかったのである。

一九三三年七月から、ライヒスバーン社内では右手をかかげる「ナチ式挨拶」を義務づけた。帽子をかぶっているときは従来の軍隊式敬礼でよい、だとか、右手突きあげは駅業務現場では通常の合図と混同されるから原則元通りに、だとかの例外規定はもうけられたが、高官は勤務外でもナチ式挨拶が奨励された。

ドルプミュラー本人もこれにしたがって朝の出社時の挨拶では、右手を前にあげるのだが、そこで「ハイル・ヒトラー!」ではなく、たいていは「おはよう!」といったという。

三〇年代・ライヒスバーン総裁の好日

ドルプミュラーにとって、一九三〇年代はあくまでひとつながりの一九三〇年代であったのではないか。政治体制の決定的な変化にかかわらず、ライヒスバーン総裁としての活動に、一九三三年のナチ政権樹立を画期とする大きな断絶は実はなかったという印象をうける。

……そんなはずはないだろう。ドイツ鉄道業統一をうんだ共和制は打倒され、ライヒスバーンは営利企業ではなくなった。監理会からはジーメンス会長が去り、多くの同僚が反体制または「ユダヤ人」として職をおわれた。労働組合はつぶされ、従業員は官製労働組織に強制的にくみこまれた。ライヒスバーンの活動も、ナチス・ドイツのすすめる雇用政策や再軍備、そして侵略に深くむすびついていかざるをえない。また、後述のように、ユダヤ系の市民（乗客）に対する差別的処遇が、鉄道運行の現場にも次々と導入された。

こうした数々の変化は、しかし、ライヒスバーン総裁の意識を動揺させ、なにか新しい覚悟をうながすようなものではなかったようである。

六十代をむかえた鉄道人ドルプミュラーの関心は、ドイツ・ライヒスバーンの国際的地位の回復と運輸交通における鉄道の王座をまもることの二つに、常にかわらず置かれつづけた。

三〇年代半ばには大きな国家行事がつづき、ドルプミュラーとライヒスバーンはそれだけでも多忙であった。

一九三五年には「ドイツ鉄道百周年」を祝った。一連の行事のピークがニュルンベルクでの大列車パレードであった。総額五十五万ライヒスマルクを要する一大イベントであったが、ゲッベルスの国民啓蒙・プロパガンダ省（宣伝省）が当然うるさく口を出してきた。パレードに動員される車輌の種類の選定をめぐって、リハーサルに参加した宣伝省の上級政府顧問官フリッツ・マーロ（Fritz Mahlo）はあくまで最新鋭の車輌が主役であるべきだとし、ライヒスバーンが用意した宮廷列車や事故時救援列車などの歴史的車輌の展示走行に反対した。また、パレードに飛行機が参加することにもこだわった。宣伝省にとっては歴史的回顧などよりも、先進的な技術成果の誇示でナチス・ドイツの現代性を国民に強く印象づけるほうが大事なのである。[*1] 車列の選定にあたっては宣伝省の意向が重視されることになったが、こ

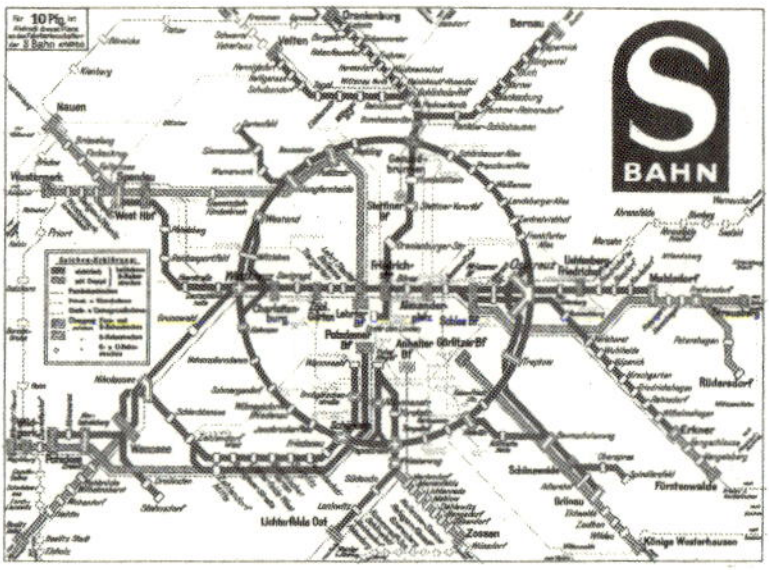

図21　ベルリン・Sバーンの1935年当時の路線図（部分）

のときにパレードにも参加したドイツ最初の機関車「アードラー号」の原寸大レプリカの運転席には、当時としても古めかしいシルクハットをかぶったライヒスバーン総裁がいつもの満面の笑顔で陣どった写真がのこっている。

　翌年にはベルリン・オリンピックをむかえた。このときドルプミュラーは定時運行の徹底をとなえ、オリンピック開催地ベルリン市の交通の充実をはかった。共和国期の一九三〇年にベルリンの市内・郊外近距離鉄道を「Sバーン」と呼称することを決め、それ以来、電化と複線化をすすめていたが、三六年には市内中心を貫通する「Sバーン南北トンネル」が難工事のすえに開通した。「オリンピア」の名を冠した新車輌をSバーンで導入したところが、ドルプミュラーのライヒスバーンらしかった。Sバーン路線拡張はその後、ヒトラーとその「おつきの建築家（Leibarchitekt）」アルベルト・シュペーアによる首都大改造計画（いわゆる「ゲルマニア」計画）にくみこまれて進み、今日のベルリン・Sバーン路線の基盤となる。

　雇用創出計画に結びついた多数の駅舎増改築や大土木工事（北ドイツのリューゲン・ダムなど）、さらに「歓喜力行団」関連の特別列車の頻繁な運行など、国策につきあうことでライヒスバーンの財務的な負担は増した。だがドルプミュラーは、目の前に展開される設備投資が、本来の国鉄の進むべき道から大きく外れているとは思わなかったであろう。持論の車輌近代化には拍車をかけた。

すでにみたとおり、共和国末期から着手されていた高速列車の開発と運行は、ナチ期にも続行され、数々の成果をあげた。世界恐慌による業績悪化を挽回し、自動車や飛行機という新しい輸送機関に対抗するため、大量高速輸送機関の特性をさらに生かそうという傾向は、世界の鉄道業でみられた。日本でも、一九三〇（昭和五）年には国鉄が新しい特別急行列車「燕」を走らせている。ドイツ・ライヒスバーンはこの高速化で世界の先頭にたった。一九三六年五月、ボルジッヒ社製の05　002蒸気機関車が走行速度で時速二百・三キロの世界記録を樹立する。一九三三年五月以来、「飛ぶハンブルク人」の愛称でしられる特急電機気動車が成功しており、平均時速百キロ以上で主要都市間をむすぶ複数の特急がベルリンを中心に運行された。

図22　世界最高速記録をつくったボルジッヒ社製蒸気機関車05　002の同型車05　001

ドイツ鉄道の世界的地位の回復は、この三〇年代に、つよく印象づけられた。一九三五年十月のポーランド視察のあと、同月末にはまた英国視察、さらに一九三六年九月の世界動力会議ワシントン大会への代表参加と、ドルプミュラー総裁は精力的に外国を訪問した。英国視察は、機関車や車輛等の資材輸出のライヴァル国となっていたためでもある。訪米では米大統領F・ローズヴェルト（一八八二〜一九四五）にも会見している。この半年前の一九三六年三月、ドイツ軍は非武装地帯とされていたラインラントに進駐していた。国際連盟はドイツ問責を決議したが、ドイツ鉄道業の代表者は国際的に歓迎されたのである。

一九三六年五月には、ドルプミュラーはドイツ語圏の技術関係者としての最高の栄誉ともいえる「グラスホーフ記念メダル」をドイツ技師協会（ＶＤＩ）から授与された。ＶＤＩの初代会長で技師のフランツ・グラスホーフ教授を記念したこの賞は、学理や実践方面での顕著な貢献に対するもの。参考までにあげれば、今日までの歴代受賞者中には、飛行船の発明者フェルディナント・ツェッペリン、自動車の父のひとりヴィルヘルム・マイバッハ、化学者カール・ボッシュ、飛行機のフーゴ・ユンカース、さらにフェルディナント・ポルシェなどの名がみえる。

一九三七年二月、前任者の罷免にともない、ライヒスバーン総裁のまま、「ライヒおよびプロイセン交通大臣」に就任した。

ドイツの交通・運輸行政のトップに立ったドルプミュラーは、三七年年九月、豪華な執務車輛「ベルリン１０２０８」を発注する。

一九三八年春、ヴェルサイユ条約で禁じられていたドイツとオーストリアとの合邦（アンシュルス）が実現した。オーストリア共和国の独裁体制をナチス・ドイツが威嚇によって打倒した結果だったが、ドイツの進駐から一か月後の四月におこなわれたオーストリアの住民投票では、圧倒的多数が合邦を支持した。オーストリア国鉄は解体され、ドイツのライヒスバーンがこれを吸収する。五万三千六百キロあったライヒスバーンの路線網は、六万八千キロに拡大した。オーストリア西部の路線はミュンヘンとニュルンベルクの鉄道管理局が管轄し、残りの路線を管轄するライヒスバーン鉄道管理局がリンツ、ヴィーン、フィラッハにそれぞれ設置された。世界大不況以来、設備の損耗がはげしかった旧オーストリア国鉄の路線整備がただちにはじまる。

この独墺合邦直後からヒトラーは、かねてからドイツ系住民をめぐって領土問題があったチェコスロヴァキア共和国のズデーテン地方の併合をねらう。九月十二日には党大会で最後通告ともいうべき演説をおこなった。ヒトラーの恫喝外交は、ドルプミュラーと同年齢の英首相ネヴィル・チェンバレン（一八六九〜一九四〇）の対独宥和策を引きだし、九月末、チェコスロヴァキア政府はズデーテン地方割譲の要求に屈服する。

ナチス・ドイツの侵略が本格化していく只中の九月十三日、三十七万ライヒスマルクを投じたサロン車10208が、ライヒスバーン総裁専用執務車輌として一年がかりで完成した。ドルプミュラーは国内外の出張にはできるかぎり鉄道を用い、会議スペースもあるこの車内での執務を好んだ。かつて「ライヒスバーンのヒンデンブルク」と非難されたが、移動しつつ統治する、という点ではそれより前の皇帝ヴィルヘルム二世に似ていた。

好日？

こうしてみると、第二次大戦直前までの三〇年代のドルプミュラーは、ナチス・ドイツの隆盛――といわざるを得ないだろう――にうまく同調ないし加担して、得意の日々をおくっていたかのようになる。

図23　ドルプミュラー特注のサロン列車
Berlin 10208 車内

ヒトラーとはたまにしかない閣議以外でも面会し、たとえば首都改造計画でのヒトラーの考えを拝聴、これを実行にうつしている。ベルリン・「ポツダム」駅の地下化、テンペルホーフ空港との連絡路線の整備などである。

もっとも、素人建築マニアの思いつきにドルプミュラーのような専門家が唯々諾々としたがったわけではない。ヒトラーとシュペーアの名で記憶される「ライヒ首都・ゲルマニア」計画の要素のひとつである、ベルリン市街の南北軸の建設は、第一次世界大戦前以来の課題であった。これに関連する、市内「ポツダム」駅・「アンハルト」駅と「レーター」駅を南北縦貫道にそった地下路線でむすぶ構想は、一九一七年には公表されている。ドルプミュラー自身、まだナチスからの退陣要求にさらされて間もない三三年の九月、ベルリン鉄道管理局に命じて、市内「ドレスデン」駅、「ポツダム」駅、「アンハルト」駅の移設について調査させている。この問題は大不況以前から提議されていたもので、ドルプミュラーは来るべきベルリン都市計画に関連した駅移設の技術的可能性やその諸費用を知りたかったのである。調査はあくまで内密にされた。つまりドルプミュラーは、ありがたくヒトラーの素人考えを押しいただいてみせたうえで、ライヒスバーン内部では従来から必要性をみとめていた計画を実行に移したのだともいえる。

公式行事ではおおむねナチ高官と同席したが、その際の写真では、たいていはドルプミュラーの表情は上機嫌の笑顔である。公的な場所でのスピーチでは、終始ヒトラーとナチスへの賛辞をちりばめ、体制への貢献を言明した。

もちろんひとの本当の心中など、なかなかわかるものではない。職業上の成功や贅沢な消費生活――

高級乗用車マイバッハを買い、毎夏は避暑地の豪華ホテルですごすのが常になった――が個人の幸福をただちに意味するわけでもない。そんなことは当たり前であって、現に三六年九月、四歳下の弟ハインリヒを病気で亡くしている。ハインリヒ・ドルプミュラーは当時多忙をきわめたベルリン鉄道管区の管理局長官であったが、兄ユリウスにとってはキャリアを共に歩んできた支えであった。そしてユリウス・ドルプミュラーは、肉親に冷淡な距離を置くタイプではなかった。

ドルプミュラーが自分の地位と公的生活の状況に本当に満足の限りであったのか。当時の日記や秘密の手記でも出てこない限り、おしはかることはむずかしい。ひとは家族や周囲の腹心の部下にすら、本当のことをいえるとは限らない。

また、同時代的実感にせよ回想にせよ、必ずそれが語られる時代のバイアスはかかるものである。だから第二次大戦後になると、当時の部下などの近しいひとは、故人であるドルプミュラーのナチ政権へのひそかな反感や、鬱懐を語りたがる。

ドルプミュラーは若いときから冗談話が好きだったが、周囲の近しいひとびとに、この時期も相当きわどい政治ジョークをとばしていたことはたしかであった。三八年十月にライプツィヒに出張したときに、一杯飲んだ昼食の席でかれはこんな小話を披露した。

「ヴィーンにやってきた男が、シュマレン（Schmarren 甘いパンケーキの一種）を注文したら、『うちには特別の〝カイザー（皇帝）・シュマレン〟しかございません。』といわれた。よかろう、とそれを食べてみたら大層うまかった。次にミュンヘンに行った。ちょうど独墺合邦（アンシュルス）の直後で、〝ヒトラー・シュマレン〟を頼むならまさに今だなと考えたわけだ。店では黙って〝ヒトラー・シュマレン〟の注文を受けた。しばらくして給仕は、『フェルキッシャー・ベオバハター』紙（ナチ党機関紙）をもってきた。」

辞書には、「シュマレン（Schmarren）」の二番目の意味として「愚にもつかぬもの・つまらぬもの・いかもの」とある。「フェルキッシャー・ベオバハター」が報じるヒトラーとナチ高官たちの暴言や虚言、大言壮語、あるいは事実の恣意的な歪曲に、ライヒスバーン総裁と交通大臣を兼ねるドルプミュラー博士は閉口していたのであろう。内外において権勢の絶頂期に近づいていたヒトラーやナチスに対しても、傾倒や心酔からドルプミュラーが遠かったことがわかる。

とはいえ、座興のジョークはジョーク。同じ小話は、ナチ党本部の休憩室や党官僚たちの酒の席でささやかれていたかもしれないのである。現政権への揶揄を内輪で好んで口にした、という程度のことで反政府・反体制の痛憤を心に秘めていたとまで決めつけては、この場合には買い被りというものだろう。ドルプミュラーは陽気なおしゃべりで自分を語ることにも熱心でありながら、肝心なことはほぼ何も語っていない。

だからライヒスバーン総裁の内面を想像するというのは当て所のない作業だが、そこでいわば補助線とできる二人の人物がいる。ひとりは、キャリア上で重なる面の大きかった同僚であり、ひとりは、鉄道業の地位をまもろうとするドルプミュラーにとって、三〇年代をつうじての最大のライヴァルであった。

第7章 ナチ政府の交通大臣

抗議者、アウトバーン、「鉄道の戦争」 1937-1942

良心的抵抗者の後任

パウル・フォン・エルツ゠リューベナハ（Paul Freiherr von Eltz-Rübenach 一八七五～一九四三）は、ドルプミュラーの前任のライヒ交通大臣である。名にフライヘア（Freiherr）とある通り男爵家にうまれ、アーヘン工科大学、ベルリン工科大学などでまなんだディプローム・エンジニア（大学卒業資格を有する技師）。アーヘン工科大学ではドルプミュラーの同窓生であり、学生団体も同じである。プロイセン国鉄就職でもユリウス、ハインリヒのドルプミュラー兄弟の後を追うかたちになった。

まず西部ドイツ・ミュンスターの鉄道管理局に技師として勤務したが、一九〇九年、首都・王都ベルリンに新設された鉄道中央局（ＥＺＡ）に配属される。このころ、すでにユリウス・ドルプミュラーは中国に去っていたが、プロイセン国鉄当局は従来の地域分権的な組織構造の一部を改編し、主に技術方面について中央集権化を進めようとしていた。プロイセン鉄道中央局は機関車、貨車や石炭などの調達、各種資材の受領点検、車輛発注代行、各地鉄道管区への新造車輛の配備、建設工事監督などのほか、ドイツ帝国内部での貨客車の均一化や車輛の相互利用に関する調整も担当した。のちにこれらの機能はライヒスバーン鉄道中央局に引きつがれる。

ベルリン勤務の鉄道中央局・本庁官吏四十七名のうち三十六名いた技術スタッフの一人にえらばれたエルツ＝リューベナハは、エリート技官として評価されていたといえる。ここでの二年ほどの勤務後、在ニューヨーク総領事館に転勤となり、一九一四年まで総領事館の専門官であった。ドルプミュラーと同様、国際経験が豊富だと評価されることになる。

第一次世界大戦がはじまると鉄道部隊に所属してバルカン戦線に勤務したが、一九一七年から参謀本部野戦鉄道課長をつとめる。エルツ＝リューベナハのキャリアもまた、第一次大戦がテクノクラート台頭の最大の契機であったことを証明する一例である。

戦後はカールスルーエ鉄道管理局長官をつとめたが、一九三二年、パーペン内閣に交通大臣兼郵政大臣として入閣した。「男爵内閣」の渾名のとおり閣僚に貴族出身者が多く、エルツ＝リューベナハもその一人だったが、特筆すべきは技官出身ではじめての交通大臣であったことだろう。シュライヒャー内閣でも留任する。

つづいて発足したヒトラー内閣は、前内閣の閣僚の大半を引きつぎ、エルツ＝リューベナハも交通大臣と郵政大臣を引きつづき併任した。かれは生粋の交通官僚として、かねてからヒトラーの大風呂敷めいた交通政策には慎重すぎるほどの態度をとりがちであった。自動車専用道路「ライヒスアウトバーン(Reichsautobahn)」の建設をめぐっては、ヒトラーに近い筋と監督権をめぐる悶着があった。また、まだ会社組織のままであったライヒスバーンの再官庁化をふくむ交通省の機構改革にも否定的であり、ヒトラーにとっても目障りな存在になっていた。ライヒスバーンといえば、その総裁ドルプミューラーとも出世競争では微妙な関係にあった。同窓の先輩で一時はライヒスバーンにおける上司だったドルプミューラーを、三二年には大臣就任により追いぬいていたからである。

だが、「アーリア化政策」としてライヒスバーンがおこなったユダヤ系理事・職員の追放には、一九三五年の「ニュルンベルク法」以降は目立って反対したわけではない。郵政大臣としてはナチ党員ヴィルヘルム・オーネゾルゲ（Karl Wilhelm Ohnesorge　一八七二～一九六二）が副官役をつとめ、省内の諸事をうまくまわしていた。

ただしユダヤ系職員の追放に手心はくわえていたようである。また、ニュルンベルク法成立後も、ユダヤ人の公共交通機関利用についてはこれを従来通りとする声明を公表した（本書「第8章」で再述）。すでに一九三三年七月にヴァチカンの法王庁がナチスとのあいだにコンコルダート（政教条約）をむすび、それまでの険悪な関係を一応おわらせていた。敬虔なカトリック信徒だったエルツ＝リューベナハが、ある程度順応的な態度をナチスにとった理由がここにあった。

図24　訓示するパウル・フォン・エルツ＝リューベナハ交通相

ヒトラーとの軋轢が表面化したのも、エルツ＝リューベナハのカトリック信仰のためであった。政教条約はナチスによっては順守されず、カトリック信徒への社会的圧迫は間もなく再開された。ナチ党のオカルト的なドイツ民族主義・人種主義の教義としての押し付けは、カトリックの信教の自由を直撃した。帝政期以来ドイツ社会ではローマ・カトリックは宗派的には比較的マイノリティだったため、こうした点には余計に敏感にならざるをえない。政教条約で教会は信徒に対する教育上の役割も保証されていたはずだったが、カトリック青年運動は禁止されてしまう。たまりかねたローマ法王ピウス十一世が、憂慮の回勅を出すにいたる状況になっていた。

エルツ゠リューベナハはナチ政権の中にあって、その疑似宗教的な性格や反キリスト教・反カトリック的動向に公然と反抗的態度をとる。一九三七年はじめ、非党員中の功労者として金枠党員章総統功労章の授与が決定されたが、これをうけるに際して、政府の対カトリック政策を批判し、その是正を受章と入党の条件にしてみせたのである。

職と社会的地位を賭してのヒトラーへの抗議であったが、当然、聞き入れられないことを予想しての行動であった。エルツ゠リューベナハは公職をとかれ、ゲシュタポの監視下に引退生活にはいることになった。ほどなくして夫人がドイツ母親十字章受章を拒否すると、年金支給も打ちきられた。不自由な生活のまま、四三年、死去。

郵政大臣としてはオーネゾルゲがその後任となったが、交通大臣の後任は前述のようにドルプミュラーであった。

このときのドルプミュラーに関して、後世の評価は二分される。信仰に殉じたかたちになる前任者の後をぬけぬけと襲ったものだし、ここでヒトラーがドルプミュラーにすぐに大臣ポストをあてがったこと自体が、かれのナチス・ドイツにおける立ち位置を物語るものではないか。この批判の声は現代では大きいし、おそらくは同時代にも囁かれたものでもあっただろう。

もうひとつは、かれはいわば火中の栗をひろったのだ、という弁護である。交通大臣の後任としては、オーネゾルゲやライヒスバーン副総裁クラインマンのような歴とした党員をという声もあった。もしもそれが実現すれば、少なくとも交通省全体にライヒスバーンでおきたのと同じ締めつけと粛清人事がおきるはずだが、今度はそれに対してなんの抑えやフォローもないはずだった。依然ナチ党に入党していなかったドルプミュラー交通相は、省内にあって多くの非党員の職員をまもり、彼らが解職・追放の憂き目をみたときには窮状に手をさしのべた。内閣における序列十一番目の大臣であるからこそできたことも多いはずである。末弟エルンスト・ドルプミュラーは戦後、亡兄を弁護して「システムのなかで表面上順応しながら反抗ないし消極的抵抗に尽くすよりも、最初から任務を拒むほうがずっと簡単であったはずだ！」とまで述べている――というわけである。

なお、ゲシュタポ監視下で六人の子をかかえてリンツ（アム・ライン）に逼塞したエルツ＝リューベナハのため、年金支給の一部を復活させることにドルプミュラーは尽力している。

エルツ＝リューベナハとドルプミュラーの出処進退を対比してみると、ちょうど同じ時期の音楽家ヴィルヘルム・フルトヴェングラー（Wilhelm Furtwängler　一八八六〜一九五四）のそれをめぐるよく知られた議論が、ふと思いおこされるところがある。この高名な指揮者は三四年には音楽家としての良心にしたがってナチ政府の芸術行政にみられる偏狭を公然と批判し、ライヒ音楽院副総裁などの栄職を辞した。ナチス・ドイツとの決別は時間の問題だと、一時世界の楽壇の注視をあびる。だが、結局政府と和解し、ベルリン・フィルハーモニーの指揮にすぐに復帰して反ナチスの識者を愕然とさせた。それからはドイツ音楽の顔として、指揮者ブルーノ・ヴァルターなど多くのユダヤ系音楽家を追いはらった故国で、公的な活動をつづけることになる。ヒトラー臨席の演奏会もその活動にふくまれた。一方でその間、ユダヤ系の音楽家をひそかに庇護することにも心をくばったともいわれる。

フルトヴェングラーの内心の不服従と消極的な抵抗は、戦後、みずからと周囲の人びとが非ナチ化裁判で証言したところである。しかし一九三七年には、煮え切らない態度に失望した指揮者仲間のアルトゥーロ・トスカニーニに、自由のない「奴隷の国」にとどまることを責めたてられている。このときフルトヴェングラーは、これも腹立ち紛れに「ベートーヴェンの演奏される場所はそれだけで自由だ」とも「偉大な音楽こそヒトラーの敵だ」とも言いかえした、といわれる。

ドルプミュラーも、鉄路の上を轟々と列車がはしる場所は自由だ、と考えていたのだろうか。「かれの頭のなかには鉄道のことしかなかった」という意味のミーアゼジェウスキイによるドルプミュラー理解がややこれに近い。

たしかに一九三八年九月、ベルリン・ポツダム鉄道開通百周年式典で、交通行政全般を司るのが交通大臣の仕事でありますが、と前置きしてではあるが、ドルプミュラー交通相は次のように語った。挨拶の場が場とはいえ、完全に鉄道人としてだけの言葉であった。

「(……)しかし、鉄道の次の特長を強調したいのです。一、確実性と天候に運行が左右されないこと　二、快適　三、大量輸送に適していること。飛行機や自動車がなくても世界に出ていくことはできますが、鉄道がなくては！」

ナチ体制下でライヒスバーンは軍用設備やアウトバーン建設のために年平均七千万マルクをライヒ政府に拠出させられていたが、三四年にはドルプミュラー総裁は、エルツ＝リューベナハ交通相とともに、拠出義務の引き下げを強く訴えている。また後述のように、第二次四か年計画下ではライヒスバーンへの割り当て資源の獲得に悪戦苦闘した。

フルトヴェングラーが戦争の最後の局面までドイツを離れなかったのは、ドイツの音楽界における自分の任務への自覚からだった、と同情的な立場からは理解されることが多い。このあたりも、ドルプミュラーに通じるように見えるところである。少なくとも没後、ライヒスバーン関係者は、そのように追悼記事に書いた。たしかにドルプミュラーは、ナチス・ドイツであろうと共和国であろうと帝国であろうと、いまやドイツに自分のなすべきことがあるとしか考えられなかったであろう。

もっとも、フルトヴェングラーが指揮以外の一切の官職からまずは身をひいたのにくらべて、ドルプミュラーはライヒ交通大臣の栄職を手ばなすことはなく、戦時中に多くの権能を引きはがされた後もポストにとどまった。そもそも大臣たる人物は政治家であり、つまりはナチス・ドイツにおけるエリート、支配層であり、一介の芸術家との対比は本質的な考察材料ではありえないだろう。

ライヒスバーン総裁と交通大臣を兼務することは、ドルプミュラーには自分の三〇年代の目的をはたすうえで、好都合に思われたのは間違いない。大事なのは、次代の成長的な交通機関とりわけ自動車輸送への対応であった。鉄道の伝統的な優位を維持しながら、新交通機関をライヒスバーンの主導下におくこと。ドルプミュラーは、これをなしとげねばならない。しかしそのために、ひとりのおそるべきテクノクラートとの対決が待っていた。

遅れたモータリゼーションとライヒスバーン

自動車の発明はまちがいなくベンツ（Karl Friedrich Benz　一八四四～一九二九）やダイムラー（Gottlieb Wilhelm Daimler　一八三四～一九〇〇）、マイバッハ（Wilhelm Maybach　一八四六～一九二九）といった十九世紀後半、「第二次産業革命」期のドイツ人によるものであった。だが自動車の普及すなわちモータリゼーションでは、ドイツは他の工業国にくらべて後れをとったまま、第一次世界大戦期をむかえた。

第一次世界大戦後もドイツでモータリゼーションが進まなかったいくつもの理由のうち、ひとつは鉄道業の存在の大きさにあった。第一次大戦前についてもアメリカ合衆国との比較において、ドイツ帝国の鉄道網のより稠密な発達が自動車の普及を抑制したとの説が有力である。戦後の二〇年代にはライヒスバーン成立という特殊事情がこれにくわわった。共和国の賠償支払いの一翼をになう鉄道業は交通行政において優遇をうけ、戦前以来の自動車普及に抑制的な都市交通行政や自動車税・ガソリン税の過重負担は変更されなかったのである。いくつかの先駆的なとりくみはあったが、自動車（専用）道路も未整備のままであった。

自動車が馬車の代わりとなる富裕層のための奢侈品だという伝統的な観念は変わることがなく、ドイツの自動車工業は市場の狭隘に苦しみつづけた。大不況に陥る直前の一九二八年には、アメリカにならった生産工程の革新が裏目に出て、自動車工業は過剰投資になやむことになった。大量生産・供給を可能にする設備をつくっても大量消費がやってこない以上、必ずそうなる。企業合同で生き残りをはかるうちに、世界大不況がやってきた。脆弱なドイツ自動車産業の受けた打撃もはかり知れない。

政権を奪取した直後（一九三三年二月）のヒトラーは、ベルリン国際モーターショーでモータリゼーション推進を表明した。①自動車税の撤廃　②自動車（専用）道路の整備（「ドイツ道路総監」を置き、道路行政を全国一元化）　③ライヒスバーンのトラック輸送部門設置　④宣伝・広告・需要開発による大量消費の喚起　がその柱であった。

政権奪取前のナチスはモータリゼーションにとくに熱心でも好意的でもなかった。党内左派は奢侈品消費に否定的であり、後世の一部の論者によって「ナチス緑翼」といわれることもある保守的な環境主義者は、戦前の都市自治体がそうであったように、自動車の排気ガスや騒音を問題にした。一部自治体がはじめていた自動車専用道路の建設にも、ナチスとしては冗費節約の立場から反対姿勢をとっていたのだ。

モータリゼーション推進に舵をきったのには、ヒトラー自身の自動車への個人的な嗜好もあったが、青息吐息の自動車工業へのテコ入れは、共和国最末期以来の景気浮揚対策の一環であった。ヒトラーもこれを継承したのである。

ヒトラーは迅速にうごいた。民間の有志団体「ハフラバ」こと「ハンザ都市・フランクフルト・バーゼル自動車道路準備協会」と手をむすぶ。ハフラバは、いちはやく自動車専用道路建設を構想し、三二年には計画を一部実現していたが、ヒトラーはかれらを抱きこむことで、五月中には七千キロの道路網建設計画を策定してしまう。そして一九三三年六月二十七日、「ライヒスアウトバーン（ライヒ自動車専用道路）会社」の設立を決める法律が公布された。ライヒスアウトバーン会社は、ライヒスバーンがスタート資本の五百万ライヒスマルクを出資する子会社の形をとっていた。

このころ、ドルプミュラーはナチ系職員による突き上げをうけ、まだ総裁職の危機にあった。そんなとき、ライヒスバーンがライヒスアウトバーンを子会社とすることは、ある程度は我が意を得たりというところがあっただろう。ヒトラーのモータリゼーション・プランにライヒスバーンのトラック輸送経営が入っていたことも、シェンカー協定問題の落ち着き先がしめされたようであった。（のちにシェンカー社の重役がユダヤ系であるがゆえに追放され、亡命先のアメリカで解雇をめぐってライヒスバーン相手の賠償訴訟をおこすことは、この時には予想できなかった。裁判が長引いてアメリカの世論がユダヤ差別政策をますます問題視することをきらい、ライヒスバーンは示談により十万金マルクの支払いに応じている。）

ただ、六月三十日、全国の道路行政を一元的に管轄するものとして「ドイツ道路総監」の官職が新設されたときには、権限を大幅にけずられることになる内務省や交通省と同調して、それには否定的であっただろう。また、ヒトラーが直々に任命したその名にも、いぶかしい思いをいだいたはずである。……フリッツ・トット？　誰だったかね、であった。

ドイツ道路総監トット

アウトバーンの立役者フリッツ・トット（Fritz Todt　一八九一～一九四二）については、技術をつうじていわば「近代の超克」を夢みたユートピアンにして独特のエコロジストとしての側面にもせまった、小野清美氏の研究がくわしい。そこから簡単な伝記的事実のみをひろっておこう。

トットは装飾品工場主の息子としてバーデン（当時バーデン王国）にうまれた。ドルプミュラーよりも二十歳以上若い。父親につれられて黒の森やネッカー河畔などを逍遥し自然に親しんだ。都市住民の山岳地帯や森林、田園への没入は世紀転換期ドイツ社会における一大流行であり、青年運動とむすびついて野外活動運動・組織「ヴァンダーフォーゲル」をうむ。要するに日本のどこの大学にもあった「ワンゲル」である。十九世紀後半のドイツ語圏における爆発的な工業化と都市化の副産物であったが、技術者トットの自然や景観への生涯かわらない本質的な関心の基盤がここでつくられた。

一九一〇年に一年志願兵をおえ、ミュンヘン工科大学およびカールスルーエ工科大学で建築工学をまなぶ。在学中に第一次世界大戦勃発により、従軍。飛行機部隊に勤務して鉄十字章をえた。復学してディプローム（学位）を取得した。このころ、アメリカの新しい生産システムと専門家を中心とする社会システムの形成にあこがれ、真剣に渡米を考える。旧弊な政治屋や文官による支配のつづくドイツにくらべ、アメリカの合理的・効率的に運営された経済社会には、技術者活躍の可能性が拓けているようにおもえた。

図25　フリッツ・トット

のちの妻との出会いで渡米を断念するが、この妻エリザベトの政治運動への関心が、トットに決定的な影響をあたえた。夫妻は穏健左派・リベラルの民主党におけるドイツ・ナショナリズム的な中欧経済構想にひかれていたが、やがて民主党の大衆的不人気に限界を感じ、一九二三年には二人そろってナチ党に入党した。ミュンヘンの建設会社で鉄道建設部門の責任者だったから、党勢拡大中とはいえ――各州での活動禁止により――バイエルンの地方政党だったナチスが選択肢に入ったところもあるだろう。ナチズムの本質的要素である反ユダヤ・人種主義に関心はなく、急進的な社会改革政党としてのナチ党の支持者であった。

相対的安定期には党員としてさしたる活動もせず、家族でキリスト教信仰からも離れなかった。建設会社の一技師長は、ほぼ無名の存在といってよかった。しかし、すでに道路建設には専門的な知識をたくわえ、ファッショ期イタリアで試行された自動車専用道路（アウトストラーダ）建設の主役であるピエロ・プリセッリ（Piero Puricelli 一八八三～一九五一）とは、すでに二一年から個人的な親交をもっている。

世界大不況期にはいると、ふたたび積極的に党活動に従事する。三二年はきわめて多忙で、トットのキャリアにとって決定的な年となった。舗装と道路行政に関する博士論文の刊行、ナチ系技術者の団体指導部への加入、そして年末の「褐色の覚書」公表である。これにより、「ただひとりの指導者的な人物」が一国規模の自動車専用道路網を建設するというヴィジョンを提示した。

翌三三年六月、ヒトラー新政権によって「ドイツ道路総監」に任命される。エルツ＝リューベナハ交通大臣は、この強力なポストの新設自体に抵抗したが、ヒトラーの後押しをうけたトットは一連の権力闘争にすべて勝利した。体制化で改組されたハフラバの後継機関も手中におさめ、ナチ系技術者組織の旧リーダーを追いおとし、ドイツの技術者団体のトップに君臨した。

ナチ政権の成立とともに、従来の政界・官界・経済界のエリート層とは距離のあった人材が統治機構に大量に流入して権勢をふるうことになったが、トットはその典型的なひとりであった。

アウトバーン建設、その後

アウトバーンの建設は一九三四年春に開始された。全国で十五の最高建設管理部が設置され、ライヒスバーン（ドルプミュラー総裁）とトットがこれを監督した。最終的（開戦直後）には千人以上のライヒスバーン職員が子会社であるライヒスアウトバーン社に出向していた。

ヒトラーをむかえた鍬入れ式ではドルプミュラーが傍らに立つ形となったが、もちろんトットもこれに参加した。ドルプミュラーはアウトバーン建設に通り一遍ではない関心をもち、毎月の各地建設現場の視察を怠らなかったが、交通省の介入をふせぎたいトットもまた、現地での直接指導をこのんだ。

図26　アウトバーン工事鍬入れ式のドルプミュラーとヒトラー

一つの事業を複数機関によって分割し、権限を錯綜させることは、独裁政権のひとつの特徴である。管轄が複雑になれば必ず起きる省庁間の対立は、ヒトラー政権が意図的に助長するところでもあった。その分、最終的な調整と決定は「指導者」に委ねられざるをえないだろう。ナチ体制の売り物であった指導者原理や業績原理は、こうしてヒトラー個人に収斂することになり、その絶対性を強化する。「指導者」であるヒトラーへの信頼に当初は揺るぎがなかったトットは、この仕組みを明確に理解し受け入れ、そして活用できたはずだが、党員でもなかったドルプミュラーはどうであったか。

ライヒスアウトバーン社の監理会メンバー半数への任免権が、ライヒスバーン総裁にはあった。アウトバーンの最初の部分開通は三五年五月のフランクフルト―ダルムシュタット間であったが、開通式ではライヒスバーン運行の乗合いバスの一団が、走り初めに加わった。オーストリア併合時にザルツブルクであらためてやりなおされた鍬入れ式でも、ドルプミュラーはヒトラー以下の貴官の列のほぼ真ん中にいた。三八年の三千キロ開通記念の式典でも、妹マリーアをつれて貴賓席の最前列にすわった。

だが、ものしずかな人柄でありながらカリスマ性も発揮したドイツ道路総監トットの前では、ライヒスアウトバーン社への出資も最初のスタート資本に限られたライヒスバーンとドルプミュラー総裁は、その存在感を徐々に小さくしていった。今日も評価されるアウトバーンのシステム上の先進性や美的景観への配慮は、トットのものに他ならない。

一方、陸上交通における新展開に対応しながら、あくまで鉄道業の優越的地位を保全することが、ドルプミュラーの主眼であった。したがってエルツ＝リューベナハ以降、交通省としても、アウトバーン建設にかわって州道建設を優先すべきだとの主張をつづけるようになる。たしかにヒトラーの「国民車」構想は途上にあり、自動車保有台数が依然として低い現状では、アウトバーンへの投資は短期的には不必要で過剰としかいいようがなかった。ドルプミュラー・交通省の鉄道中心を前提とした交通インフラ整備には、この点では合理性があった。

ちなみに、アウトバーン建設工事に即効的な雇用創出や景気浮揚の効果はなかった。ドイツの大不況からの回復とヒトラー政権初期のこうした公共事業政策の実施とは、ほぼ無関係である。経済史家A・リチュルの二〇〇〇年代の研究によれば、一九三三年から三八年までの期間、もしもナチ政府による積極的な財政出動がなくても、ドイツの景気動向は回復基調で変わりがなかっただろうという。もしも財政出動がなかったら、という反事実的な想定を導入したモデルによるリチュルの推定結果と、現実の景気動向とがほぼ一致しているので、そういうことになる。ドルプミュラーとライヒスバーンが大不況期以降に政府による雇用創出計画への積極参加を渋った感があることに対しては、ミーアゼジェウスキイなど後世の研究者からも批判もあった。だが、こうした分析結果がある以上、この批判にも再考の必要があるだろう。

しかし、そもそもアウトバーン建設は、自己完結的な全国自動車道路網というまったく新しい交通システムの構想の実現であり、その先見性にこそ最大の意義があった。当時喧伝された雇用創出効果や、軍事施設への転用可能性にではない。トットはどうやら、後世と同じレベルでこれをはっきりと意識していた。ヒトラーはといえば、ナチ・プロパガンダの一環としてアウトバーン建設をとらえることで、この国家事業の当座の採算性を度外視できたようである。そうした政治的な構想力という点で、若いころから官僚であり生粋の鉄道屋であったドルプミュラーは、トットに敵うものではなかったといえる。

したがって、というべきか、その後、トットの栄進と権勢は、ドルプミュラーをはるかにしのいだ。ドイツ道路総監としては、ドルプミュラーと交通省のくわだてたトラック輸送への制限的措置をつぶし、「交通省はいつも自動車輸送を駄目にしよう、駄目にしようとする！」と珍しく色をなした。一九三八年には四か年計画庁長官ヘルマン・ゲーリングによって建築規制の権限を委譲され、開戦後の四〇年には軍需大臣（兵器・火薬大臣）に就任する。この間、戦時を理由にアウトバーン建設は中止されることになったが、戦時計画経済の要となったトットは四一年には水利・エネルギー総監も兼任し、ドイツの第二次世界大戦遂行に中心的な役割をはたしていくのである。

しかし、トットの挫折もまた、戦争とともにやってきた。ポーランド侵攻には賛成し、アウトバーン建設の中止もうけいれたが、独ソ戦の開始（一九四一年六月）でヒトラー総統の判断に深刻な不信をいだくようになる。また、日米開戦にともなうドイツの対米宣戦（同年十二月）にもはっきりと否定的であった。アメリカの戦争遂行能力については正確な評価をくだしていた。

トットは独ソ戦継続に反対し、数度にわたってヒトラーに戦争の政治的終結を説くにいたる。モスクワ攻略失敗後、ソ連軍の反攻をうけつつある一九四二年二月八日、敗北をみとめ戦争を終結させるべきだと総統大本営のヒトラーに談判する。その帰路、自家用飛行機の墜落事故によって急死した。国葬にふされたが、自殺や当局による暗殺の可能性は消えない。

純然たるナチであったトットだが、その作品ともいえるアウトバーンの不動の名声にささえられ、人物的評価はある程度高い。清潔で質素な私生活をつらぬき、ナチスの反ユダヤ主義との「道徳的距離」をたもったこと、なにより独裁者ヒトラーに直言して戦争終結をとなえ、おそらくそのために悲劇的な死をむかえたことも、「トット神話」ともいわれるそうした評価には働いている。

反ユダヤ主義にさほど積極的に加担しなかっただけで、ユダヤ人迫害に抵抗したわけではない。開戦後の人手不足のなかではアウトバーン本線工事にユダヤ人強制労働を使っているし、反資本主義の文脈でユダヤ人と営利主義をむすびつけた観念的ユダヤ批判とも、最初から無縁ではなかった。軍需大臣として、ポーランド侵攻にはじまる第二次世界大戦では、裏方としてナチス・ドイツの戦争犯罪を強力にバックアップしていたともいえる。

だが、四二年二月に急死したトットは、ホロコーストの決定的な実行局面への関与が薄いと判断されるところがあるのだろう。ユダヤ人絶滅政策を意味するようになった「最終的解決」決定に関してメルクマール視されてきた、いわゆる「ヴァンゼー会議」がひらかれたのは、トット急死の二週間ほど前である。

一九四二年一月二十六日、ベルリン市郊外ヴァンゼー（Wannsee）湖畔の別荘のひとつで、党や内務省、外務省など省庁、さらに東部総督府の次官クラス高官による会議があった。ラインハルト・ハイドリヒ親衛隊大将が司会をつとめたこの席上、「ユダヤ人問題」解決のための中心的手段を、従来のドイツ国外追放から虐殺に方針転換したとされる。絶滅政策を「ユダヤ人問題の最終的解決」として決定した記録を残す、このときの会合がのちに「ヴァンゼー会議」とよばれるようになった。トットもドルプミュラーもこの会議に参加していないし、軍需省や交通省は代表をおくってもいなかった。

ただし、占領下のポーランドにおいては、のちに絶滅収容所とよばれるタイプの強制収容所が、すでに四一年中には本格的に機能を開始していた。そして「ホロコースト」とも「ショアー」ともよばれるユダヤ人の大規模虐殺は、分割されたソ連占領下のポーランドに、独ソ戦開始（同年六月）によってドイツ軍が侵入した「二重の占領地域」（ティモシー・スナイダー『ブラック・アース』）において、最も大規模かつ徹底的におこなわれたのである。

トットの世代、ドルプミュラーの世代

二十年の年齢の開きがありながら、ドルプミュラーとトットにはキャリアにおいて共通するところがある。前世紀以来の文官支配がつづくドイツ社会の工学技術者として、アウトサイダー意識をもち、さらにそこからの反発心が突出したキャリア形成のエネルギーとなった点である。

ただ、世代的経験の差は決定的であったようでもある。学生時代に第一次世界大戦を経験し、戦後はヴェルサイユの屈辱に身をさいなまれたトットにとって、テクノクラートのユートピアは未来の新しいドイツにつくるしかなかった。一方、ドルプミュラーの技術者としての理想のドイツは、第一次大戦前の極東における鉄道建設工事現場にもとめることができた。自分が決然と脱出した帝政期の窮屈な官営鉄道が成立するよりはるか以前の、鉄道草創期の鉄道技師の独立独歩の時代を、ドイツ帝国海外進出の現場でかれは追体験したと考えられる。また、「ここ（極東）から数千マイルを隔て」たドイツこそが、現実のドイツ以上に自分にとっての故国になりうるのだということも、長い海外生活をへて敗戦の祖国に帰ったドルプミュラーはおそらくは悟っていた。

現下のナチ政権とナチズムに何を期待するのか・期待できるのかは、ふたりで大きく違わざるをえないのであった。

したがって、ヒトラーに対する態度も、最終的には異なることになる。トットはヒトラーへの期待が裏切られれば生命を賭けてこれに反発せざるをえなかったが、ドルプミュラーにとってヒトラー政府は長い人生で何番目かの「お上《かみ》」にすぎない。お上はお上であるが、それがまたもや頭の上を通りすぎて

いくのはお見通しだという気分は、どこかに残っていた。そして実際に、ヒトラー政権は中国・清朝やドイツ帝国政府や共和国政府のように、ほどなくしてドルプミュラーを去っていったのである。……単純に一九三〇年代後半における年齢の差といってもいいかもしれない。六十を超え、七十歳に近づいたドルプミュラーに対して、トットは四十代であった。ドルプミュラーの四十代は、ほぼ中国勤務の時代である。二十世紀前半当時としては老人に他ならないドルプミュラーにとって、急激なキャリア上昇のまさに途上にある四十代のトットに意識のうえで伍することは、次第にむずかしくなっていたはずである。

それは、年回りでいえば、アドルフ・ヒトラーらナチ上層部とのあいだにもいえることであった。ナチ全国指導者の大半は一八九〇年代周辺の生まれである。ヒトラー、一八八九年生まれ。エルンスト・レーム、一八八七年生まれ。ヘルマン・ゲーリング、一八九三年生まれ。ヨーゼフ・ゲッベルス、一八九七年生まれ。ハインリヒ・ヒムラー、一九〇〇年生まれ。

ドルプミュラーとナチ要人たちとは、はっきりと世代が異なっていた。歴史社会学者D・ポイカートは二十世紀前半ドイツの政治家を四つの世代に区分したが、エーベルト、シュトレーゼマンらよりも年長のドルプミュラーは、「創立期（帝国初期の好況期）世代」の先頭に属する。これに対して、ヒトラーたちは第一次世界大戦を青少年期に体験した「前線世代」である。

すでに帝政末期には「青年」という概念には「変革者」「世界の救済者」の特別なニュアンスが与えられていたが、それにくわえてヴァイマール共和国期の青年層は、「硬直的な高齢化社会の犠牲者」という自己認識をそだてていた。戦中・戦後の政治的・経済的混乱にキャリア開始時を直撃され、相対的安定期にも労働供給の過剰によって青年層の高失業はほぼ固定的であった。大不況下ではそれが極端に深刻化するが、高齢層の就業は一方で比較的安定していたから、「青年」の憤懣はときに爆発する。老人と対立する「青年」を代表するつもりだったナチスは、「席をあけろ、老いぼれども！」を活動の一つのスローガンとした（前掲の村上宏昭『世代の歴史社会学』、とくに「第6章」を参照）。

たしかに「ライヒスバーンのヒンデンブルク」こと当時六十代半ばのドルプミュラーに対しても、ナチスによる排斥運動がくりひろげられたのであった。

帝政期の高級軍人からナチ党に入党、ドイツの植民政策を担当し、バイエルン州国家管理官にもなったフランツ・フォン・エップ（Franz Ritter von Epp　一八六八〜一九四七）くらいが、もともとのナチ高官中でのドルプミュラーの同世代であった。フォン・エップは、一九三六年には、世界動力会議出席のためにドルプミュラーとともに渡米している。政権獲得初期の大量の保護拘禁措置に反対し、すでにこのときにはナチ党中央から疎まれていた。終戦直前には米軍と呼応した反乱運動に参加、失敗してバイエルン州政府に逮捕されている。戦後は戦犯として米軍に逮捕され、公判中の四七年に病死した。

一九三九年七月、ドルプミュラーは七十歳の誕生日をむかえた。記念のブロンズの胸像がつくられ、交通博物館ではドイツ鉄道史の偉人たちの列にならんだ。殿堂入りというわけである。誕生日の朝には鉄道音楽隊がツェーレンドルフの自邸までやってきて演奏し、家族や関係者一同の祝賀をうけた。

その夕の交通省主催の祝賀会席上では最後に挨拶にたち、ドイツ人同胞をザールラント、オストマルク（オーストリア）、ズデーテン、メーメルから祖国ドイツにもどしてくれた「あのお方」「ドイツ人の中のドイツ人」に今日の鉄道業の隆盛への感謝をささげてみせた。こうしてみると、ドルプミュラーは少なくとも外交的勝利と領土回復ではヒトラーを評価していたのである。
これから六週間ののち、戦争がはじまる。

第二次世界大戦の開始

この「青年」ナチ政権にとって、東方への侵略による「生存圏」の確立は数少ない一貫した政策目標だったといえる。一九三八年にオーストリアとチェコスロヴァキアの一部を併合して以降、東方への侵攻の準備はさらにすすめられた。鉄道輸送の整備・増強も当然その一環になるはずであった。

しかしドルプミュラーとライヒスバーンが、ヒトラーの開戦の意志をきちんと把握していたかどうかは疑わしい。三〇年代後半の景気上昇にともなう業績回復で、ライヒスバーンは貨車を中心にさらに野心的な設備拡張計画を立てていたが、これらは戦争を見越してのものではなかった。すでに一九三六年には第二次四か年計画が開始されていたが、その中でライヒスバーンは鋼鉄その他の建設資材の割り当てでも優遇されなかった。

ドルプミュラーと交通省は四か年計画の中枢からはずされていた。三八年の国防計画も、ドルプミュラー交通相の頭越しに閣議決定されてしまった。戦時計画の中心にいるゲーリングらの意図をはかりながら、鋼鉄、セメントといった資源のより多くの割り当てを申請する苦しい交渉がつづく。

すでに戦時計画経済のもと、ライヒスバーンにとって最も大事なのはカネではなくモノであった。ドルプミュラーとクラインマンの総裁・副総裁のコンビが、資源割り当て交渉の競争でうまくやったとはいえなかった。三八年には設備拡張計画を断念させられるが、すでに資材不足で路線設備の補修にすら滞りが生じはじめていた。この三八年秋から冬にかけて、輸送に障害がでる。計画庁はあわててライヒスバーンに資材をまわしたが、戦時計画における重要資源割り当てで決められたライヒスバーンの低い優先順位はかわらなかった。

ナチス・ドイツによるポーランド侵攻の日を、ライヒスバーンは準備不足でむかえることになった。一九三九年初頭から東部への軍事関連の輸送量は急増しはじめた。侵攻計画やその日程が頻繁にかわるため、その対応に追われた。ライヒスバーンは開戦計画の全容を知らされていたわけではなかった。それでも八月二十七日までに、貨車十七万台と客車一万三千八百台で攻撃開始点までの軍事輸送をおこなっている。初夏の時点で、ドルプミュラーやクラインマンたちは開戦が近いことにようやく気づかされていた。

九月一日、午前四時四十五分（夏時間）、ポーランド攻撃が開始される。これにより第二次世界大戦がはじまることになる。国境線への配備・作戦行動につかわれた列車数は一万五千弱であった。（第一次大戦開戦時は三万二千の列車が動員された。）

ほぼ三週間でドイツはポーランドを敗北させた。ポーランド軍は各地で鉄道橋を破壊してドイツ軍の侵攻を食いとめようとしたが、ドイツ軍の野戦鉄道部隊が補修や再架橋で効果的にはたらいた。

破壊された路線や橋梁が再建されるありさまは写真撮影され、しきりに報道された。「人種的・文化的に劣った」ポーランドへのドイツ民族の進攻を、イデオロギー的に美化して印象づける意図がそこには働いていた。ナチス・ドイツの東部ヨーロッパにおける戦争の性格が、こんなところにものぞける。

敗戦の結果、ポーランド共和国がドイツとソヴィエト・ロシア（ソ連）によって分割され消滅すると、ドイツ占領地のポーランド国鉄（Polski Koleje Panstwowe; P.K.P.）もドイツ・ライヒスバーンに吸収された。「P.K.P.」のロゴとポーランドの国章である鷲のマークにぞんざいに線を引き、そのうえに「Deutsche Reichsbahn」のロゴを書きくわえた車体の報道写真が撮影された。

ダンツィヒ鉄道管区とポーゼン鉄道管区が新設され、オペルン、ケーニヒスベルク鉄道管区の範囲が拡大された。ライヒに吸収されたポーランド旧領以外の、ソ連占領下ポーランドと国境を接する中央ポーランドには、行政単位として「総督府」支配の総督管区がおかれ、鉄道は「東部鉄道（Ostbahn）」とよばれることになった。クラカウ（クラコフ）に東部鉄道管理局（Die Generaldirektion der Ostbahn; Gedob）が新設された。ポーランドには九千名のライヒスバーン職員が送りこまれ、いったん解職されたもののすぐに復職できた四万名におよぶポーランド人職員・労働者の上司として配された。

図27　ポーランド国鉄（P.K.P.）を吸収するライヒスバーン

当初、組織内部の布告や命令の文書は原則ドイツ語のみで出された。やがて戦争がすすみ、ドイツ人鉄道員の徴兵による人手不足が深刻化するにつれて、ポーランド人労働力の割合は高まった。四三年末までには東部鉄道は、数千人のウクライナ人と十四万五千人のポーランド人を雇用することになる。布告・命令書もドイツ語とポーランド語が併用されるようになった。[*1]

これらの非ドイツ人従業員は、ユダヤ人強制移送すなわち

「デポルタツィオーン」の現場でも働くことになる。

旧ポーランド国鉄は、第一次大戦後の新国境線をはさんでオペルン鉄道管理局長官ドルプミュラーが苦しい交渉をくりひろげた相手であったが、十数年後にこれを手中におさめたライヒスバーン総裁がなにかの感慨をもったかどうかは不明である。ただ、十月にはさっそく占領地の視察に出かけている。戦地を意識して新調した軍服風の制服と制帽に身をかため、爆破のあとドイツが架けなおしたヴァイヒセル河の新しい鉄橋を、大勢のお付きを従え颯爽と歩いて渡った。

このとき、国際連盟管理下からドイツの手に復した港湾都市ダンツィヒ（現在のグダンスク）を訪問している。ダンツィヒ鉄道管区など旧ポーランド北部は、ドルプミュラーの世代にとってはもとのドイツ帝国領・西プロイセン州にちがいなかったから、その回復を否定的に評価することは断じてないのであった。第一次大戦の敗戦後ポーランド国鉄の手に渡って使用されていた旧プロイセン国鉄の古い機関車や車輌が、この時、ふたたびライヒスバーンの所有になることも珍しくなかった。

もっとも、戦略的に重要な東部鉄道の運営は、資材と人員の不足に悩むライヒスバーンにとって大きな負担となってしまう。東部鉄道自体が、組織機構上はライヒスバーンではなく総督府の直轄になっていた。ドルプミュラーは見た目ほど、心から上機嫌というわけにはいかなかったであろう。

ライヒが併合した旧ポーランド西部から総督管区へのユダヤ人の強制移住は、すでにライヒスバーンによる貨物列車での輸送という形で一九三九年秋には部分的に開始されていた。侵略の結果、以前とは比べものにならないほど多数のユダヤ人をかかえることになった大ドイツ・ライヒを「ユダヤ人抜き（ユダヤ人からの解放 Judenfrei）」にするために、一九三九〜四〇年のあいだにユダヤ人、ポーランド人約二十万人の総督管区への強制輸送が計画された。もっとも、総督府の受け入れが進んでいない状態でのSSないしライヒ保安本部によるこうした野心的計画は、ライヒ防衛議会議長ゲーリングの認めるところとならず、いったん計画中止となっている。

三九年九月三日、英仏のドイツへの宣戦布告後、西部戦線は「フォニイ（ポニー）・ウォー（贋の戦争）」とも「奇妙な戦争」ともいわれる、両陣営がめだった軍事行動をひかえた停滞状態にはいった。この間、前線に近いザールブリュッケン鉄道管理局はコブレンツ、マインツに撤退し、フランスはライン川に架かる橋を破壊している。

一九四〇年五月十日五時三十分、ドイツの西部戦線での進撃が開始される。国防軍の作戦編成でいうB軍集団はオランダ、ベルギーの中立を侵犯して侵攻し、同じくA軍集団は戦車部隊によってフランスの前線を突破した。典型的な「電撃戦」が遂行された。六月四日、イギリス軍が大陸から遁走し（「ダンケルクの戦い」）、同十四日、パリが占領される。

この西部戦線では、鉄道にさほどめだった働きはなかった。フランス、ベルギーなどでは、ドイツ占領軍・野戦鉄道部隊はもっぱら現地の国鉄による運行を監督するのが仕事で、鉄道運行も比較的正常な状態が保たれた。

それにしても、この第二次世界大戦中、大陸ヨーロッパのほぼすべての国や地域で、ドイツ人鉄道職員が何らかの形で鉄道運行に従事したのである。いいかえれば、ドイツ軍の侵攻とともに、欧州大陸の鉄道に、ドイツの鉄道すなわちライヒスバーンの息がかからないものはなくなった。ドイツ軍の侵攻が広がっていくなかで、「欧州経済統合」の名のもとに、占領地や勢力圏に入った諸地域を統合する全欧規模の交通システムも構想されはじめる。ライヒスバーンは、欧州規模の人やモノの移動をになう中心的な交通機関となった。西欧諸国の鉄道路線を直接管理下においた他にも、チェコ保護領やスロヴァキア、ハンガリーなどの東欧諸国や国防軍輸送局監督下のノルウェーや南欧諸国など、多くの地域の経営上は独立維持の体裁をとった鉄道路線を、ライヒスバーンは掌握していた。

東部鉄道をはじめとする占領下ポーランドの鉄道は、ドイツの戦争経済に貢献した。一九四〇年二月に締結された独ソ経済協定にもとづき、石油、石炭等の重要物資がドイツに運びこまれていく。このための輸送の強化がライヒスバーンに課せられるが、これは次の軍事行動に直結する命令だった。

最後の「鉄道の戦争」

一九四〇年七月、ヒトラーはソ連攻撃の準備を下命した。四一年五月の完成をめどとする大規模な路線建設・整備計画（コードネーム「オットー」）がそこにはふくまれていた。

ライヒスバーンは当初、ソ連攻撃計画策定自体に加えられていない。その必要は薄いと考えられていたからである。対英戦争の行き詰まりを打開する大勝負でありながら、楽観的な見通しが国防軍上層部にも支配的だった。この戦いは短期決戦で、機甲部隊を主体とし、かつロシアの広軌軌道での鉄道輸送もソ連退却軍が遺棄するはずの車輛でまかなえる。したがって鉄道屋の出る幕はあまりない――というわけであった。

さすがに十月末にはライヒスバーンの代表者が召喚され、国防軍と初期計画、軍事的配備のための輸送について話しあっている。オットー計画の遅滞がここで問題視された。

四〇年末、正式にソ連攻撃計画・通称「バルバロッサ」作戦の策定が命令される。

あけて四一年一月二十一日、国防軍の軍事輸送責任者ルドルフ・ゲルケ（Rudolf Gercke　一八八四〜一九四七）とドルプミュラーがベルリンで会見した。ここでゲルケは輸送計画の細部についてドルプミュラーの理解と助言をもとめた。ところが、長年国防軍にあってライヒスバーンとの折衝役をつとめていたゲルケとドルプミュラーの仲は、この対ソ開戦準備のころから悪化する。戦場において鉄道職員を直接国防軍の指揮下におこうとしたゲルケの企てに、ライヒスバーンの権限をおびやかすものだとドルプミュラーが怒ったのであった。

なにはせよ、この一月からの半年間で、少なくとも三万三千八百の列車が兵員と兵器をポーランド内の独ソ協定国境線まではこんだ。遅れ気味のオットー計画による整備も、ようやく一応の完成をみたのが、開戦の直前であった。

一九四一年六月二十二日、バルバロッサ作戦が発動された。二年前にむすんだ独ソ不可侵条約に油断しきっていたヨシフ・スターリン（Joseph Stalin　一八七九〜一九五三）の支配するソ連に、三百万におよぶドイツ軍が陸空から全面攻勢をかけたのである。不意をつかれたソ連軍は大打撃をうけて敗走し、ドイツ国防軍のねらった短期決戦での勝利が達成されるかにみえた。しかし、はやくも八月初めにはドイツ軍の進攻は旺盛な士気と高い練度をもつソ連軍の前線と衝突し、戦果をあげながらも所期の「電撃戦」的勝利が遠のいていった。

十月初め、秋の長雨とともに泥濘と化した道路のため、長距離の進軍がままならなくなる。ソ連軍の本格的な反撃とパルチザンによる抵抗がはじまった。この年の冬は早く、道路の凍結が再び迅速な移動を可能にしたかにみえたが、気温の極端な低下は夏季装備のドイツ軍兵士を苦しめるとともに、燃料の凍結や内燃機関の不調をもたらし、機甲部隊の戦車や飛行機の使用までもが困難になった。広大な大陸に展開した戦線においては、軍団相互の連絡や補給に障害が出はじめた。

ここにおいて、鉄道による輸送の決定的な重要性が浮上した。自動車輸送に頼れないこの長距離遠征において、軍事行動と兵站は鉄道輸送に依存せざるをえないことがわかった。機甲部隊や「電撃戦」のイメージにとらわれていたヒトラーらナチス・ドイツ首脳部の考えも、変わらざるをえなかった。第二次世界大戦、とりわけ東部戦線は結局ふたたび「鉄道の戦争」となる。

東部戦線における鉄道輸送の実施は、しかし難渋をきわめた。開戦時に壊滅状態におちいって敗走したソ連軍部隊は、ドイツ国防軍の期待に反して広軌対応の機関車をあまり放棄しておいてくれなかった。途中で貨物を頻繁に積み替えるのがあまり得策ではない以上、標準軌であるドイツ・ライヒスバーンからの輸送と連結するためには、ロシアが使用する広軌から標準軌への線路付け替えや、それにともなう鹵獲《ろかく》車輛の車輪履き替えといった多大な手間のかかる作業労働を必要とした。はやくも夏頃から生じた機関車と車輛の絶対的不足による輸送困難は、補給線がのびるにつれて悪化する一方のようだった。

大戦初年度から輸送力の不足は問題視され、ドルプミュラーら交通省とトットとの政争につながっていた。だが、独ソ戦においてはトットのもくろむアウトバーン延伸や自動車輸送拡大は即効性を云々する以前に実現性すら乏しいのがあきらかだった。問題解決はまったく鉄道業にゆだねられた。

貨車数の不足のなかでの輸送増強のため、ライヒスバーンは懸命の策を講じた。すでに四一年二月以降は貨車のブレーキ等の定期点検をしばしば延期して稼働率をたかめていたが、独ソ開戦から九か月の四二年三月末には貨車の搭載量を規定より一トンまでは越えることを許した。六月にはさらに一トンの超過をみとめ、なおかつフランス、ベルギーからの捕獲貨車についてもそれまで（ライヒスバーンの貨車より堅牢ではないとしたため）許していない超過積み込み一トンをみとめた。また前年冬の経験に懲り、凍結をふせぐ車軸オイルの改良などロシアの酷寒への対抗策を講じた。[*2]

　現場でのさまざまな努力にくわえて、四二年十月にはドルプミュラーは東部占領地の新設の四鉄道管区を交通大臣直轄とし、大臣の権限を代行する機関としてワルシャワにライヒ交通省東部支部を再編成し「東部総合交通局（Generalverkehrsdirektion Ost; GVD Ost）」を置くなど、機構改革による効率化をはかった。

図28　東部戦線への機関車の投入（1943年版ドイツ・ライヒスバーン・カレンダーより）

　これに先だち、四一年年末にはクラカウなどの「東部鉄道」路線視察をおこなっている。総督府直轄の東部鉄道管理局（Gedob）の、ライヒスバーンからの機構上の独立性を弱めようとする意図からだった。ドルプミュラーは、東部鉄道管理局から権限とともに機関車や車輌などの貴重な資本を引きはがしたかったのである。総督府を相手とする交渉は四二年秋以降の東部交通の直轄化で一定の成果をあげたが、この後も四三年までつづくことになる。

　ひきつづき、四二年一月中旬にはミンスクから白ロシアまでを突然視察している。零下四十度から五十度に達する酷寒のなかを四日間、精力的にうごいた。視察中に五十メートルも離れぬところで航空機による爆弾投下があり、お付きの者は肝を冷やしたが、ドルプミュラー本人は三十メートルほど先の樹に突きささった大きな爆弾の破片をお土産だといって持ちかえったという。二月後半にはウクライナ、キエフ視察にもむかっている。

ドルプミュラーは四二年一月十九日付けで、占領下の東部地区ではたらく鉄道員にむけて交通大臣名義の布告をだした。

「東部占領地区のライヒスバーン人諸君！／総統の命令によりライヒスバーンは占領した東部地区における鉄道をゆだねられた。これ以上の誇りある任務を負うこともなかろう。全力でその完徹のために働くのは鉄道人おのおのの栄誉ある義務である。／諸君の父が、息子が、兄弟、そして友が、敵ならびに異形の厳冬との苦しい戦いのなかでの諸君の仕事を助けてくれることを思え。困難はあるが、それは乗り越えられなければならず、そして乗り越えられるのだ。／義務の大きさを知れ。総統が、かれのものである鉄道人にお任せくださるようでなければならない。／総統万歳！」[*3]

当時キエフにおかれた南部鉄道総局（Haupt-Eisenbahndirektion Süd）の鉄道員たちは酷寒や生活物資の不足にくわえ、疫病のおそれもある不自由な外地生活に耐えていた。ドルプミュラーの出張も、ホテル・リッツに泊まり、晩餐会では三種類のワインが出たパリなど西部占領地へのそれ（一九四二年十月）とは異なり、食事に食堂車や将校クラブなども利用する、とくに優雅とも贅沢ともいいかねるものとなった。

一連の東部視察で、ドルプミュラーが何を聞き、目にしたのか――は深刻な問題である。総督管区、独ソ戦緒戦の勝利でソ連から奪った地域、ソ連領内の最前線――すなわち、市民社会的な統治機構が完全に破壊されたポーランド中・東部、ウクライナ、白ロシアなどにおいて、いわゆるホロコーストをふくむ大量虐殺は最も暴威をふるって進行中であった。永岑三千輝『ドイツ第三帝国のソ連占領政策と民衆　１９４１～４２』やティモシー・スナイダー『ブラッドランズ』が描く世界である。独ソ戦では、ＳＳ支配の保安警察ならびに保安部（ＳＤ）が特別任務部隊であるアインザッツグルッペン（Einsatzgruppen）を推定約三千名投入した。この四二年はじめ、保安警察・保安部の「出動部隊」の意味をもつ名でよばれた特別任務部隊は、国防軍と現地人の協力をえて、ユダヤ人約五十万人をふくめ総計百三十万人ともいわれる（実態はほぼ無差別的な）民間人虐殺を遂行中であった。

図29　冬の東部戦線における鉄道員（1943年版ドイツ・ライヒスバーン・カレンダーより）

それぞれ数日の駆け足の視察とはいえ、ドルプミュラーがこうした日常化した組織的大量虐殺について何も関知するところがなかったとしたら不自然かもしれない。また、総裁の出張視察を迎えたこれらの現地の鉄道官吏たちは、周囲でなにが起きているのかを当然知っていたはずであった。これよりのち、一九四二年七月末にドルプミュラーはふたたびキエフの鉄道南総局を視察している。七月二十一日には現地軍司令官フォン・レーマー（von Römer）の主催による将校クラブでの晩餐会に招待されたが、予定表によれば食事の席にはSS将官（SS- und Polizeiführer）もいた。[*4]

なによりも、鉄道による強制移送はすでにはじまっている。占領地の住民の移送のほか、一九四一年十月には、大ドイツ・ライヒ領域内からミンスク、リガなどの東方占領地にユダヤ人を移送する「特別列車」の運行が開始されていた。十月から十一月までの短期間だけで五十ほどの「特別列車」がそれぞれ千人ほどのユダヤ人を東方のゲットーや収容所に送りこんだ。そして前線後方こそがアインザッツグルッペンの凶行の現場であり、輸送されたユダヤ人には到着地でただちに射殺された者も多い。ドルプミュラーは爆弾の飛んでくるような、そうした場所までたしかに案内された。だが残された当時の公文書や現地の鉄道人によるドルプミュラー視察の回顧談に、とりあえず四二年六月まで断続的におこなわれた「特別列車」運行や、このころの虐殺手段として主流だった集団銃殺にふれたものはないようである。

ただし、東部占領地区における鉄道員の軍事輸送の奮闘ぶりを報じる一九四二年一月の新聞記事では、東部における通常運行以外の「特別列車」の絶え間のない本数急増にもふれている。ここでいう「特別列車」は「外国人労働者の移送、児童疎開、等々」に肝要なものだとされた。[*5]「等々（usw. = und so weiter）」になんらかの含意があったのかどうかは不明だが、住民の集団虐殺は半公然の事実ではあった。

ドルプミュラーの最初の視察後も東部における鉄道輸送困難はなお解決されず、これに対してヒトラーは東部占領地における鉄道官吏の処分にのりだした。キエフの南部鉄道総局長エルヴィン・ランデンベルガー（Ervin Landenberger　一八八〇～一九五九）、ミンスクの中部鉄道総局長オイゲン・ハーン（Eugen

Hahn 一九〇四〜一九五七）の両責任者が、四二年二月二十日の大臣東部視察の直前に解職される。ふたりは二月二十八日には逮捕され、ザクセンハウゼン収容所に一時的に拘禁された。ヒトラー統治の恐怖政治的本質がここでもあらわになった。ドルプミュラーは苦労して二名を救出し、夏には事実上の復職も実現させたが、両人のうけた精神的ショックはもちろん大きく、前のとおり職務にあたることはできなかった。

この一九四二年二月八日には、独ソ戦継続に反対するトットが突然の死をとげ、その数時間後に任命されたアルベルト・シュペーアが軍需大臣の職権の全てを引きついだ。総統重用の建築家は一九〇五年生まれ。当時三十代後半でしかなく、官界・経済界における高齢者支配の旧弊をにくむことではナチ党員中でも人後に落ちない。就任早々、二月十九日には総統文書を出させ、重要部門の五十五歳以上の指導者は四十歳以下の代理人をさだめておかねばならないとした。

シュペーアと

ドルプミュラーもシュペーアにとっては古狸の鉄道官僚でしかなく、東部戦線を起点とする全体的な輸送の破綻は、この「七十三歳にしては、はしっこい」老人の事なかれ主義と保身のせいだとされた。戦後のシュペーアが腹立たしげに回想する四二年三月五日のヒトラーの前での輸送問題に関する話し合いのときは、ドルプミュラーは本当はまだ満七十二歳。その後、七十五歳の誕生日を公的に祝ってやることもあったのに、一歳多く勘違いして記憶したようだ。シュペーアの批判的指摘に控えめに同意しな

図30　アルベルト・シュペーア

がらも、結局は総統に「この問題はシュペーアが考えているほどではない」といわせてしまう、ドルプミュラーの老獪ぶりが印象づけられたためでもないだろうが……。

シュペーアは、ドルプミュラーが近い将来に辞任する道筋をつけたかった。それにはまず、後継者たるべき若い人材を六十五歳のクラインマン副総裁（当時、交通省次官を兼任）に代えて登用することである。これをヒトラーにもちかけると、総統はドルプミュラーと二人で話しあうように命じた。

シュペーアに対して、ドルプミュラーはいつもの調子で話をかわそうとした。

「私の次官が年寄りですと？　あの若者が？　私が鉄道管理局長官になったのが一九二二年ですが、かれ（クラインマン）はそのとき鉄道顧問官になったばかりでしたよ。」

だが、結局クラインマンの更迭はヒトラーによって決定される。機関車や車輛の不足が解決されないかぎりは輸送難解決の責任はとりかねると明言するドルプミュラーの態度に、シュペーアは業をにやしていた。なお、シュペーアの実弟はこのころ、まさに東部戦線で一兵士として戦っていた（スターリングラード戦後、行方不明）。

クラインマンこそがライヒスバーンにおけるナチ系職員のリーダーであったが、シュペーア軍需相の権勢がいまや上回っていた。クラインマン処分は本人の辞任の形をとり、食堂車経営などを担当する外郭団体ミットローパのトップのポストが用意された。公邸にもそのまま住むことができていたが、三年後の敗戦ののちロシア赤軍によって逮捕され、拘留中に死亡している。

一九四二年五月、シュペーアの推挽により、アルベルト・ガンツェンミュラー（Albert Ganzenmüller 一九〇五～一九九六）が交通省次官に就任した。ガンツェンミュラーは当時の占領地域内ウクライナ中部ポルタヴァにあった鉄道総管理局の総監任務にあった。つい最近、総裁視察をむかえたばかりであった。

ヒトラーは、ドルプミュラーの専門的能力には尊敬の念を抱いていた。そのことはシュペーアに対しても隠さなかったが、この次官の交代人事についてはドルプミュラーには事前の相談をせず、いきなり既成事実の形で伝えた。ガンツェンミュラーだけを執務室に引見して次官に任命したのち、大本営の別室で待機していた交通大臣をはじめて会議に参加させて、これを告げたのである。不愉快だったにちがいないドルプミュラーは、シュペーアの前で黙ってそれを受けいれた。「大臣、新次官、そして私にとっても重苦しい瞬間だった」（品田豊治訳）とシュペーアは回想録に記している。

そのシュペーアは、交通省・ライヒスバーンの人事若返りをはかっていく。理事会メンバーにも引退がつづき、若手といえる職員がそれぞれ後釜に入った。そのうちのひとり、機器類買付担当オットー・プレス（Otto Pless 一九〇三～一九七八）は、敗戦直後のドルプミュラーによってほぼ唯一のこされたホロコーストへの言及を記憶することになる。

次官交代と同時に、交通大臣の権限はさらに大幅に減らされた。総統が直接任命する「海運担当国家委員」ポストが新設され、交通省の管轄が狭まった結果、ドルプミュラーは事実上「鉄道大臣」になった。

この四二年の春には、東部戦線の輸送状況は相当の回復をみせていた。ドルプミュラーが絶えず機関車と車輛の供給増をうったえた一方で、ヒトラーとシュペーアの前で楽観的な状況判断を開陳したことがあるのも、あながち保身のための安請け合いや嘘ではなかった。

このころ、ロシア革命以降事実上欧州から分離していたヨーロッパ・ロシア（欧露）を勢力圏においたことで、全欧州規模の鉄道網も構想されていた。高速化と輸送力強化に重点をおき、水資源の豊富な地域では電化を積極的にすすめ、木造車輌を駆逐して鋼鉄車・軽金属車を多数製造し、ライヒスバーンに範をとって同一平面での路線交差点を撤去する……といった新交通計画がうたわれた。たとえば四一年末にはルーマニアとの鉄道直通が成立している。鉄道以外にも、占領下のソ連領における自動車専用道路建設を進捗させるため、四二年二月には北ではリガ、南ではレンベルクに自動車道路計画事務所が新設された。またドナウ水路の整備や、ドイツ―デンマーク間の大規模架橋なども計画された。

もっとも、労働力と資材の不足から、陸運・水運における欧州の一元的交通ネットワークをめざす一連の大規模工事はやがて中止された。

広がりすぎた戦線においては、ドイツの生産力そのものの限界が露呈されてきた。東部戦線の戦略は資源獲得の意図が肥大突出し、錯綜をはじめる。

四二年六月末にはじまったスターリングラード攻防戦は、晩秋に入ると攻守が逆転し、年末には敗勢が明らかになった。戦闘の重要な局面では、しばしばドイツ軍の補給不足が決定的な要因となった。四三年一月末、ドイツ軍司令部が降伏。二月初めに全ての残存部隊の抵抗が終わった。陸軍総兵力の四分の一をここで失ったドイツは、東部戦線においてソ連に対し決定的な勝利をえる可能性をうしなった。

スターリングラードの敗北で、ドイツ自体の敗戦がほぼ決まった。同時代人の多くがそのように予感し、確信した。米英のみならず、まだドイツ占領下にあるヨーロッパの各地でも、ひそかに、あるいはなかば公然と「戦後社会」の構想がたてられはじめた。

ドイツ軍による最後の積極攻勢をはねかえしたソ連軍は、四三年秋から反攻に転じた。ドイツ軍の敗走がはじまった。ウクライナが奪還され、戦線が急速に西へ移動する。緒戦とは裏返しの構図で事態が再現されるかのようであった。つまり、ソ連軍の陸空での圧倒的な兵力による「電撃戦」的な攻撃の前に、ドイツ軍部隊はなすすべもなく各個撃破されるか、撤退を余儀なくされた。

撤退するドイツ軍では、追撃に利用されることを避けるため、野戦鉄道部隊が鉄道の施設を破壊していく。「線路挽き機」あるいは「鉄道鋤」とよばれる、撤退する部隊が乗る最後尾の車輌にとりつけ、列車の進行によって線路を破砕していく装置が活用された。戦地の鉄道員や強制労働に駆りだされた人びとの労苦の成果が簡単にこわされていった。ドルプミュラーが築いた「大ドイツ」鉄道網は、東から崩壊していったのである。

鉄道路線網とともにナチス・ドイツが破滅していくなか、一方でライヒスバーンは全欧規模で「死への列車」を粛々と運行していた。東方の絶滅収容所へのユダヤ人移送である。ドイツ鉄道史上、最悪のページが、ドルプミュラー総裁のライヒスバーンによって書かれていた。

第8章

「死への列車」をはしらせて

ユダヤ人移送の実行と敗戦直後の死

1942-1945

マリオン・ツァーリンスキイの場合

ベルリン育ち、十一歳の少女マリオン・ツァーリンスキイの、一九三九年七月四日付の日記の一節。

「朝七時に『フリードリヒ・シュトラーセ』駅〔ベルリン市東部の主要駅のひとつ〕につくと、パパとわたしは、すぐにSS将校に大きな待合室に連れていかれました。そこは子どもと親でごったがえしていました。

なかは消毒液の匂いで息ができないほどでした。壁は黒っぽい灰色で、外には明るい空がひろがっているのに（あらゆることにかかわらず、今日はいい天気だったのです）、待合室のほとんど全員が泣いていました。

（……）

私は泣かなかったし、パパも泣きませんでした。

『忘れるんじゃないよ、マリオン。』パパは言いました。『いちばんつらいのは、体の痛みではなくて、……』

パパの言葉はとぎれてしまいました。

いちばんつらい痛みはなにか、今よくわかります。自分を愛してくれる誰かと、周りがみんな泣き叫ぶなかで、別れなければならないことです。わたしのそばにいた小さい男の子はお母さんの上着にしがみついて叫んでいました。『ママ！　ママ！　ぼくをおうちにつれてかえって！　ぼく、おうちにかえりたい！　おねがい、おねがい、つれてかえって！』

（……）

『パパもわたしも、あなたをイギリスにやらなければいけないのは本当につらいのよ、マリオン――お人形ちゃん。でもこれがあなたにとって一番なの。できるようになったら、すぐに追いかけていくからね。』パパがわたしを駅に連れて行く前に、ママはこう言いました。

今朝、いつものようにわたしの髪をブラシでといてくれながら、こうも言いました。『あなたは、これを冒険だとおもわなくちゃ。休暇の滞在で、いつか私たちが一緒にふりかえってよろこべるような経験だとおもわなくちゃね。』

待合室でパパはわたしの手をぎゅっとにぎりました。わたしは昔パパの親指があった個所をなでました。」

親指がないのは、父ツァーリンスキイがかつて鉄十字章も得た歴戦の誇り高いドイツ軍将校だったからである。

そのとき、若い男が椅子から立ちあがり、お別れの時間だと告げた。男はドイツ・ユダヤ人評議会の役員である。両親が子どもをプラットホームまで連れていくのは禁止されているので、ここでお別れであるが、どうかご理解くださいといった。マリオンの父は「ツォーの駅を通るときに窓の外を見てごらん。」とささやいて去った。

二百人ほどの子どもたちの一団が乗るのは、通常の列車に連結された後ろのほうの車輌だった。特別列車ではなく、正規のダイヤ通りに運行されるものだったから、最初の停車駅はベルリンの西の玄関のひとつ「ツォー」こと「ツォーローギッシャーガルテン（動物園）」駅のはずだった。「フリードリヒ・シュトラーセ」からは地下鉄に六分乗れば先回りすることが可能で、最後の別れを惜しむ親たちはこの「ツォー」のプラットホームで待っていたのである。

マリオンが列車に走りよる父をみつけ、窓から身をのりだしてその頬に手をのばした。そのとき、SSの一団が父親にシェパード犬をけしかけ、他の親たちと同様に列車からひきはがした。マリオンはできるものなら窓から飛び降りて父のもとに駆けよりたかったが、列車は再び動きだしていた。それがこの世で父の姿をみた最後となった。

列車がベルリンを離れたところで、三歳ほどの迷子になったらしい男の子に食堂車でチョコ・アイスを買ってやったりしているうちに正午をまわり、ハノーファーではまた別の少数の子どもたちの一団が乗りこんできた。すでに国境が近い。

「ドイツとオランダの国境ベントハイムで、スピーカーからヒトラーを思い出させるおそろしい、大きな、がらがら声がしました。税関職員が乗りこんでくるというのです。

（……）

SS将校がわたしたちの車輛に乗りこんでくるのがみえました。わたしは座席で小さくなりました。

隣の席にいたブロンドのお団子髪の女の子は、SSを目にしたとたんに、泣きだしました。

（……）

プラットホームは、列車から放り投げられた小さなトランクで急にいっぱいになりました。いたるところで、中身が調べられるのです。

SS将校たちはわたしたちの衣類やおもちゃを掘りおこしました。そのあいだ、プラットホームをぶらついたり、笑ったり煙草をすったりする者もいました。

すると、コンパートメントの扉があきました。

（……）

背の高い、見た目感じのよい、ブロンドの、青い目をしたSSで、まだ若者でした。片手にムチを、もう片手にはカービン銃を持って、わたしたちの前に立ちました。

『立て、ユダヤの子ども！』とわめきました。

わたしたちは飛びあがって立ちました。

『旅券を！』

わたしはふるえる手で旅券をわたしました。

彼がそれを開くと、わたしには旅券のページがみえました。『J（ユダヤ）』のスタンプがおしてあり、八か月前にベルリンで撮った旅券用の写真のページです。』

図31　マリオン・ツァーリンスキイ（チャールズ）

まるで今の自分とは別人のようだ、と旅券用ポートレートの笑顔をみたマリオンはおもった。SS将校は無言で旅券にスタンプを押してかえした。彼が車室から出て行った後、子供たちは安堵のため息をついた。

出発した車窓の景色が、いかにもオランダらしくなってきたとき、ふたたびスピーカーから声がした。「ご乗車のみなさま、ただいまオランダ領内に入りました。」子供たちは歓声をあげた。ドイツを後にしたのだ。わたしたちは安全だ。そして、自由だ。

……以上はマリオン・チャールズ『わたしは幸運の子だった――児童移送によるナチス・ドイツからの脱出行』（二〇一三）からの引用である。当時の日記と、現代の少女を相手に語られる回想をおりまぜて構成された児童書である。

マリオンたちを乗せた列車はロッテルダムに到着し、そこでは「親切なオランダのご婦人たち」――現地のユダヤ人協会の人間であろう――によって、チーズ、果物やココアをふるまわれた。そこからヘックまで行き、夜十時に出港、北海をわたる船上のひととなる。明け方に英国エセックス州ハーウィックに到着。ここではお茶と白パン、リンゴにバナナがあたえられた。子どもたちの食べ物に対する執心は、日記の記述にもあらわれている。ツァーリンスキイ家はベルリンの高級住宅地ダーレム——住宅地の格としては、ドルプミュラーの公邸がある同じ市内南部のツェーレンドルフよりもやや上である——に屋敷をもつ裕福な家庭であったが、ユダヤ人子女に対する迫害は日常生活におよんでいたから、ココアやバナナは最近ではめったに口に入らなくなっていた。

ハーウィックでは医師による身体検査と税関審査をうけた。税関吏の制服姿にぎょっとしたが、あれはSSではないのだ、と自分に言い聞かせた。ここからまた鉄道でロンドンにむかうのである。

三等車なのにすべての座席に革張りのクッションがついていることに、マリオンは驚いている。ドイツでは三等車の座席は木のベンチか、せいぜい布張りだった。このあたりは、ドルプミュラーがつづけてきた大々的な設備投資も力のおよばぬところだったといえる。当時のドイツのひとりあたりGDPは英国のざっと六割から七割程度と推計されるが、インフラストラクチャーにあらわれる経済的蓄積の差はそれ以上に大きかったようである。

「生への列車」ユダヤ児童輸送

ナチス・ドイツからのユダヤ人の流出には、三〇年代においては大きくは二つないし三つの大きな波があったとされる（以下の記述は、木畑和子『ユダヤ人児童の亡命と東ドイツへの帰還』第一部に多くを負う）。

ヒトラー政権の樹立直後から、弾圧をのがれて共産主義者、社会主義者、労働組合指導者、ジャーナリスト、自由主義的知識人などが大量に脱出したが、そのなかにはユダヤ系の人々が多くふくまれていた。

だがドイツ国内で五十万人をこえるユダヤ教徒ないし改宗者をふくむユダヤ系の一般住民の大半にとっては、そうした政治的亡命はまだ他人事のように感じられたようである。ユダヤ系といっても、ユダヤ教信仰から離れていれば当時の支配的通念では「ユダヤ人」かどうかは曖昧なところがあり、当人もドイツ市民としての自己意識のほうがはるかに勝る場合が多かった。また、人種主義のみならず奇矯で過激な主張をくりかえしてきたヒトラー政権には、短命が予想された。それでも政権成立の最初の一九三三年だけで三万七、八千人のユダヤ人が国外に出たとの推計があるが、その後の流出者数は二万人程度で推移していた。

ところが三五年九月の「ニュルンベルク法」と補足的な施行令によって「ユダヤ人」の定義が人種主義的なものに規定されてしまうと、すべてのユダヤ系住民が「ユダヤ人」としてさしせまった危機を感じずにはいられなくなった。「ニュルンベルク法」は「ユダヤ人」を完全な公民権をもつ国民である「ライヒ市民」から除外する「ライヒ市民法」と、ユダヤ人とドイツ人との通婚や性的関係を禁止する「ドイツ人の血と名誉を守るための法律」という二法を総称したものである。ここでの「ユダヤ人」の定義を明確化するために、祖父母のうち二人以上がユダヤ教共同体に属していたかどうかで原則的に「ユダヤ人」とする施行令が、十一月に追加された。八十万人近くが「完全ユダヤ人」として「ドイツ人」とは区別され、公民権をうばわれることになった。三六年にベルリン・オリンピックの影響で、一時的に反ユダヤ主義の直接行動が政府によって抑制されたときには、ユダヤ人国外脱出は一時的におさまった。だが政府の追放政策がふたたび本格化すると、二万数千人台から上昇し、三八年中には三万人台に突入する。

ユダヤ人国外脱出の急増に拍車をかけたのは、なかば官製の大迫害行動、「帝国水晶の夜(Reichskristalnacht)」こと一九三八年十一月ポグロムである。十一月九日から十日の夜にかけて、一般住民を偽装したナチスの突撃隊員（ＳＡ）が中心になって全国でユダヤ教の寺院（シナゴーグ）やユダヤ人経営の商店・事務所、住居を襲撃し、多数のユダヤ人に暴行をくわえた。ユダヤ系ポーランド人青年によってパリのドイツ大使館員が殺害された事件がきっかけであった。警察と消防署は放火や略奪暴行を傍観し、逆に被害者であるユダヤ人を万単位で逮捕、数週間にわたり拘禁した。破壊されたユダヤ人の商店の砕け散ったガラスが水晶のように輝いた、と宣伝大臣ゲッベルスは気どった表現で「民族の一等の敵」への「蜂起」を美化してみせた。政権確立後、急速に後退していくナチズムの大衆運動的要素がここで暴発した側面もあった。具体的には、レーム粛清以後は政権の周辺に追いやられがちなナチスの古参闘士たちの憤懣が、暴力的な街頭運動のかたちでユダヤ人にむけられたという見方もある。その一方で、ヒトラー以下、ナチ政権の最高幹部たちの誘導や使嗾もそこにあったともいわれる。

百名の死者を出した身体への暴力や当局による拘引逮捕が、ドイツ国内にとどまるユダヤ人の運命を誰の目にもあからさまにした。三九年のユダヤ人国外流出者数は一気に七万五千人を超えた。

この最大かつ最後の脱出の波に乗りおくれてしまったドイツ・ユダヤ人には、大戦勃発によって自発的な脱出の機会は一層せばめられることになる。（大戦勃発後の一九四一年十月にユダヤ人出国禁止令がでるまでに、半数以上のユダヤ人が故郷を脱出したとされる。）

ライヒのユダヤ人からの「浄化」として、大戦前のナチ政府は、基本的になお国外退去を政策の基本にすえていた。だがユダヤ迫害の意図がいきすぎるあまり、自発的出国を制限するような措置も並行してとることになった。ユダヤ人に課した法外に高い出国税などがそれにあたる。もともと著名人でも裕福でもなく、そのうえ政策的に困窮化を強いられてきた市井のユダヤ人にとっては、安全な出国は困難になっていった。

受入国側の無関心や冷淡も大きな障害であった。ユダヤ人難民の受け入れは十九世紀のロシア・東欧のポグロムの時期以来、西欧諸国にとって頭を痛める材料に違いなかった。第一次世界大戦後のユダヤ難民の東欧からの流入は、すでに深刻な問題となっているところだった。一方、シオニストが望むパレスチナ移住に関しても、イギリス帝国としては中近東外交上のいきさつもあり、それほど好意的にはなれなかった。

しかし「水晶の夜」こと三八年十一月ポグロムのニュースの衝撃が、イギリスの世論を変えたのである。迫害されている子どもを救え、という人道的な立場からの声の高まりをうけ、月末にはイギリス外務省が児童の入国を認め、民間団体「難民児童運動」がユダヤ教・キリスト教の宗派の違いをこえ、児童移出の実施団体として設立された。児童移送「キンダートランスポート（Kindertransport）」の開始である。

三八年末から開戦の三九年秋まで、殺到する申込のなかから選ばれた、九千人ほどの児童がイギリスへの入国をはたした。大戦中にかろうじて実現した移送をふくめると、一万二千人ほどの児童が親元をはなれ、ナチス支配下からの脱出をはたしたとされる。

キンダートランスポートは通常四十名から五百名程度の団体を組んで、大半の場合、まず列車による国外への輸送がおこなわれた。ドイツの港からイギリスに直接出航すると、ユダヤ人親子の涙の離散がニュースとして目立ってしまうという、ナチ政府の国際世論への配慮からであったといわれる。たしかに、プラットホームでの見送りすら禁止されたことがあり、離別の光景の報道は国内でも極力制限された。汽車賃は両親が払うか、それが不可能な場合は援助する全国ユダヤ人団体が肩代わりした。児童の携帯できる荷物はスーツケース一個程度の最小限にとどめられた。

国境通過にあたっては通常の国境検査官ではなく、親衛隊が検査を担当した。それが最後までいやがらせに終始したことは、少女マリオンの経験したとおりであった。

オランダ国境をぬけることは容易ではなく、親衛隊のせいで列車がキンダートランスポートの一行を置き去りにして出発してしまうこともあった。付き添いの大人や関連団体の人びとの苦労は最後まで尽きなかった。

なお、子どもたちを苦労して安全な場所に送り届けた付き添いの大人は、決して自分がイギリスにとどまってはならないというのが、制度存続の条件とされた。彼らはユダヤ人弾圧がますます激化するドイツに帰還しなければならなかった。また、移送児童はあくまで労働移民であってはならないとされたから、職業訓練ですら当初は制限された。

キンダートランスポートの実行には、こうした英独双方の思惑にくわえて、ユダヤ人社会内部にもとからあった分裂や考えの違いも交錯した。たとえば、厳格なユダヤ教信仰をたもっていたユダヤ人子弟をイギリスのキリスト教徒の里親にあずけてよいものかどうか、といった切実な問題がある。子どもたちはみな、膨大な量の申請者の中から選出されて安全を手に入れることができたのだが、その後の運命はこうした事情にも左右され、決して一様ではなかった。イギリスでは、さまざまな階層の里親にばら

図32　ベルリン「フリードリヒ・シュトラーセ」駅前のフランク・マイスター作「生への列車・死への列車」

ばらにあずけられていった大半の子どもたちのほかに、ユダヤ共同体の監督下で集団生活をおこなった者もいた。きわめてつらいものだったと、それを否定的に回顧するひとりに、のちの経済史家シドニー・ポラード（Sidney Pollard　一九二五〜一九九八）がいる。二十世紀初め以来、故国をおわれつづけたユダヤ人ポラーク家の息子であったポラードは、その後イギリスでまなび、欧米各地の大学で研究をつづけた。工業化の単位になったのは国民国家ではなく国境とはほぼ無関係な個々の地域だと主張する学説でも、一時代をきずく。

　キンダートランスポート研究はその実施から半世紀をへた一九八九年以降にようやく活性化したが、それまではこの事業自体があまり知られることがなかった。規模がかぎられていたこと、それぞれの児童の体験があまりに多様で概括化や一般化が困難であったこともあったが、なによりも大戦中に親族を喪失した児童本人たちが、ひとり生き残ったという罪の意識から、自分の体験を語り残すことに消極的であったためだといわれる。

　時間の経過とともに回顧と再評価がはじまり、その影響で二十一世紀に入るとキンダートランスポートの記念碑がイギリスとドイツ（あわせてポーランド）に建てられた。

　みずからもキンダートランスポートによってイギリスにわたった一九二九年生まれの彫刻家フラン

ク・マイスラーによる「キンダートランスポート　到着」のブロンズ像は、イギリスでは二〇〇六年に「リヴァプール・ストリート」駅前にすえられた。通学かばんを背負い、あるいはぬいぐるみを抱え、荷物を地面においた五人の子供たちが到着したばかりの姿をえがくものである。上記のマリオンもまた、ほぼ同じような格好でこの駅に降りたち、はじめて会う里親が迎えにやってくるのをひとり待った。

ベルリン東部の中心、「フリードリヒ・シュトラーセ」駅前には、二〇〇八年、これの対になるブロンズ像がすえられている。こちらのほうには、ドイツを出発し、やがて「リヴァプール・ストリート」駅に到着するだろう学童たちと背中合わせに立つ、運命を異にした子供たちの姿がある。同じマイスラー作のこのブロンズ像のモニュメントは、「生への列車・死への列車」と名づけられた。ライヒスバーンすなわちドイツの鉄道が、キンダートランスポートのための列車を出すとともに、子どもたちを含む多くのユダヤ人を東方のゲットーや収容所に移送したこと、すなわち「(ユダヤ人)デポルタツィオーン」を記憶するためであった。

「ユダヤ人は食堂車使用を禁ずる」

ライヒスバーンの、デポルタツィオーン遂行にいたる道をまず振り返っておかなければならない。時期はナチ政権の初期にさかのぼる。

一九三五年九月の「ニュルンベルク法」制定によって、ライヒスバーンやライヒ交通省も対応をせまられた。ナチが喧伝していたように科学的にユダヤ「人種」を定義することなどは不可能なので、ニュルンベルク法とその追加の施行令は結局、祖父母の代以前のユダヤ教信仰を基準に「人種」を決めるしかないものだったが、法は法であった。それまでライヒスバーンはユダヤ系職員の解職・追放にはそれほど積極的ではなかったが、ナチのいう「ユダヤ人」の法的規定の曖昧さを楯にとることはもう不可能になったのである。ドルプミュラー総裁名義で、ユダヤ人職員は三五年大晦日までにすべて退職すべきことが布告された。ただし第一次世界大戦の前線で戦ったユダヤ人は、本来の定年にあたる年齢まで所定額の年金があたえられることになっていた。だが三八年以降、この年金額も縮減されていく。

すでにニュルンベルク党大会の前からヴィルヘルム・フリック内務大臣は、社会のあらゆる分野で反ユダヤ的施策がとられるべきだと呼号した。これに対して、ニュルンベルク法公布直前の三五年八月三十日、エルツ＝リューベナハ交通大臣は次のようにライヒスバーンに通告している。

「ライヒスバーン本社からの問い合わせに対し、私は以下の決定を通知した。ユダヤ人による公共交通機関およびそれに付随する諸施設（駅構内食堂および駅売店）の利用が法的に禁止されない限り、人種と国籍の違いにかかわらず、すべての乗客に対して所定の施設を開かれたものにするように、私は極力つとめたい所存である、と。」

エルツ＝リューベナハが大臣在任中の一九三六年いっぱい、ライヒ交通省はナチから出てくる輸送現場における反ユダヤ的施策の要求をこうしてかわしてきた。人道的な考えだけではなく、そうした差別的な施策には会社と旅客との契約という法的な問題が生じることが、法的秩序を重んじる官僚組織では気にされたという一面もある。

三七年一月にエルツ＝リューベナハが更迭され、二月にドルプミュラーが後継の交通相に就任（ライヒスバーン総裁と兼職）すると、交通省・ライヒスバーンの姿勢は変わった。

この年、ライヒスバーン職員は一九二〇年以来十七年ぶりに再び名実ともに国家官吏・公務員となった。組織内部での人種主義的政策の一層の締め付けがおこなわれる。個人生活での反ユダヤ主義徹底の義務化であり、ユダヤ人との婚姻禁止、ユダヤ人商店での買い物禁止やユダヤ人との交際自粛などが通達された。また、ユダヤ人職員の年金支払い停止と同時に、ついに公共交通機関としての鉄道のサービスについても、ユダヤ人への差別・迫害が制度化されていく。

右にあげた、乗客との契約という法的な問題はどこへ行ったのか――というのは、ナチ体制の国家としての本質的評価にもかかわる重要な問いになりうるだろう。法治主義と無法な独裁統治が二重写しになった特異な二重国家体制をそこに見るか、あるいは、あらゆる無法や非人道的な行為をも合法化した法治国家の極北だったと考えるべきか。

だがここでは、第二次大戦勃発までの、ライヒスバーンにおける反ユダヤ的施策を挙げるだけにとどめたい。それらは以下のようなものであった。

一九三八年五月、ユダヤ人家庭に対しては子どもの多い家族向けの運賃割引制度を適用しないことを決めた。三九年二月には、ユダヤ系専門学校生は学割をつかえなくなった。

一九三八年十一月以降、ライヒスバーンはユダヤ人の強制移送にはじめて手をそめ、ＳＳのハインリヒ・ヒムラーとラインハルト・ハイドリヒの命令で、ユダヤ系ポーランド人を当時の独ポ国境まで移送している（規模等詳細は未詳）。この追放沙汰に憤激したポーランド系ユダヤ人の一青年が、パリのドイツ大使館で外交官を射殺し、「帝国水晶の夜」こと三八年十一月ポグロムの口実に使われたのであった。またこのとき、ドイツ、旧オーストリアのユダヤ人をブーヘンヴァルト、ダッハウ等の強制収容所に移送している。ただし「水晶の夜」直後の十一月十二日にゲーリングが招集した「ユダヤ人問題に関する話し合い」では、「鉄道によるユダヤ人の輸送」も議題にのぼっているものの、ドルプミュラーやクラインマンら交通省の上層部がこの会合になんらかの形で参加したという記録は残っていないようである。

十一月ポグロム以降ユダヤ人の国外退去が増えるとともに、高価な物品の持ち出しの制限も強化された。ユダヤ人の出国にさいしては、従来の国境警察と税関吏による荷物検査のほか、ライヒスバーン職員も、持ち出し荷物のチェックをおこなうことにした。

帝国宣伝大臣ヨーゼフ・ゲッベルスは、ユダヤ人の寝台車、食堂車などの施設利用の制限をのぞみ、エルツ＝リューベナハ時代の無差別方針の撤回をドルプミュラーの交通省にせまった。こうした処置の法律的な可能性の有無について、あらためて省内で議論が重ねられる。その結果、一九三九年二月二十三日、交通大臣・ライヒスバーン総裁の名でミットローパ（食堂車経営の外郭団体）やライゼビューローに対して、ドイツ国籍または無国籍ユダヤ人の寝台車、食堂車の使用禁止が通告された。

全国ユダヤ人評議会にこの通告は内示されたが、どうしてもその徹底が困難なのは最初からわかっていた。まだ黄色い星型のユダヤ人徽章をつける義務がなかったので、ユダヤ人客を見わけるのは難しかったのである。移動のさいの「星」佩用を義務化したのは、四一年九月である。この三九年七月の児童輸送のさいに、まだ列車がドイツ国内にいるのに少女マリオンが迷子の幼児に食堂車でアイスクリームを買ってやれたのも、こうした不徹底の一実例だろう。

実効性にこのように疑問がある措置が真剣に討議されたことからは、戦前のドイツ・ライヒの反ユダヤ政策の不合理が露わになる。一連の迫害的措置は、冷徹な計算にもとづき首尾一貫したというより、恣意的に乱発されたといえよう。

戦前のこの時にはまだ「ユダヤ人問題の最終的解決（Endlösung）」とはユダヤ人の国外への強制的総退去を意味していたから、ドイツ社会のあらゆる場所でユダヤ人をいじめ、どこかへ追いやることが（少なくとも当面の）目的とされた。それ以上にナチ幹部や党員、その周辺の積極的追随者にとっては、ユダヤ人への迫害を同僚と競いあうのが主眼になっていた。たとえば上でみたように、三八年十一月ポグロム以降の時期、ゲッベルスとゲーリングも「ユダヤ人問題」の主導権をあらそっている。民族共同体の「敵」に対して絶えず「闘争」をつづけ、その闘争ぶりをライバルと競い合う多数の権力機関の角逐こそが、ナチス・ドイツの権力構造の特徴――「組織のジャングル」「機構的アナーキー」であった。

それにつきあわされる形のドルプミュラーなどは、内心で辟易していただろう。ドルプミュラーのライヒスバーンでは、四一年になるまでは、ユダヤ人の鉄道利用の全面的制限には踏みこんでいない。右のように、抜け道の多い不徹底な施策にあえてとどめていた気配がある。だが無論のこと、ユダヤ人として迫害される当人たちは、ドルプミュラーがそうしたであろうように、やれやれと肩でもこっそりすくめてみせ、内輪で愚痴めいた冗談を飛ばすだけでは済まなかったのである。

迫害者はしばしばユダヤ人の資産をねらい、生活の糧をうばいとった。この強奪こそが、個々の迫害者の主要な動機となったとする見方もある。

ライヒスバーンも、反ユダヤ主義によって直接、経済的利得をえていた。一九三四年にはヴォス通りの本社周辺の土地をデパートで有名なユダヤ系のヴェルトハイム家から安く購入できたし、その後も線路・施設周辺のユダヤ人所有地を合法的に破格の値段で買いたたいている。ユダヤ人迫害は、その資産を略奪・没収する側に回った人間にとっては、決して不合理でも非経済でもなかった。また、ライヒスバーンの後継的な公企業であった西ドイツ国鉄・ブンデスバーンや東西ドイツ統一後の株式会社ドイツ鉄道（DB）が、それら強奪的にえた資産を戦後すべて返還したわけでもないのである。

（ライヒスバーンに限らず広範におこなわれたユダヤ人資産の没収は、戦後には返還・賠償問題や所有関係の混乱という事態をまねいた。とくにはるか後年の一九九〇年代、東西ドイツ再統一後には、旧東独地域への再開発投資の阻害要因にもなろうとは、ナチ期三〇～四〇年代には誰も想像できないことだった。東独社会主義体制の崩壊後、もとの国営企業や国有不動産への投資を呼びかけられても、内外の投資家は二の足をふんだ。社会主義時代の国有化による私有財産の没収にあった持ち主と、それよりも前のナチス・ドイツ時代以前の元の持ち主であったユダヤ人とが同時に、本来の所有権を主張して名乗りをあげてくるという、買い手にはたまったものではない事態が頻発したからである。）

独ソ戦の開始とともに、ライヒスバーンはユダヤ人に対する交通機関利用時の差別を徹底していく。一九四一年九月十八日交通省令では、ユダヤ人乗客に対して次のことが決められた。指定されたゲマインデ（市町村などの地域行政単位）外への移動の警察による許可制、ゲマインデ内移動におけるタクシー・ハイヤー利用の警察による許可制、寝台車・食堂車・行楽列車の利用禁止、トラム・乗合バス・フェリーなど船舶・近距離鉄道の利用制限、鉄道における三等車またはそれ以外の乗り物での最下等席の利用義務、車内における着席の制限、……。

こうした戦前以来のライヒスバーンによる組織内外への反ユダヤ主義的施策と、第二次世界大戦勃発以降、とりわけ独ソ戦開始以降のホロコーストへの加担とのあいだには、例にたがわず、連続と断絶の二つの側面があるのはあきらかであった。

ホロコーストやその起源について研究者間に「意図派」と「機能派（構造派）」の立場の大きな違いがあったことが、ここで思いだされる。ホロコースト史家ストーンの整理によれば、前者はナチス、ヒトラーの一貫した迫害の意図の延長線上に大量虐殺の必然性をみるが、後者はこれを批判してホロコーストに至るまでの道は「ねじれて」おり、計画性を欠いた「累積的急進化」（H・モムゼン）が社会や国家機関のなかで生じたと主張した。現在も両派の論争は続いているが、東欧において実証的調査が進展したことの影響も大きい。ホロコーストに複数の原因と複雑な背景があることで両派の認識は一致したが、ナチスの反ユダヤ・イデオロギーがその最大の要因であったといえるかどうかが、重大な論点となっている。

ライヒスバーンにおいて、反ユダヤ主義的施策や制度は、ナチ政府の命令ではじめられるや時間とともに累積増加する一方であり、緩和や後退は一切なかった。たとえばユダヤ人の財産権の侵害や収奪は、大戦勃発後のユダヤ人の強制労働への投入に脈絡上、直結するといえる。ライヒスバーンでも、退社したユダヤ人元社員への年金額の削減はついに支給停止に至り、その結果、生計の資をうしなったユダヤ人がやむなく最低レベルの賃金で現場の重労働に駆り出されるようになった。やがて大戦末期には強制収容所からの労働力供出がおこなわれるが、ここにはたしかにひとつながりの段階的な拡大と過激化があった。

また、強制移送の実際を担当するという鉄道業の役割は一定したもので、戦前からそれは徐々にはじめられていた。

当事者の心理的な面をかんがえても、ドイツのユダヤ系市民迫害の開始と数年がかりのエスカレーションがなければ、交通省幹部にせよ現場の鉄道員にせよ、絶滅収容所への大規模移送に対してはもう少し抵抗感をもっていたかもしれない。それにより、実行にさいしてなにかもう少し摩擦がありえたかもしれないのである。

しかしまた一方で、ナチス・ドイツにおけるユダヤ人政策に――大野英二『ナチズムとユダヤ人問題』の整理と指摘にみられるように――「①『ユダヤ人』の概念規定　②排除・収奪　③移動・集中　④絶滅」という一貫した路線が存在したわけではないのと同様に、ドルプミュラーとライヒスバーンの反ユダヤ主義的施策にも当初から一貫したプログラムを見出すことはできない。

反ユダヤ主義について、ドルプミュラー総裁以下のライヒスバーンは、組織全体としては基本的に受け身で場当たり主義的な対応に終始した。結果的には組織内外のユダヤ人への迫害をかさねたが、輸送という鉄道業本来の業務によって大量虐殺への直接的関与を大々的におこなうには、やはり第二次世界大戦勃発という契機がまず必要であった。

そして関与がさらに積極性を増した画期といえるのは、独ソ戦とその退勢の時期である。すなわちライヒスバーンという組織としては、ナンバー・ツーの存在である交通省次官・ライヒスバーン副総裁のすげ替えがおこなわれてからであった。

そして新しい次官には、「最終的解決」決定という新事態に、単に黙って従っただけではないふしがあった。

アルベルト・ガンツェンミュラー

独ソ戦の長期化と敗勢があきらかになりはじめた一九四二年五月、三十七歳のアルベルト・ガンツェンミュラーが六十五歳のクラインマンにかわり、七十三歳になろうとするドルプミュラー交通相・ライヒスバーン総裁につぐナンバー・ツーである次官となった。

図33　アルベルト・ガンツェンミュラー（中央）

ガンツェンミュラーもまた技師出身である。バイエルン州パッサウ生まれ。実科ギムナジウムをへてミュンヘンで機械工学をまなび、二八年の実習勤務以来ライヒスバーンに勤務していた。十八歳で「ヒトラー一揆（ミュンヘン一揆）」（二三年）に参加した活動歴をほこる「古参闘士（Alter Kämpfer）」であった。ナチ党への正式入党は三一年。突撃隊（ＳＡ）に属し、党の技術部門で若きヴェテラン同志としてあつかわれた。ただしそのころの妻の眼からはさほど熱狂的なナチでもなく、それよりも仕事に熱心な野心家というべきであったという。ミュンヘンでの技術研究を中心とする勤務をつづけ、鉄道顧問官になった三四年には、ブレスラウ工科大学から学位も取得している。三五年の「ドイツ鉄道百周年」記念事業では、総統に対する電気機関車のご案内という役をえている。技官としての職務は高く評価され、SAでも一九四〇年には突撃隊大佐にまで昇っている。二人の子どもをもうけた最初の妻との離婚のころ、第二次世界大戦がおこる。
一九四〇年六月には志願して西部戦線におもむき、占領地フランスでの電化路線の復旧に貢献した。ついで東部戦線で鉄道業務につき、ウクライナ・ポルトヴァ鉄道総管理局で、ドイツ軍占領下ソ連南部における軍事輸送停滞の解決に尽力した。この功績はトット機関（トットが創設した、おもに軍事的建設を担当した組織）の一員でユダヤ人虐殺の特別任務部隊・アインザッツグルッペンの指揮官のひとりであるヴァルター・ブルクマン（Walter Brugmann 一八八七〜一九四四）の目にとまったが、ブルクマンは新軍需大臣シュペーアの友人であった。ここでガンツェンミュラーの運がひらく。シュペーアはガンツェンミュラーの名を「前年（四一年）の冬、ミンスクからスモンレスクまでの破壊された鉄道を復旧した人物」と記憶する。
四二年六月、ライヒスバーンの庁内紙において、前月就任した交通省新次官ガンツェンミュラーは次のようにのべている。

「冬季の東部戦線で私はみずから経験しましたが、ドイツの鉄道人は不可能を可能にする境地にあります。（……）総統はかれのドイツ鉄道人に大いなる信をおかれています。」

同年輩のシュペーアによる交通省次官への抜擢は、ドルプミュラーの後継者選出という意味をあきらかにもっていた。ヒトラーお気に入りの軍需大臣の意をうけたガンツェンミュラーは四二年初夏以降、みずからの手でもライヒスバーンと交通省の高官の若返りをおしすすめた。主要なポストは四十代そこそこからせいぜい五十代までのナチ党員でかためられていく。

一九四二年六月二十六日、次官就任挨拶の訪問として、ガンツェンミュラーはクラカウにむかった。そこではポーランド総督ハンス・フランク（Hans Frank　一九〇〇～一九四六）の副官ヨーゼフ・ビューラー（Josef Bühler　一九〇四～一九四八）と会見し、ゲットーからのユダヤ人の鉄道によるスムーズな移送を依頼されている。

すでにポーランドにはベウジェッツ、ソビボルの絶滅収容所が完成していた。七月にはワルシャワ地区マルキニア近郊にトレブリンカ収容所が完成し、ポーランドのゲットーの撤去をくわだてる「ラインハルト計画」が本格的にうごきだした。一九四二年六月には軍事輸送を優先するためにユダヤ人の大量移送はいったん中絶し、数十人単位の小規模輸送にとどまっていたが、そのなかでも一列車千人以上規模の輸送の再開は関係者の念頭におかれていた。

一九四二年七月十六日、ガンツェンミュラーはＳＳにおけるヒムラーの幕僚であったカール・ヴォルフ（Karl Wolf　一九〇〇～一九八四）親衛隊大将から電話による連絡をうけた。ヴォルフはソビボル強制収容所への移送が路線の不具合から停滞していることへの処置をもとめた。この夏、ガンツェンミュラーとヴォルフとのあいだに連絡がかわされる。

七月二十八日、ガンツェンミュラーは交通省次官・ライヒスバーン副総裁個人のレターヘッド（「博士・エンジニア　ガンツェンミュラー」）のついた用紙でヴォルフに手紙を送った。それは二十二日以来、毎日五

図34　ウクライナからの住民の列車による移送（デポルタツィオーンか）

千人のユダヤ人を運ぶ列車をワルシャワから代替的な路線ルートでこれも代替的な目的地であったトレブリンカまで運行できていること、さらにこのほかに週二回、同じく五千人のユダヤ人をプシェムィシル（南東ポーランド）からベウジェッツに移送していることを報告するものであった。手紙をうけとったヴォルフはガンツェンミュラーに八月十三日付けで総統大本営から返信し、大変喜ばしいことだと書いている。

ライヒスバーンの首脳が絶滅収容所へのユダヤ人移送をヒムラーから請け負ったことが、ここに明白になる。総督管区内のユダヤ人・ポーランド人などの特別列車での移送については、形式上は総督府直轄の東部鉄道の鉄道管区がこれを計画実行し、ライヒ交通省・ライヒスバーンの直接関与はない形になっていた。このガンツェンミュラーとヴォルフのあいだでの交渉にもとづき、東部の絶滅収容所への特別列車によるユダヤ人移送を、ライヒスバーンとしてすすめることになった。

四三年半ばまでに五百本をゆうに超える特別列車が増発され、トレブリンカ、ソビボル、ベウジェッツの三つの絶滅収容所にあわせて百五十万人のポーランド系ユダヤ人が送りこまれ、大半が殺害された。

アウシュヴィッツ絶滅収容所には最も多くの国や地域から犠牲者があつめられたため、ホロコーストの象徴のように見られてきた。この一大収容所群へのドイツ・ライヒからの大量移送が開始されたのは、この間、一九四二年十月である。ヨーロッパ各国からのユダヤ人移送はすでにはじまっていた。移送された者に対しては、オシフェンチムの貨車プラットホーム（四四年以降は、アウシュヴィッツ収容所群の一角をなすビルケナウ収容所の鉄道引き込み路線）で列車を降りてすぐに、おもに使役の可能性によって選別がおこなわれた。労働不能とみなされた多数のユダヤ人は、その多くが子どもや女性、老人であったが、ただちに殺された。

一九四二年十二月、ガンツェンミュラーはドイツ警察長官ハインリヒ・ヒムラー宛にユダヤ人移送の現況を統計報告のかたちでおくったが、これに対して時をおかず（四三年一月二十日）ヒムラーから返信がある。ヒムラーはそのなかで総督管区、東プロイセンやロシアからユダヤ人を一掃するとの考えをのべ、そのためにはユダヤ人移送がさらに必要であるので協力されたいとした。

「案件をすみやかに片づけようとすると、私にはもっと多くの輸送車輛がなければなりません。（……）手を貸してください。そしてもっと多くの車輛を私に調達してください。」

ヒムラーはユダヤ人に総督府や東部占領地域における鉄道破壊行為の責任があると決めつけ、その一掃で鉄道運行にとっても事態が好転するとした。つまり、ユダヤ人を移送する車輛を割りあてることはライヒスバーンすなわちガンツェンミュラー自身のためにもなるのだ、と指摘するのである。

ガンツェンミュラーがヒムラーの要請にこたえて何か特別の手をうったのかどうかは、不明である。だが、ユダヤ人移送・デポルタツィオーンにおけるガンツェンミュラー次官の存在の大きさは、このヒムラーとの直接のやり取りの存在でもわかる。ヴォルフとは通常の官庁のカウンターパート間のやり取りであり、また年齢も党内階級も近い気心の知れた生粋の党員同士ということでもあった。だが、親衛隊トップのヒムラーへの直接報告や親書をうけとっている点では、交通相・ライヒスバーン総裁ドルプミュラーの頭越しという感もないではない。

このことは、ドルプミュラーのデポルタツィオーンにおける責任を問う後世の議論にも影をおとす。はたしてドルプミュラーはホロコーストに直結するユダヤ人大量移送について、何を、どの程度まで認識していたのか——が、責任論をめぐって浮かびあがることは、やはり避けがたい。一九八〇年代以降の、いわゆる「ドルプミュラー論争」の焦点がここにある。

ガンツェンミュラーと「ドルプミュラー論争」

ガンツェンミュラーとヒムラーのこの手紙でのやりとりから二年半ほどのちのこと。第二次世界大戦終結直後のドルプミュラーはパリの連合軍司令部に呼びだされ、ライヒスバーン末期の機器買付部門担当重役（理事）オットー・プレスなど何人かの部下とともに、短期間を連合軍キャンプ（ル・シェネ）ですごした。

ここで崩壊したばかりのナチ体制下のユダヤ人大虐殺が話題になったが、三〇年以来のナチ党員で戦時中はSS秘密情報部にも入っていたプレスにたいして、ドルプミュラーはこう言ったという。

「言ってくれたまえよ、プレスくん。あれについて知っていたかね？　私は知らなかった。」

そんなはずはなかろう、というのが後世の見解のおおかた一致するところである。このドルプミュラーの発言は、戦後（一九六七年）のプレスへの裁判所での尋問で表にでたもの。『ホロコースト・ジェノサイド研究』誌に掲載されたミーアゼジェウスキイの論文「大量殺戮をサービスする公共企業」の冒頭に、きわめて批判的なニュアンスで引用されている。

ドルプミュラーが交通相・ライヒスバーン総裁としてデポルタツィオーンを直接命令したというような、文書的証拠や証言はない。しかし、ドルプミュラーはじめ当時のライヒスバーン首脳陣はホロコーストの実態をまったく知らず、したがってたとえ輸送実務での関与があったとしても責任からまぬがれるという主張はおおかたの支持をえていない。それは捏造された「神話」だと否定するミーアゼジェウスキイの論稿の結論は、ドルプミュラーたちが大虐殺の事実を知っていながら知らないふりをし、ユダヤ人という他人の運命に無関心をとおしたというものであった。

ライヒスバーンの人間は首脳陣から現場で移送に従事した鉄道員もふくめて、みずからの倫理観をテストされ、そして皆落第したのだ――と、論文の結語においてミーアゼジェウスキイは、ドルプミュラーたち鉄道人の道義的責任を問う。このことの正しさは、ゆるがないだろう。今後、たとえ多少の事実関係の異同が解明されることがあったところで、本質にはあまり関係がないことである。

したがって私たちの課題は、なぜドルプミュラーがそのような無視や無関心におちいったのか、その理由をさぐることになるだろう。こうした個人の内面にかかわる問題を確定できる決定的な事実が発見される可能性は低いが、いま少し、当時の状況に即してたしかめてみなければならない。

そこでまず、独ソ戦におけるライヒスバーンへの責任追及の結果として抜擢されたガンツェンミュラーという存在にあらためて注意をはらっておきたい。もちろん、大臣・総裁ではなく次官のガンツェンミュラーが交通省・ライヒスバーンを代表して親衛隊との交渉にあたったことを、この件へのドルプミュラー無関与説の根拠にすることはできない。そうではなく、ガンツェンミュラーの意図が、ドルプミュラーの考えと態度にも影響をあたえていたのではないか、と推察できるのである。

四一年中に勝利でおわらせることができなかった独ソ戦は、四二年に入っても事態打開のきっかけをつかめぬまま、晩秋にはついにスターリングラードの戦いでの攻守逆転にいたる。国防軍は失敗をつづけ、不本意を重ねていた。そのなかにあって、ナチス・ドイツの戦争指導者とその部下たちに、倒錯した観念が浮上する。

すなわち、このソ連との戦いはそもそも単なる国家間の戦争ではなく、「人種戦争」であり「ユダヤ・ボルシェヴィズムとの闘争」であるならば――そのように最初からヒトラーは呼号していたが――、戦場での不振をおぎなって余りあるのは、「ユダヤ人との戦争」に勝つことではないか。要するに大ドイツ・ライヒや占領地のユダヤ人や劣等人種をより多く抹殺することは、戦争目的の完遂であり、その意味で戦勝のあくなき追求なのである。

もしも戦争も合理的な国家運営の範疇にありうるとすれば、その観点からも不合理な、観念上の逃避とも履き違えともいわざるをえないものだろう。だが、不合理なイデオロギーが基盤となるナチ体制のなかでは、こうした本末転倒こそが個々人にとって合理的な行動となった。ホロコーストの加速と大規模化が四二年にはじまり、はっきりとドイツ敗北が予感される四三年にもさらに急激になり、戦略・戦術的必要性の欠如とあらゆる物理的障害にもかかわらず敗戦の直前まで執拗につづけられたことは、この点から説明できる。

その意味ではある時期からは、ホロコーストを主導する親衛隊だけが、ドイツ軍における常勝部隊なのであった。となれば親衛隊トップであるヒムラーこそが唯一の常勝将軍であり、敗勢濃いドイツ・ライヒにおいて業績をあげつづけている最も有能な高官だということになる。現実のヒムラーに軍司令官としての能力がほぼ皆無であったことは、戦争末期・一九四五年はじめの東部戦線における軍集団に対する素人そのものの指揮で暴露された。しかしこの事実も、総統独裁下の多頭制的統治で有力者が功をあらそうナチス・ドイツの統治機構においては、最後まで大きな問題とはならなかったのであった。

ドルプミュラーの後継者と目されるガンツェンミュラーは、「ユダヤ人に対する勝利」の功績にライヒスバーンがあずかる部分を、わが物にしたかったのではないか。そのために、独ソ戦の敗勢が深まる一方で台頭をつづけるヒムラー・SSとの交渉を自分の掌中にとどめ、その実行についてもドルプミュラーに少なくとも文書や第三者の証言にのこる形での報告をあげたり裁可を求めようとはしなかったとも考えられる。そこには、デポルタツィオーンの成功を、組織トップのドルプミュラーではなく、次官である自分の業績として確保する意味があった。

それはいずれ来るべき交通相・ライヒスバーン総裁への昇進に不可欠のものだと思えたのだろう。ガンツェンミュラーは鉄道人として、輝かしい業績をもつ先達であるドルプミュラーを尊敬していたらしい。だが、というべきか、そのため、というべきか、将来そのポストを襲うにあたっては、かれに匹敵する業績（?）をつくっておきたかったのではないか。

もともと、四二年五月のガンツェンミュラー就任時に、ドルプミュラーは交通相辞職と引退に追いこまれてもおかしくなかった。シュペーアの意図に反してそれが実現しなかったのは、ゲーリングとの交友関係にかれがすくわれたからであったとされている。ゲーリングとドルプミュラーは、ともに派手な宴席をこのむ大酒家としても意気投合するところがあったらしい。

これを裏返せば、交通省最首脳部の人事は、すでにナチ党内の有力者の力関係によって決定されるようになっていた。ガンツェンミュラーがドイツの鉄道人としてのキャリアの頂点に一気に駆けあがるためには、ただ現職が死ぬのを待っていればいいというばかりではなかった。シュペーア、ヒムラーといった、ナチス・ドイツが頽勢に転じたこの時期の出世株を後ろ盾にしておく必要があったのである。

特別列車の運行は、本数や運賃収入といった規模からいってライヒスバーンにとって不可欠の基幹的事業というものでは全くなかった。それどころか、東部戦線における逼迫気味の軍事輸送にとっては小なりといえどもマイナスの意味しかもたないものである。にもかかわらず、ガンツェンミュラー個人にとっては、国策への盲従以上の意義をおそらくもったのである。

特筆すべきことに、ガンツェンミュラーは、ユダヤ人移送に手を染めていることに当時から後悔の念をいだいていたという。当時のかれの秘書が一九六〇年代の裁判にあたって証言したところによると、一九四三年のあるときガンツェンミュラーは収容所に移送されたユダヤ人に言及し、「デポルタツィオーンに列車をつかうくらいならば、前線から兵士を家に帰してやる方がまだマシだ」と漏らした。ライヒスバーンを代表してデポルタツィオーンを推しすすめる立場を、決して愉快なものとはおもわず、この仕事への疑問すら口にしたという。

一方、ドルプミュラーは、次官がデポルタツィオーンという仕事をかかえこんでくれたおかげをこうむったといえるのではないか。つまりかれは、組織の長として公的な報告をはっきりした形で上げられていない以上、ユダヤ人の大量殺戮現場への移送というライヒスバーンが請け負った（規模自体は小さな）事業について、知らないのだということができた。かれは鉄道のユダヤ人大虐殺への加担について、おそらく、かなりはっきりと気づいていた。また、立場上知ろうとすればどこまでも正確に知ることができたはずだ。だが、そんなことは知りたくないから知らないでいることができたのである。

もとのライヒスバーン関係者ではただ一人ガンツェンミュラーが、ホロコーストへの加担について戦後、一九六〇年代もおわってからの西ドイツ（当時）で訴追されることになったが、そこでは故人であるドルプミュラー交通相・ライヒスバーン総裁ら他の首脳陣の関与についても当然、調査がおよんだ。被告ガンツェンミュラーは一貫して、交通省はホロコーストの実態について一切知らなかったと主張したが、これはかれ自身についてはヴォルフ、ヒムラーとのデポルタツィオーン交渉の記録や関係者の証言によってくつがえっている。

一方、ドルプミュラーについては、当時の個人助手の証言がある。それによれば、ドルプミュラーは一度強制収容所の視察にさそわれたが、断ったのだという。そのとき、こういったとされる。

「そこでユダヤ人の友人たちに会ってしまったら、つらいことだろうから。」

ところが、実際にはドルプミュラーはアウシュヴィッツを視察訪問したことがあったという。ミーアゼジェウスキイの上記論稿によれば、一九四四年後半に特別列車で朝八時にアウシュヴィッツ駅に到着し、強制収容所に隣接した化学メーカー・IGファルベンのゴム工場と鉄道施設を見学した。そして正午にはアウシュヴィッツ駅を出発して帰路についた。ビルケナウ収容所の鉄道引き込み路線はなぜか視察していないが、工場内の強制労働は目にしたはずであり、アウシュヴィッツ駅はビルケナウ収容所から一マイルも離れていなかったから、ガス室で虐殺された死体が焼かれていることは、もしかすると即物的な意味でも嗅ぎとれたのではないかとすら想像できる。

にもかかわらず、ドルプミュラーが「あれ」すなわちユダヤ人虐殺について、くわしいことは何も知らなかったというのは、かれ自身にとってはたぶん嘘ではなかった。ナチ・イデオロギーを共有していない限り、愛する鉄道が大量虐殺の準備道具につかわれるというのは不愉快な事実であり、あってはならない。だから、それは事実ではない。現に、組織のなかで自分には、相談らしい相談や報告らしい報告があがってきていないではないか。だからやがて真実があきらかになった後には、それについて自分は何も知らなかったのだと、「その嘘を心から信じていること、都合が悪くなった事実は全て忘れること」(G・オーウェル『一九八四年』〈高橋和久訳〉)ができた。

ガンツェンミュラーがユダヤ人虐殺へのライヒスバーン加担の中心人物の役目を引きうけたことは、別の意味からもドルプミュラーには好都合であるとおもえたかもしれない。なんといってもSS全国指導者ヒムラーの要請を無下にはねのけることは不可能であるから、ライヒスバーンとしてはやるがよかろう、というわけである。それに、次官が自分の後釜をねらっているのは最初から知れたことで、ヒムラー輩とのつきあいがその役にたつと思うのなら、好きにすればよい。

だが、ドルプミュラーには、ガンツェンミュラーが自分の功績として大事に押しいただいてこちらに回してこないカードが、一気に厄札になることも予期できたはずである。東部戦線崩壊を輸送の責任者として熟知していれば、ナチ政府がそう長続きしないことは四三年ごろには明白だった。近い将来に敗戦によりヒトラー政権が崩壊することを計算にいれていたはずだし、現に私的な文書（のちにしたためた遺言書）では、仮定の形とはいえはっきりと「ドイツが戦いに敗れたならば」と書いた。

そうした心構えがあったとすれば、敗戦直後にそれが図にあたったかのようだった。連合国による占領下西部ドイツの鉄道運営へのアドヴァイス依頼をうけたのが、それにあたる。このときドルプミュラーは自足する思いであっただろう。元の敵への恭順と協力だったが、こうして仕えるべき相手がまた代わることを予期していたならば、ユダヤ人虐殺について関知していないほうが都合のよいことはあきらかだった。そして、くりかえしになるが、それも決してドルプミュラーのなかでは嘘ではなかったのである。

……状況証拠を寄せ集めただけの推測を長々とのべてきた。直接的な証拠をあげての話ではなく、こうした議論自体「ドルプミュラー論争」の本質的な部分を左右するものでもない。ただ、意志的な人物だったドルプミュラーの陥った無意志的な態度の、昏い淵をおずおず覗きこんでみることにはなったかもしれない。

ここでドルプミュラーの一種の老獪さ、長年官界で生きてきた者らしい狡知やたかをくくった態度、それらがもたらした、ある意味でナチ党員ガンツェンミュラー以下の倫理的不感症を非難しようというのではない。あるいは、ガンツェンミュラーはといえば筋金入りのナチだったとはいえ、かれのあからさまな野心や焦りにホロコーストそのものの原因があるわけでもないから、それを言挙げしても意味がない。

ただ、ライヒスバーンのホロコーストへの加担の周辺に、以下の事実は浮かびあがってくるだろう。この特定の史実の文脈を離れても、私たちが知っておくべきことかもしれない。

すなわち、人事のルールにせよ何にせよ既存の約束事を尊重する気のまったくない暴力的な集団が、ある組織にずかずかと踏み入ってきたとき、何がおきたのか。その組織の構成員の何人かはあるいは覚醒し、既得権益の種である陋習やお役所仕事の非効率から脱したのかもしれない。しかし同時に、理非の判断すらも停止する倫理的な退廃にも容易におちいったのである。

そのおそろしい帰結だったかもしれないものを、私たちはみていかなければならない。

死への列車（一）　ユダヤ人移送の制度と組織

ドイツ本国からの移送に限定して、デポルタツィオーンの展開をもう一度短く整理しておこう。

一九三八年十月にドイツからポーランド系ユダヤ人を移送したのが、ライヒスバーンを介した強制的な移送の最初である。ドイツ国内における「デポルタツィオーン」のはじまりは一九四〇年五月のシンティ・ロマ移送にある。ナチス・ドイツが迫害と排除の対象にしたのはユダヤ人だけではなく、「ジプシー（ツィゴイナー　Zigeuner）」とよばれた少数民族シンティ・ロマ（Sinti-Roma）も、社会に寄生する人種とされた。五十万人以上のシンティ・ロマが移送のうえ殺害されたとされる。同年六月、ドイツ軍がパリに入城しフランスが制圧下におかれると、ドイツ国内のバーデンやザールプファルツからユダヤ人が占領下の南フランスにおくられた。一九三九年秋以降の障碍者・精神病者等の強制的な安楽死のための「灰色のバス」による移送（T－4作戦）とあわせて、これらをドイツ国内からのシステマティックな「移送（デポルタツィオーン）」の前段階とできる。

第二次世界大戦勃発後、すでに東方占領地においては数十万人規模のホロコーストが進行中であった。総督管区では占領者であるドイツの軍人・兵士とともに現地人もくわわったユダヤ人（および「ユダヤ人とみなされた者」への）虐殺が日常化し、その犠牲者の鉄道輸送もすでに恒常的になっていた。ときに兵士が二時間も銃を撃ちつづけることもあったという大量銃殺の現場は、たいていは鉄道停車場のそばにおかれた。

図35　リッツマンシュタット（ポーランド）ゲットーへの移住（1940年3月）

一九四一年十月十八日、ベルリンからリッツマンシュタット（旧ポーランド領・ウッジ）への特別列車が運行された。これがドイツに残っていたユダヤ人の東方への組織的に整然たる移送の開始である。これに先立つ十月十五日、十六日に、当時の大ドイツ・ライヒの都市としてはヴィーン、プラハ、ルクセンブルク（トリアーを含む）から五百人から千人の移送がおこなわれている。かれらは特別列車によって東方のゲットー、収容所および虐殺現場に続々と移送されることになる。

ここから一九四三年春まで、各列車千人単位のユダヤ人

図36　マルセイユ(フランス)からのデポルタツィオーン(1943年1月)

を移送する特別列車が運行され、大都市を起点に各地のゲットーや、チェコ・プラハの北に位置して中継地的な役割をもったテレージエンシュタット（チェコ名・テレジン）その他の強制収容所にユダヤ人をおくりこんだ。

東方に移送されゲットーや収容所で惨苦にあえいでいたユダヤ人の運命は、四二年一月のヴァンゼー会議による「最終的解決」遂行の指令によって決定づけられた。同年七月以降、ガンツェンミュラー交通省新次官がライヒスバーンとしてゲットーから絶滅収容所への移送にあらためて着手したのは、これまでみたとおりである。

ユダヤ人を絶滅収容所にはこぶために投入された特別列車の本数総計は二千ほどであったと推定されている。戦時中に毎日二万～三万の列車を運行したライヒスバーン全体の規模からすると、ホロコーストへの加担が企業活動に占める割合は無視できるほどに小さいはずである。にもかかわらず、デポルタツィオーンは敗戦の様相が深まるなかで、執拗に継続された。一九四五年三月というドイツ敗戦の一か月前に、四十二人のユダヤ人がベルリンからテレージエンシュタットに列車で移送されている。同月、記録されている最後のデポルタツィオーンの特別列車で、ベルリンからテレージエンシュタットに移送されたのは、ただ一人であった。

ドイツ国外から東方への移送について確認すると、一九四二年五月にはフランスおよびルブリンから、

表1　デポルタツィオーン策定過程の模式図

(Engwert, A. and Susanne Kill (eds.), Sonderzüge in den Tod. Die Deportationen mit der Deutschen Reichsbahn, Böhlau: Köln 2009., p.51より著者作成)

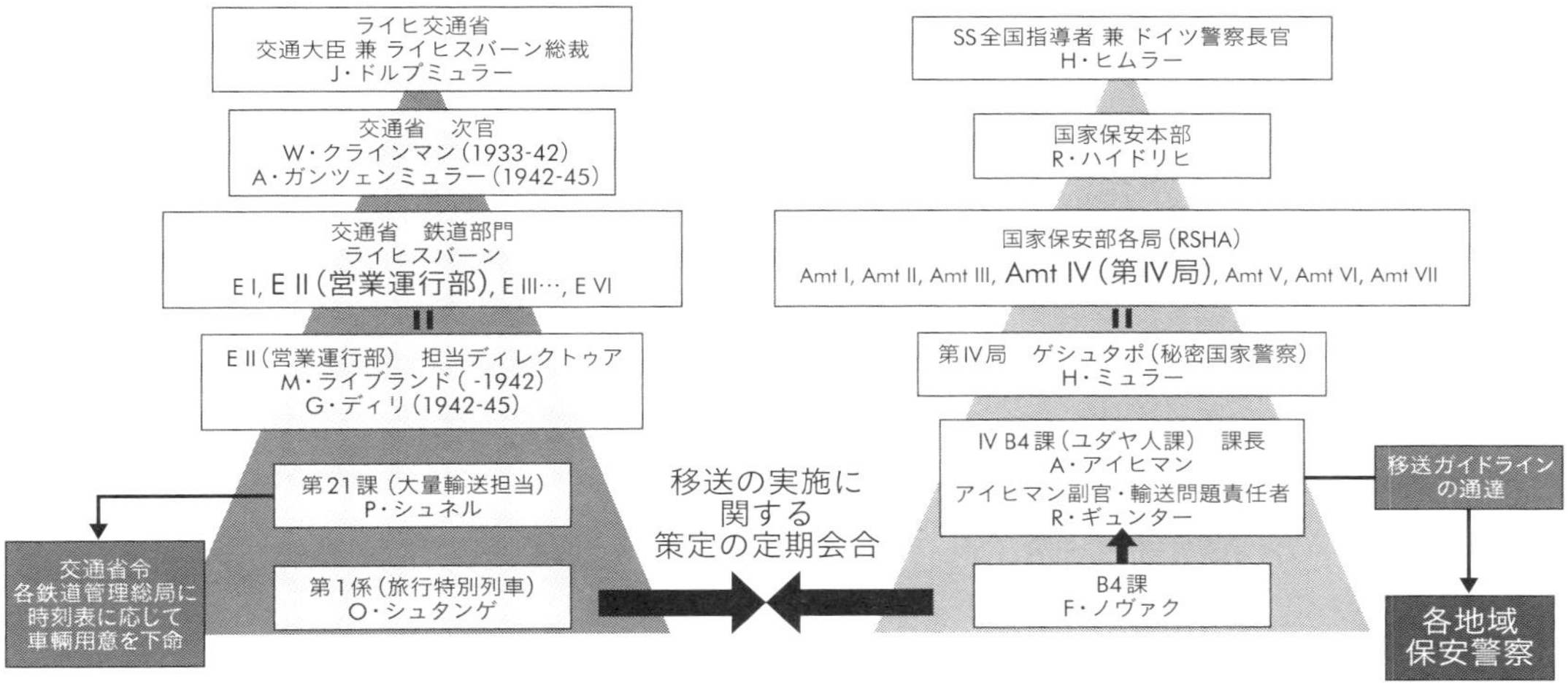

同年後半までにはオランダ、ベルギー、ワルシャワ、クロアチアからの移送がはじまっている。一九四三年にはチェコスロヴァキア、ギリシアなど、さらにイタリアから、四四年にはドイツ軍が占領した旧同盟国ハンガリーからのユダヤ人の移送がおこった。五月から八月までに百四十七本の特別列車が、ハンガリー系ユダヤ人をアウシュヴィッツにおくりこんだ。

このデポルタツィオーンは、SS・国家保安本部と、ライヒ交通省・ライヒスバーンの共同作業であった。

SS全国指導者であり警察長官であるヒムラーのもとにはSSの本部（Hauptamt）が複数あった。そのひとつである国家保安本部は、デポルタツィオーン初期の四一年・四二年ごろにはハイドリヒSS大将（四二年に暗殺）がこれを統括していた。国家保安部各局（RSHA）の七局中の第四（Ⅳ）局・ゲシュタポ局局長は、ハインリヒ・ミュラーSS中将。その配下にⅣ B4課長アドルフ・アイヒマン（Adolf Eichmann 一九〇六〜一九六二）SS中佐がいた。この比較的小さな機関であるRSHA Ⅳ B4課すなわち「ユダヤ人課」が、デポルタツィオーンの計画と調整を担当した。

コーディネーターであるⅣ B4課中のa係は、そのときどきの移送実施にあたって詳細な「ユダヤ人退去の技術的実施に関するガイドライン」を作成し、その通達をうけた当該地域の保安警察は移送対象の人数をベルリン本部に連絡することになっていた。同時に必要な数の特別列車を請求し、出発駅と期日が指定される。これらの申し出はⅣ B4課で統括整理され、目的地たる駅の決定のために調整がおこなわれた。アイヒマンの部下で課における輸送問題の責任者ロルフ・ギュンター（Rolf Günter 一九一三〜一九四五？）SS少佐（a係長）がこれらをライヒスバーンへの「発注」の形にまとめ、同a係内のＳＳ大尉フランツ・ノヴァク（Franz Novak　一九一三〜一九八三）はこれをもとに定期的にライヒスバーン関係者との会合をもち、出発地（駅）・目的地（駅）決定と時刻表作成のためのすり合わせをおこなうのである。

ちなみにノヴァクは列車運転士の息子。戦後は偽名を使って潜伏後、五七年には市民生活に復していたが、アイヒマン捕縛とイスラエルでの「アイヒマン裁判」（上述のＳＳ幹部アイヒマンが戦後、逃亡先のアルゼンチンでイスラエルにより逮捕され、一九六一年に死刑判決をうけた裁判）の関連で一九六一年に故国オーストリアで逮捕・起訴された。長期にわたった裁判の結果、七二年に懲役七年の刑が決定した。「私にとって、アウシュヴィッツは単に鉄道駅であった。」と法廷で語ったことで知られる。虐殺への関与ではなく、輸送中の乗客への虐待的な処遇によってのみ罪に問われた。

交通省・ライヒスバーンの側でこのノヴァクＳＳ大尉との定期的な話し合いの席についたのは、オットー・シュタンゲ（Otto Stange　一八八二〜一九五〇）という鉄道官吏であった。官僚機構上の位置づけは、ライヒ交通省の鉄道部門であるライヒスバーン本社（本部）の営業運行部である第二局（ＥⅡ）にある。その下で「大量輸送」を担当する第二一課にあって、旅客列車担当でとくに「旅行特別列車」を管轄する第一係の係長であった。シュタンゲはデポルタツィオーン計画の促進役かつ監視役であったとされる。執務室にとじこもりがちで、よく電話にむかって大声を張りあげる怒りっぽい男だったというが、もう二十年も第二局第二一課第一係長をつとめるヴェテランの鉄道事務官である。

ノヴァクとシュタンゲの話し合いによって、（大）ライヒと占領地や衛星国を交差し、あるいはライヒ内の複数の鉄道管区をまたぐ、管轄面でかなり複雑な長距離輸送の計画がまとめられた。

ライヒ交通省はドルプミュラー大臣以下、クラインマン、のちガンツェンミュラーが次官をつとめ、その下にかつての本社重役会（理事会）の機能を担うライヒスバーン本部が七局に分かれていた。EⅡ局長は四二年以降の人事若返り政策によって、ナチスの政権掌握直後の三三年五月に入党した一八九一年生まれのグスタフ・ディリ（Gustav Dilli 一八九一～?）に代わっていた。第二一課長はパウル・シュネル（Paul Schnell 一八八三～一九五八）であり、部下であるシュタンゲ第一係長が話しあいをへて国家保安部から受注したデポルタツィオーン計画に応じ、ライヒ内に東部（ベルリン）、西部（エッセン）、南部（ミュンヘン）と三つある管理総局（Generalbetriebsleitungen「経営本部」とも訳される）に特別列車のための車輌の割り当てと列車の時刻表上の確定を命じた。もちろん、最も主導的な役割を演じたのは、ベルリンにおかれた東部管理総局（Generalbetriebsleitung Ost; Gbl Ost）である。

ライヒスバーンによって作成された時刻表は国家保安部Ⅳ B 4課にもどされ、ノヴァクの手で整理されたうえで各地の保安警察に通達された。ここにデポルタツィオーンが実行にうつされる。各地警察はあらかじめ移送対象であるユダヤ人（およびシンティ・ロマ）住民の詳細なリストを作成していたが、これに応じてドイツからポーランド等東部占領地のゲットーへ、さらにそこから絶滅収容所への移送がおこなわれた。

一例をあげる。旧ポーランド領リッツマンシュタット（ウッジ）のゲットーには、ドイツ（開戦前の「旧ライヒ」）、ルクセンブルク、ヴィーン、プラハから移送されてきたユダヤ人がいたが、かれらに対しては一九四二年四月二十九日、来る五月四日以降に「移住」が実施されるむね、ゲットー内のユダヤ人協会を通じて布告された。この結果、四日～十五日にかけて、一万九百九十三人がクルムホーフ（旧ポーランド領ヘウムノ）の絶滅収容所におくられた。

これら一連の手続きにおける書類上、移送をうけるユダヤ人、シンティ・ロマなどは「旅客」「乗客」と記載された。

ライヒスバーンは三等車乗客としてあつかわれたユダヤ人に対して、四二年当時には次の運賃レートをさだめていた。十歳以上の成人については一営業キロあたり四ペニヒ、それ以下の子どもについては同二ペニヒ、四歳以下の子どもについては無料であった。また四百名以上の団体運賃は、一人あたり二ペニヒであった。なお、当時の兵員輸送の往復運賃のレートは一営業キロあたり一人につき一・五ペニヒである。支払請求は、発注者であるSSにたいしておこなわれた。上記のリッツマンシュタットからクルムホーフ収容所への輸送にかかった費用は三万二千四百二十九マルク三十五ペニヒと計算され、付き添い者の往復の旅費とあわせて三万三千七百三十一マルク三十五ペニヒが、ライヒスバーン・ライヒ交通省から五月十九日付でリッツマンシュタットの秘密国家警察（ゲシュタポ）に対して請求された。ゲシュタポはこの支払いをゲットーの自治的管理組織、つまりユダヤ人評議会にまわしている。

ユダヤ人を移送する特別列車は、運行の計画をしめす周遊計画表（Umlaufplan）上では略号「Da」や「Pj」を付された。「Da」は総督管区外のユダヤ人を運ぶ列車（「急行 D-Zug」）の記号であり、「Pj」は総督管区内のユダヤ人対象の列車であった。これら東方にむかう特別列車の運行を管轄したのは、上述のベルリンにおかれたライヒスバーンの東部管理総局（Gbl Ost）である。東部管理総局にはユダヤ人や強制労働者、さらに疎開児童を担当する「特別列車」専従班がおかれ、車輌割り当てや時刻表調整はその鉄道職員たちによりおこなわれた。管理総局レベルでの最後の作業は、輸送の出発日・到着日と車輌の

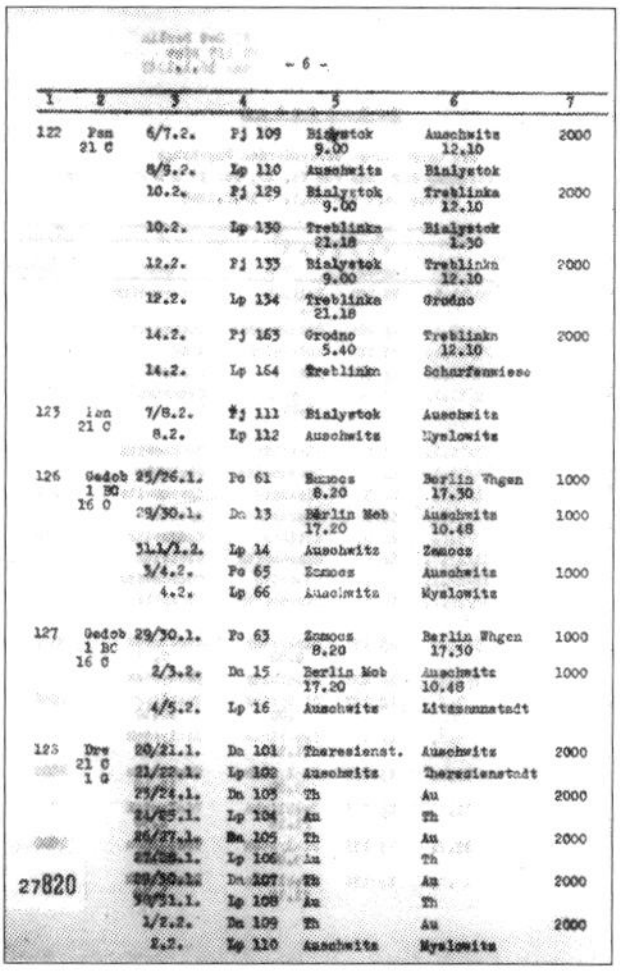

－6－

1	2	3	4	5	6	7
122	Psn 21 C	6/7.2.	Pj 109	Bialystok 9.00	Auschwitz 12.10	2000
		8/9.2.	Lp 110	Auschwitz	Bialystok	
		10.2.	Pj 129	Bialystok 9.00	Treblinka 12.10	2000
		10.2.	Lp 130	Treblinka 21.18	Bialystok 1.30	
		12.2.	Pj 133	Bialystok 9.00	Treblinka 12.10	2000
		12.2.	Lp 134	Treblinka 21.18	Grodno	
		14.2.	Pj 163	Grodno 5.40	Treblinka 12.10	2000
		14.2.	Lp 164	Treblinka	Scharfenwiese	
123	Ikn 21 C	7/8.2.	Pj 111	Bialystok	Auschwitz	
		8.2.	Lp 112	Auschwitz	Myslowitz	
126	Gedob 1 BC 16 C	25/26.1.	Po 61	Zamosc 8.20	Berlin Whgen 17.30	1000
		29/30.1.	Da 13	Berlin Mob 17.20	Auschwitz 10.48	1000
		31.1/1.2.	Lp 14	Auschwitz	Zamosc	
		3/4.2.	Po 65	Zamosc	Auschwitz	1000
		4.2.	Lp 66	Auschwitz	Myslowitz	
127	Gedob 1 BC 16 C	29/30.1.	Po 63	Zamosc 8.20	Berlin Whgen 17.30	1000
		2/3.2.	Da 15	Berlin Mob 17.20	Auschwitz 10.48	1000
		4/5.2.	Lp 16	Auschwitz	Litzmannstadt	
128	Dre 21 C 1 G	20/21.1.	Da 101	Theresienst.	Auschwitz	2000
		21/22.1.	Lp 102	Auschwitz	Theresienstadt	
		23/24.1.	Da 103	Th	Au	2000
		24/25.1.	Lp 104	Au	Th	
		26/27.1.	Da 105	Th	Au	2000
		27/28.1.	Lp 106	Au	Th	
27820		29/30.1.	Da 107	Th	Au	2000
		30/31.1.	Lp 108	Au	Th	
		1/2.2.	Da 109	Th	Au	2000
		2.2.	Lp 110	Auschwitz	Myslowitz	

図37　デポルタツィオーン運行計画表の一例

派遣・回送をさだめた特別列車の周遊計画表を策定し、これを各地の鉄道管理局におくることである。各地鉄道管理局はこれをもとに、旅客担当の「第三三課」が状況に応じてさらに具体的な運行計画（時刻表）を作成し、最終的に運行計画命令にまとめた。

　東部管理総局が一九四三年一月十六日付けで策定した周遊計画表から一部を抜粋したものが、ドイツ鉄道（ＤＢ）による巡回展示の関連図書『死への特別列車——ライヒスバーンによるデポルタツィオーン』に紹介されている。それによると、国家保安本部との協議にもとづき、ライヒスバーンは一月末から二月はじめにかけて「死への列車」の運行を以下のように策定した。

　ポーゼン鉄道管理局の管轄する列車番号「１２２」は二十一輌の「Ｃ」すなわち三等車で編成される。一九四三年二月六日九時、「Pj １０９」としてポーランド北東部ビャウィストクを出発し、翌七日十二時十分にアウシュヴィッツに到着する。このとき、二千人のユダヤ人を乗せている予定。この列車はアウシュヴィッツを八日に出発し九日にビャウィストクに帰着するが、そのさいの列車番号は「乗客なし」をしめす記号「Lp」を付した「Lp １１０」である。つまり、「乗客」であったユダヤ人全員が、アウシュヴィッツ収容所ですでに下車している。

翌二月十日、朝九時にビャウィストクを出発し、三時間十分後にトレブリンカ到着。このさいにも二千人の「乗客」を乗せているが、同日中に「Lp１３０」として深夜ビャウィストクに帰着する。十二日、「Pj１３３」の名で再びトレブリンカに二千名を運び、同日、今度は旧ポーランドとの国境にも近いベラルーシのフロドナにむかう。十四日五時四十分、このフロドナから「Pj１６３」として二千人のユダヤ人を十二時十分にトレブリンカに送りこむためであった。

東部鉄道管理局（Gedob）所属の列車番号「１２６」は、多様な移送に従事することになっている。編成は一輛の二等・三等車ならびに十六輛の三等車である。

旧ポーランド領南東部ザモシチを「Po 61」として一月二十五日八時二十分に出発し、二十六日十七時三十分ベルリン・「ヴィルヘルムスハーゲン」駅に到着する。「Po」はポーランド人移送列車の記号で、これはポーランド人の強制労働者千人をはこぶためのものであった。一月二十九日、「Da 13」と名をかえ、ベルリン・「モアビート」貨物駅を十七時二十分に出発、十七時間以上の走行をへて、ユダヤ人千名を翌日の十時四十八分にアウシュヴィッツにおくりこむ。

翌日「Lp 14」として空の「客車」をひいてアウシュヴィッツをはなれ、ザモシチに二月一日到着。三日同地を出発し、翌日「Po 65」として千人のポーランド人をアウシュヴィッツにおくっている。同日、一連の任務をとりあえず終えた「１２６」は、無乗客列車「Lp 66」としてアウシュヴィッツから旧ポーランド南部ミスウォヴィツェ停車場（信号所）にむかう。ここで車輛の「除染」をうけるためであった。

ドレスデン鉄道管理局所属の列車番号「１２８」はこれにくらべて単調な任務に終始することになっていた。

一月二十日テレージエンシュタット発、二十一日アウシュヴィッツ着の二十一輛の三等車と一輛の貨車を連結した「Da 101」として二千人を運び、空の車輛で復路を出発、翌二十二日に帰着すると、翌日は「Da 102」として同じく二千人をまたアウシュヴィッツにおくるべく出発。こうして運行予定表上の「Th（テレージエンシュタット）」と「Au（アウシュヴィッツ）」間の往復を一月三十一日までの連日、計四回おこない、二月二日「Da 109」としてアウシュヴィッツに二千人を運んだはずである。これで絶滅収容所への移送任務を完了した「128」は、無乗客列車「Lp 110」となり、車輛除染のためにミスウォヴィツェにむかったであろう。

死への列車（二）　運ばれた人々

ホロコーストによる全死者数は確定されていない。これまで、五百万から六百万人ともいわれるユダヤ人虐殺があったと推定されてきた。これにくわえて、五十万人ほどのシンティ・ロマが殺害されただろうとされる。（日本でいえば、横浜市と大阪市をあわせた人口がほぼ六百万に相当する規模である。）

一九九〇年代以降の研究の進展によって大量虐殺の地理的焦点がより東――ドイツ占領下の東欧、ソ連地域――に移動した現在、「ホロコースト」の概念や支配的なイメージにも変化が生じている。絶滅収容所のガス室での工業的な大量殺害から、ドイツ占領地におけるアインザッツグルッペンや国防軍といったドイツ人のみならず現地人の積極的関与を含めた複合的なポグロムとしての大規模虐殺へ、と問題意識の重心がうつるにつれて、この数字にも同時に修正がくわえられる可能性がある。

ライヒスバーンないしドイツの鉄道によるデポルタツィオーンについても、こうした確認すべき部分の解明や概念の変位にともなう、数的把握の揺れはさけられないだろう。

いくつかの推算によれば、アウシュヴィッツその他の絶滅収容所に主に列車でおくられ、殺害された人数はおよそ三百万人だろうとされている。全虐殺被害者の約半数は列車により運ばれた、とされる所以である。デポルタツィオーンの実態については戦後に大量の資料が破棄処分をうけたとされるため、犠牲者の実数をもとめるのは難しい。当時の公文書資料によるところでは、一九四二年九月末までに「東部鉄道」は二十六万五千人の老若の男女をトレブリンカ収容所のガス室に送ったことがわかる。同時期にさらに総督管区の六十万人のユダヤ人が三つの絶滅収容所におくられたことが報告されている。また、四二年二月から四三年六月までのあいだに、ドイツに住んでいたユダヤ人十六万五千人が東方のゲットーや収容所におくられた。

ゴットヴァルトら研究者が丹念に調査し確認できた約六百四十本の大ドイツ・ライヒ発の列車によるユダヤ人移送者数の合計は、一九四一年から四五年までで二十六万三千人以上である。人数のカウントにはなお若干の幅や不明点があり、ここでは最低人数をとった。なお以下の数値は、一九四一年現在の拡張された大ドイツ・ライヒ（オーストリア、ボヘミアなどをふくむ）からの移送に限られ、三九年以降大規模に実施されたユダヤ人移送や、「ボヘミア・メーレン保護領」や東部占領地内での頻繁な移送などは含んでいないことに注意しなければならない。

ドイツ・ライヒからの列車によるユダヤ人移送の規模的なピークは一九四二年であった。前年につづき、一列車で一千人単位の大量輸送が中心であると同時に、五十人から百人単位の小規模の輸送もはじまり、本数にして約二百七十本、十四万人が移送をうけた。列車本数でみると、ガンツェンミュラーが交通省のナンバー・ツーとなった五月末以降、本数は急増し、一日平均二本の特別列車が出た七月をピークに、九月まで一日一本を上回る最も高い水準を維持した。ヴィーンなどをふくむライヒからの移送の目的地は中継収容所テレージエンシュタットが主であったが、そこからトレブリンカ、ソビボル、アウシュヴィッツなどへの絶滅収容所への輸送も記録されていく。アウシュヴィッツには地理的に近いグライヴィッツ（旧ポーランド・グリヴィツェ）からの移送のほか、ベルリンやヴィーンからの直接の長距離移送も開始された。

この四二年、移送先の地名は前後の時期にくらべて多岐にわたっているといえる。東部戦線の拡大が反映していた。デポルタツィオーンが最も精力的におこなわれたといえるこの年以降、一回で二千人を超える大規模移送はテレージエンシュタットからアウシュヴィッツへのそれが目立つが、一方で百人以下あるいは一人といった小規模の移送が増えていく。

列車一本当たりの平均移送者数が四四年まで減少をつづけているのは、四一年におこなわれたような長距離・大規模輸送を可能にする特別列車編成が、車輛不足や戦線の逼迫で困難になってきたことを意味する。四一年には、ミンスクへのベルリン、ヴィーンやデュッセルドルフからの直接移送には、一週間内外を要することもあった。この所要のべ日数は四二年以降減少し、平均二日以内に落ちているが、四三年以降には列車による移送の目的地は、テレージエンシュタットとアウシュヴィッツの二つにほぼ絞られる。[*1]

ゴットヴァルトらの調査や、それにも依拠したドイツ鉄道（DB）がおこなった巡回展示『死への特

表2　ドイツ・ライヒ内からの鉄道によるユダヤ人移送

年	人数	列車本数	1列車あたり移送者数	平均移送のべ日数
1941	41605	42	990.6	3.4
1942	146404	273	536.3	2.3
1943	43479	143	304.0	1.8
1944	28558	149	191.7	1.7
1945	3302	37	89.2	2.6
1941-45	263348	644	408.9	2.2

データ出所：Gottwaldt, Alfred and Schulle, Diana, Die》Judendeprtationen《aus dem Deutschen Reich 1941-1945, 2005 pp.443-467》

グラフ1　ドイツ・ライヒ内からの鉄道によるユダヤ人移送

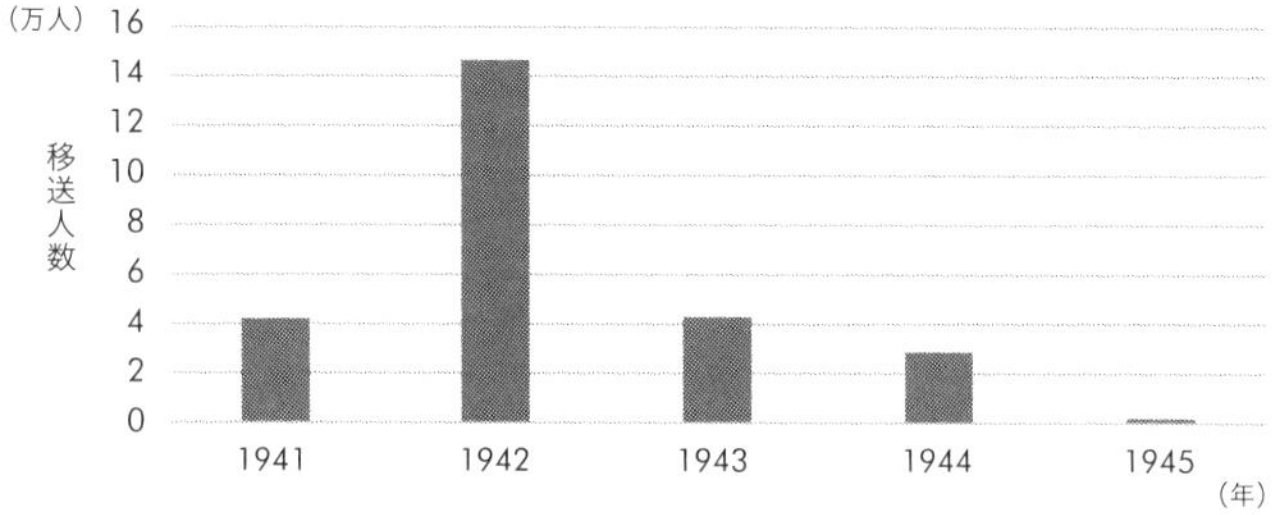

グラフ2　1941-45年における移送列車の本数

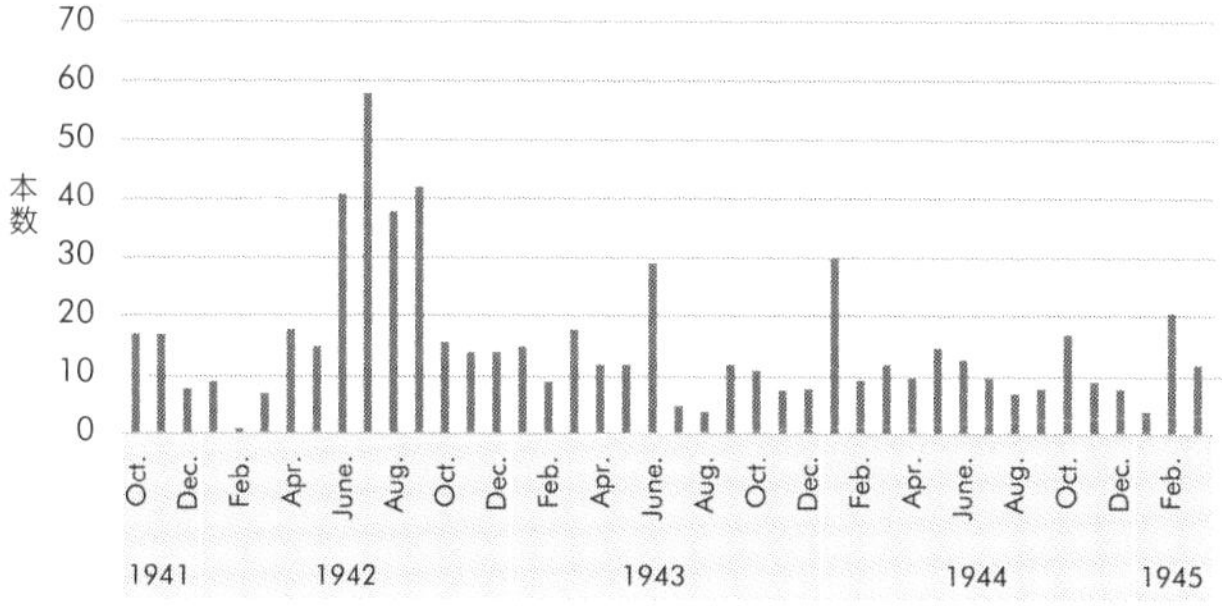

グラフ1・2データ出所：同上

別列車』では、ドイツ国内のデポルタツィオーン出発地ごとに移送者の人数を整理した。たとえばベルリンからは一九四一年秋以降、移送の出発地として総計百八十四本の大規模・小規模の特別列車が編成され、戦後までに五万六千人が東方にはこばれたとされる。ライヒ首都ベルリンには共和国時代の一九二五年、十七万人以上のユダヤ系が居住登録していた。一九四一年十月という大規模デポルタツィオーン開始直前にはなお七万人以上のユダヤ人がベルリンにとどまっていたが、戦後までベルリンで生きのこれたユダヤ人は約二千五百人であった。

しかしここで、戦後のアイヒマン裁判において、自己のデポルタツィオーンの経験について証言した歴史家イスラエル・グートマンと検察官のやりとりを引かなければならない。

検察官「その輸送では何人が運ばれたのですか？」
グートマン「人数をいうことはできません。私がいえるのは、貨物車の中では立っていることも本当にできなかったこと、（……）密集はひどいものだったことだけです。このギュウギュウ詰めのなかでは家族の顔をいったん見失うと、二度とみつけることはできませんでした。」

デポルタツィオーン当事者の鮮烈な経験とその記憶は、後世の実証的手続きなるものの枠では容易にとらえきれない。このやりとりの引用で、『トレイン・ジャーニー――ホロコーストにおける輸送、監禁、証人』の著者シモーネ・ジジリオティはこのことをまず示した。人数などは当事者の一人であったグートマンの関心にはなかった。肝心なのは、狭い車輛に押し込められてものすごい密集状態ではこばれた体験であり、それだけが生き残った犠牲者の思いだせることであった。

人数など量的な確定は歴史研究者の責務の一部である。しかしそれがしばしば、ナチスがユダヤ人をモノとしてあつかったのと同じように、個々の人間をまとめてモノ扱いして論じてしまうことにつながる危険を意識しておかねばならないだろう。

出来あがった数値を、自分の議論や主張の材料としてあつかうだけであれば問題だろう。単に数字が放りだされたままになるとき、あるいは逆に数値自体がなんらかの権威をおびて一人歩きしてしまうとき、人ひとりの死の意味は見うしなわれかねない。無数（？）のユダヤ人の虐殺がはじめて問題になるのではなく、ひとりが惨たらしく殺されたことが問題なのである。ガス室による大量死にたとえば「産業文明の悪」といった意味づけをもとめるのもよいが、駅のそばの空地でみずからの墓穴を掘らされたうえで銃殺されることも、ひとが殺されるという点では同じなのであった。一人ひとりの死を束ね、丸めて一つの概念にしてしまうことは、たしかに大虐殺をおこなう側の論理に通じる。これを意識しなければならないのだが、ひとつのまとまった数字を得ようとすることには、そのあたりを等閑視させてしまうおそれがある。本稿もその危険をまぬがれていないだろう。

そこで、デポルタツィオーンの犠牲者を集団として束にくくることから、少しだけ離れてみよう。といって三百万以上の死や苦痛の全てにふれることなど、できはしない。その代わりに、あの「生への列車・死の列車」のモニュメントを思いえがきながら、とくに幼い犠牲者のほんの数人について私たちが知りうることを記すだけである。

デポルタツィオーンに用いられ、ユダヤ人やシンティ・ロマが詰め込まれたのは、多くの場合、とくに東部においては貨車であった。西欧やドイツ国内からの移送では戦争初期にはまだ客車がつかわれることもあったが、輸送目的の偽装の意味が薄れると、それらも貨車に切り替えられることが多かった。東方では偽装の必要も最初からなかったわけである。また、ときに客車が利用されたのは、軍事輸送のために貨車が不足気味であったためとも考えられている。

図38　絶滅収容所への移送（年代未詳）

なお、生きのこった犠牲者のかなり多数が、自分たちは「家畜車」で運ばれたと記憶している。それは事実誤認というより、実感であった。むき出しの木張りの箱のような車体に、二昼夜、三昼夜、ときに数日にもおよぶ走行中、体を満足に横たえることもできないほどの人数が詰めこまれることが多かった。先にあげた周遊計画表の車輌数で単純計算すると、千人規模の移送がおこなわれたとき、一輛あたりの収容数は平均六十人ないし百人弱である。二百人におよぶこともあったとされる。計算上一人が占有できるのがおよそ二インチ（五センチ強）四方でしかないときもあったという。

列車が出発するときには、外から出入口に錠がおろされた。窓がわりの空気取りの小さな蓋付の開口部には、鉄条網がはられていた。中継地的な意味をもつ収容所から絶滅収容所に送られるとき、それでも多くのひとが、手をその開口部から突き出して、残された者たちに別れを告げる光景がみられた。これを記録したオランダのユダヤ系の女性でアムステルダム大学生だったエティ・ヒレスム（Etty Hillesum）

も、ほどなくウェステルボルク中継収容所からアウシュヴィッツにおくられ、そこで一九四三年十一月に亡くなった。

貨車には冷暖房などはなく、夏は高温が、冬は凍てつく寒さが人びとを苦しめた。長時間の走行中、ユダヤ人たちは、食料や水をほとんど、ないしは一切あたえられずに閉じこめられたままであった。一方、便所といえば貨車の真ん中にバケツがおかれているくらいであった。匂いが車内にたちこめたであろう。途中、停車があると鉄条網のはられた開口部から外にむかって声をあげ、渇きや飢えをうったえ、あるいは瀕死の赤ん坊の救助を乞いねがう者もいたが、監視のＳＳはもちろん聞きいれなかったし、運行にたずさわる鉄道員からも反応はないのが普通だったのである。

たとえば運行表上は一日や二日がかりだったはずの移送時間を、生存者が「三日」かかったなどと記憶していることがしばしばあるのは、おそろしい苦痛の時間をそれだけに実際より長く感じずにはいられなかったからでもあろう。密閉された暗い車内で身体的苦痛と不安にさいなまれているうちに、正常な時間の感覚がうしなわれていくのは当然だった。

また、軍事輸送の優先のための長時間待機や、路線の整備不足による事故、さらにパルチザンの妨害による遅滞が、現実にしばしば発生した。戦争末期には、これに空爆などによる路線網そのものの崩壊という原因がくわわる。一九四五年には平均所要のべ日数が再び二日をこえたことに注目したい。一九四五年二月十四日に西部ドイツ・フランクフルトを出発した列車は、のべ五日かかってテレージエンシュタットに到着した。前年三月には、のべ二日だった経路である。同じ日、ハンブルクを出発した列車は、テレージエンシュタットに十日がかりで到着している。

図39　ユダヤ人親子の輸送（ポーランド、1942年3月）

　こうして列車の到着が計画より遅れた時間だけ、移送される人びとが死や過酷な強制労働から遠ざかったといえるかどうか。

　というのは、デポルタツィオーンの非人間的な過酷さ自体がユダヤ人攻撃の一環と考えられていたふしがあった。ライヒスバーンが提供した車輛は、その機能において強制収容所での拘禁や暴行とかわらない役割をはたしていたのである。『トレイン・ジャーニー』がえがいた「動く獄房（moving chamber)」と化した貨車のなかでは、現実に移送の途中で多くのひとが命をおとした。そのことを計算してか、千人の「乗客」を収容所に運ぶ必要があるときは、きまってたとえば「千十三人」といった半端な数の囚人が列車に乗せられた。

　このような車輛に、小さな子どもたちもつめこまれた。たとえ敵意のイデオロギーに動かされたとしても、赤ん坊や子どもに対する極端な暴力の行使には、ほとんど本能的な躊躇が実行者に生じるものではないかと思えるのだが、ナチス・ドイツの反ユダヤ主義の実行場面においては、そのような抑制はほぼみられなかった。民族問題の「解決」や人種戦争という大義名分にてらせば、人口再生産の可能性の体現ともいえる年少者への迫害は論理的必然であり、必須ですらある。子どもたちも、殺害の直接的な対象として、過酷な処遇をうけながら殺害実行地たるべき東方へと移送された。東部戦線における虐殺の実行者となった軍人・兵士の中には、この「人種戦争」の理屈によって、幼少年の殺害を心中で正当化できたと故郷の家族に書き送った者もいた。

ゲルト・ローゼンタール（Gert Rosenthal）は、一九四二年十月十九日にベルリンの「モアビート」貨物駅を出立した列車に乗せられた九百五十二名の移送者のひとりで、当時十歳だった。「Da」の記号を付された列車は、ドイツが占領中のリトアニア・リガにむかった。到着後、同地での強制労働にたえると判断された十七名の男性以外は、ただちに近隣の森のなかで射殺された。死者のなかにはゲルトをふくめ、百四十名の子どもがふくまれていた。ゲルトはベルリン・シェーンハウザーアレーのユダヤ人孤児院にいたが、同じ孤児院生とともに移送され、殺されたのであった。

マリオン・ザムエル（Marion Samuel）は、一九四三年三月四日にベルリンから千七百三十六名をアウシュヴィッツに運んだ列車に乗せられていた。当時十一歳で、ベルリン東部の労働者街プレンツラウアーベルクの小さな（元）葉巻商の娘であった。小学校入学から一年後の三七年には登校が禁じられ、かわりに学んだユダヤ人学校も四二年に閉鎖された。四一年以降、両親は兵器工場での強制労働に従事させられていたが、四三年二月二十七日に職場で逮捕され、アウシュヴィッツにおくられた。三日遅れでマリオンも到着し、ただちにガス室で殺された。父親は二か月の強制労働ののち死亡。母親が殺された年は不明である。

エレン・シュパイアー（Ellen Speier）には、一九三三年に祖父母の家のまえで撮影したという、人形を片手に抱いたふっくらした三歳のころの写真がのこされている。一九四二年六月十一日にフランクフルトからの六回目のデポルタツィオーンの対象となった。当時十二歳のユダヤ人学校生であった。この

図40　エレン・シュパイアー（3歳時）

「Da 18」は千二百三十五名を乗せてまずルブリンにむかい、ここで、マイダネク収容所で強制労働に投入される十五歳から五十歳までの男性を「選別」した。残りの女性、子ども、老人はソビボル絶滅収容所に直行したとされる。エレンは母パウラとともにそこで殺された。この移送者中に、生存者は確認されていない。

……以上の例は、すべて近年の株式会社ドイツ鉄道（DB）が発行した上記『死への特別列車』冊子中からとった。これら、罪もない子供たちの虐殺への移送をA・エングヴェルト／S・キルという二人の編者（巡回展のコーディネーターでもある）が特にとりあげたのは、もちろんデポルタツィオーンの言語を絶する非人間性をきわだたせるためであろう。これらベルリン、フランクフルト、ドレスデンの子どもたちをふくめた多数の幼児や児童は、最も無抵抗の弱者であった。そして、社会が保護し慈しむべき存在だったといえる。

もちろん、デポルタツィオーンそしてホロコーストの犠牲となった人びとは、こうした可愛らしい子どもたちや、あるいは才能と可能性にあふれた若い男女、深い人生経験をつんだ賢者、人格者、気高い信仰の持ち主、忍耐と受苦の覚悟にみちた善良で高潔なひとびとばかりではなかった。このことも、また思いだす必要があるだろう。

犠牲者を冒瀆しようというのではない。

暴力的に貨車につめこまれた人びとの移送中ないしその前後には、やむをえないことだが、しばしば車内で諍いや衝突が生じた。ゲットーや収容所の「ユダヤ人」のなかにも、いやな奴、変なひとというのは必ずいたであろう。もとより臆病な者、狡い者、怒りっぽい者、嫉妬深い者、……は当たり前の人間の集団である以上、必ずいた。過酷な環境におかれたぶんだけ、それらの人間的欠点は表に出ざるをえなかっただろう。ウェステルボルク中継収容所で移送への恐怖のあまり発作的に脱走をはかった少年は、巻き添えをおそれた仲間たちにとりおさえられた。だが結局は集団的懲罰として、少年のせいで中継収容所の囚人五十人が移送リストに付けくわえられてしまった。この巻き添えをくった形の人びとを含めた移送者たちによって、当の少年は車内でどんな目にあわされただろうか。「辛酸をなめることでしょう」とこの件の観察者となったエティ・ヒレスムは予想せざるをえなかった。

いいたいのは、かれらの少なくとも何割かは、私たちにひどく似ていたということである。自己愛が強く、苦痛に弱く、欲望に負け、利己的で打算的でもあり、ときに思慮は浅く、だから厳しい眼前の現実をみとめることができずに、最後まではかない希望にすがっている。それゆえに利己的にもふるまい、同じ境遇におかれた隣人とも衝突し、憎みあい、争わずにはいられない。

だが、たとえそのように悪い意味で「人間的」であるからといって、それを理由に何者かの悪意と暴力にさらされ、ついに命をうばわれなければならないはずはない。また、ある集団の一員というだけで殺害されるに値する事由が発生するはずも、もとよりなかった。……私たちは自分について当然そう主張できるはずだが、大戦期ヨーロッパの「ユダヤ人」には、それが許されなかった。

そうであれば、かれらの苦痛や恐怖を自分のもののようにいってはならない。むしろ私たちは、かれらに痛みやおそれをあたえた側に目を向け、自分の姿をさがすべきかもしれない。

死への列車（三）　運んだ人々

デポルタツィオーンの被害者一人ひとりについて、ドルプミュラーが積極的に知ろうとはしなかったこと、意識することを拒んだらしいことを、ただ責めるわけにはいくまい。ゲルトやマリオンとその家族は、同じベルリンに住むからといって、交通大臣ユリウス・ハインリヒ・ドルプミュラー博士個人にとって、まったく見知らぬ他人であった。無数の他人に対して、特定の縁者や知人に対するのと同様に気持ちをめぐらすことができる人間は、あまりいない。ドルプミュラーの人間的な同情ないし共感も、親類縁者でなければライヒスバーンの職員・従業員という鉄道人の仲間にどうしても限られるきらいがあった。

だが、ドルプミュラーたちドイツ人がその迫害・攻撃に参加、介在し、あるいはそれを看過していたのは、「人種戦争」の敵などではなく、それどころか間違いなく「あなたに似た人」たち、隣人たちだったことには、気づくべきだった。現に、総裁公邸の目と鼻の先である同じプリンツ＝ハントイェリイ通りの七六番には、ドルプミュラーと年齢も近い老女をふくめて少なくとも四人のユダヤ人が住み、四一年から四三年にかけて移送されていった。「収容所で友人に会いたくはない」という発言が本当にあったとすれば、ドルプミュラーは、隣人の移送とその後の処遇などには本当はとっくに気づいていたようでもあるが……。

また、鉄道人ドルプミュラーの信条であった「公益」とはなんだったのか、という疑問がここに浮かびあがってくるのを、おさえることはできないであろう。鉄道が「公益」につくすものであるようにと、そのための精励をドルプミュラー総裁が期待してきた部下たちにも、これはあてはまることである。

デポルタツィオーンに用いられる列車の運行はもちろんライヒスバーン職員・従業員によっておこなわれた。ベルリンで立てられた計画の段階から、車掌、機関士、駅員としての業務にいたるまでである。現場で列車をうごかす鉄道員は、ユダヤ人がどのような目にあっているかを間近でみた。移送の途上では、しばしば監視のＳＳが、脱出をはかったかあるいは抵抗の素振りをみせただけのユダヤ人をその場で射殺したが、死体の後始末は鉄道員の仕事であった。絶滅収容所という目的地にも、多数の鉄道員が勤務し、所内の実態を熟知していた。

だが、非難や抵抗の声をあげた者、あるいは作業を拒否する者は、現場には出なかった。それどころか、そうした勤務からの転属を願い出る鉄道員もめったにいなかった。仕事から逃れたと評価されることで、キャリアに支障がでるのをおそれたためだといわれる。だが、実際に残酷な業務からの転属を願い出て実現した数少ない鉄道員は、別に出世ルートからはずされたわけではなかった、ともされている。こうした鉄道員一般の態度は、一九九〇年代にセンセーションをおこしたゴールドハーゲンの著作では、当時の「普通のドイツ人」の反ユダヤ主義が自発的に虐殺を実行するほどに強かった証拠のひとつにあげられた。

だが、そうだったろうか。

一九四二年から四四年まで、アウシュヴィッツ荷扱所に働いていた鉄道員ヴィリー・ヒルゼは、一九六四年に（西）ドイツでおこなわれたアウシュヴィッツ裁判の証人として、以下のように証言した。

「（……）あれは一九四四年の夏でした。ハンガリーからの列車が、荷扱所にすぐ面したアウシュヴィッツ駅にはいってきました。車輛の扉には鍵がかかっていました。空気取りの蓋だけが開いていました。すると、ひとりの女の人が小さな子どもを腕にだいて、水を乞いねがってさけびました。私は心臓をしめつけられる思いで、瓶の水をもって車輛に歩みよりました。車輛のすぐそばに立った時、すぐにＳＳの隊員が私のところにやってきて、たずねました。ここで何をしようとしているのか、と。私は彼にこたえました。『この女に、瓶の水をやりたいのです。』ＳＳ隊員はこう答えたのです。『ここの車輛からすぐに離れるんですな。さもなければ、あんたを撃ち殺す。』」

東部占領地の東部鉄道や旧ポーランド国鉄・ライヒスバーンの現場では、従業員の大半を占めるのがポーランド人、ウクライナ人となっていた。かれらはナチス・ドイツの過酷な占領下の住民であったから、職業生活と日常生活の全てがこの鉄道員ヒルゼの経験に似たものであったといえる。ユダヤ人迫害の現場で、かれらによって命令拒絶や抵抗が些細な形ですら起きえなかった事情として、この点は考慮しなければならないだろう。

しかしライヒスバーンにおいて、ユダヤ人に対する態度や振る舞いは、総裁と現場の（少なくともドイツ人の）鉄道員とでは、たしかに共通するところがあったようだ。

ユダヤ人移送にあたって、ドイツの鉄道人たちは、目に見えるものを見えないかのようにふるまい、知りたくないことを知ろうとはしないことにほぼ終始したとすべきだろう。しかし、そこにあったのは、身の危険や死をおそれる怯懦だけではなかったようにも思える。同じ人間が戦地に送られた時、多くの場合、兵士となったかれらは死の恐怖に正面から向きあったからである。戦時下の全ての鉄道員が前線におくられる前は銃後でただ死をおそれるばかりだった、という風にも想像しにくいところがある。そしてまた、単純に利己的で無責任な態度ばかりがあったのでは決してないのではないか。

他者の運命への無関心を貫く態度は、むしろ、自分の業務への強い責任感によって生みだされたふしもあったようである。目の前にある仕事への責任を感じたとき、列車は途中で支障なく運行されなければならない。同じく、たとえばユダヤ人の女に水をやるという職務外の動作のおかげで撃ち殺される（？）わけにはいかない——という意識もそこには働いていたはずである。

だが、最も献身されるべき自分の仕事とは何だったのか、についてかれらに何かの思い違いや自己欺瞞はなかったか。目の前の「果たすべき任務」への逃避になってしまったのではないか。かれらライヒスバーンの鉄道人の先頭にいたドルプミュラーも、この問いからまぬがれることはできないであろう。

なお、鉄道員ヒルゼを脅かしたＳＳ隊員たちの側も一瞥しておくべきだろう。一九四二年九月十日にコロミア（ウクライナ南西部）のゲットーからベウジェェッツ絶滅収容所への移送を担当した保安警察の列車警護責任者ヨーゼフ・イェクライン（Josef Jäcklein）の報告書が残されている。

デポルタツィオーン全期間を通じて、移送されたユダヤ人からは目立った反抗は少なかったとされ、総じてその無抵抗ぶりが印象づけられている。ゲットーからの移送は今よりよい場所への移動だと騙されていたことや、すでに中継収容所などで体力や気力が相当奪われていたからだとされる。だが、デポルタツィオーンの列車から脱走した例は皆無ではない。かれらは列車から飛び降りる者ということで「ジャンパー（Springer）」と呼ばれたが、たいていは若い男で、移送ルートに土地勘があり、複数回脱走をこころみて成功したことすらある〝経験者〟であったという。車輛は外から施錠されてなかば密閉状態にあったが、軍事輸送が優先されたことによって、デポルタツィオーンでは列車設備に不備が目立った。その不備をつく「ジャンパー」は少なくなかったのである。

脱出者を警戒するために、移送を担当するＳＳも神経質にならざるを得なかった。列車にはマシンガンで武装した隊員が乗りこんでいたが、その数は「ジャンパー」を防止するには十分ではなかった。四二年九月十日、イェクラインが担当した列車は長大な五十二輛編成に約八千二百人のユダヤ人を詰めこんでいたが、監視していたのは列車の先頭と最後尾に五人ずつだけだった。列車出発早々から暗闇と監視不足に乗じて脱出しようとするユダヤ人たちへの対処に、イェクラインたちは追われつづけた。機関車の馬力不足で車速が落ちた傾斜地では、鉄条網を張った空気取りの窓をすり抜けて「飛び降り」る者が続出した。イェクラインは脱出者を捕らえるために駅・沿線の当局への電話連絡をくりかえしたが、事態は運行とともに悪化した。ここでかれら警備隊が火器を使用したために、かえって移送されるユダヤ人「乗客」にパニックが生じた。結局、収容所に到着するまでには、二千もの死体が車内に生じていた。移送列車は、運行不能の瀬戸際においこまれていた。収容所に到着後ようやく安堵したイェクラインだったが、結局、脱走者が何人出たのかすらも報告できなかったのであった。

ＳＳの疲労困憊など知ったことではないといってよいわけだが、それにしても、残忍きわまりない行為に手を染めた側にも、それなりの焦燥や労苦や恐怖心に近いものがあったことは、デポルタツィオーンという事業の不可解さをむしろ一層際立たせるものであろう。およそ無意味な大量殺戮を準備し実行しつづけるために、膨大な労力がある意味、命がけで費やされていたとすれば、その不気味さは底知れない。……

ややや先回りになるが、戦後のアルベルト・ガンツェンミュラーにここで触れておこう。かれはドイツ敗戦直後にはドルプミュラー大臣と行動をともにできたが、四五年五月二十日、連合国軍による「自動的逮捕」をうけ、南ドイツの捕虜収容所におくられた。一九三七年以前の入党者であったガンツェンミュラー交通次官はナチとしての訴追をまぬがれないはずであった。だが、十二月にここを脱出し、翌年から翌々年にかけてイタリアをへてアルゼンチンに逃亡した。ここで独裁的なフアン・ペロン政権に仕え、アルゼンチン国鉄のアドヴァイザーとしてはたらく。ペロン政権崩壊によって、一九五五年、当時の西ドイツに帰国し、一九六八年に退隠するまで鉄鋼メーカー・ヘッシュ社に交通輸送の専門家として勤務した。

一九六四年、デポルタツィオーンについて書簡をやりとりした相手である元SSのヴォルフがミュンヘンの法廷で裁かれ、禁固十五年の刑を宣告された。元ライヒ交通省次官ガンツェンミュラーも一九七三年四月からユダヤ人大量虐殺の幇助罪をとわれ、デュッセルドルフで裁判がはじまった。このとき六十八歳のガンツェンミュラーは、自分と当時のライヒスバーン首脳陣はホロコーストを関知しなかったのだと主張した。審理五日目がおわると心臓病で入院し、一九七七年には健康上の理由から裁判にこれ以上耐え得ないと判断された。そのままミュンヘンで余生をおくることになり、一九九六年三月死亡した。九十歳。新聞などに家族による死亡広告やお悔み文のたぐいは出なかったという。

戦時下のライヒスバーン総裁

大戦中の一九四二年五月に戻ると、交通省次官となったガンツェンミュラーは、戦時下のライヒスバーン運営の先頭に立った。開戦後、激増した輸送に対応するのがライヒスバーンの課題であり、戦況がかたむくなか、車輌や人員の逼迫に対処しなければならなかった。滞りがちな戦場への輸送がもちろん最優先され、民間の需要への対応は制限された。

ガンツェンミュラーは「車輪は勝利のためにまわらねばならぬ！」という標語で、職員と乗客の双方にうったえた。あるポスターは「より多くの戦車を敵の前に！」と貨物発送の制限をよびかけた。「まず勝利！　旅行はそれからだ」という標語もつくられ、不要不急の旅行は遠慮しようと説く。クリスマスの帰省旅行さえも、不要不急の最たるものだとされた。「鳥ではないのだから、巣に帰るのは我慢しよう」という、四三年末につくられたポスターもある。

そのちょうど一年前、四二年のちょうどクリスマスがすぎるころ、ドルプミュラーは健康を害し、手術をうけた。大腸癌を発病したといわれる。一時休養を余儀なくされたが、このときはすぐに回復した。

図41　「車輪は勝利のためにまわらねばならぬ！」（1943年版ドイツ・ライヒスバーン・カレンダーより）

四三年にかけての交通大臣の主要な関心事は、東部占領地における総督府との交通行政の権限あらそいをうまく解決することであった。四三年七月には東部戦況打開のために機関車の大増産計画を決定している。シュペーアの目には、老ドルプミュラーはすっかり生気を取り戻しているようにみえた。看病にあたったマリーア・ドルプミュラーは、兄の体重がすぐに五十ポンド（二十二、三キロ）も戻ったことを喜んだという。

ところがこの年の八月には、ドルプミュラーは遺言状を作成している。直接の動機は不明だが、残される妹を案じているのは文面にあきらかだった。ドルプミュラーは、「この戦争にドイツが敗れたときに」妹がほんの少しの金や物品しか相続できないことを危惧していた。このころ、スターリングラードのドイツ軍敗北から半年近くがすぎていた。ドルプミュラーには、もはやドイツの勝利は不可能だということがわかっているようだった。すでに平時にそなえて、空爆後の再建と鉄道運行の維持もかれの念頭にのぼっていた形跡もある。

一方では九月十九日、ガンツェンミュラーとともにヒトラーから戦功十字騎士章をうけた。その翌日、ルーマニアの首都ブカレストを公式訪問。

四三年十一月、ベルリンへの連合軍の空爆が開始された。ドルプミュラーはライヒスバーン職員にこの「テロ攻撃」への対抗をうったえ、敵のいかなる凶暴も我々鉄道人の主義をくじくことはできない、とその「主義」なるもので演説をしめくくった。

「進め、進め、絶えず進め！／夜昼となく、進め／苦しみも危険ものりこえて、進め／ドイツの勝利のために進め！」

しかし空爆がつづくと、交通省はベルリン中心部から南に四十キロ離れた土地への疎開におわれることになった。

年末には、ヒトラー総統みずからさだめた「ドイツ鉄道人の日」を盛大に祝ったライヒスバーンとドルプミュラーだったが、戦局の悪化とともに浮き彫りになったナチス・ドイツ社会の頽落は、ライヒスバーンの通常業務にも大きく影をさすようになる。

「ふたたび、列車内。まわりのすべての人びとが、困難な人生をおくっている！　ケルンから疎開中の子ども連れの夫婦。夫はカッセルの駅で待っていたが、アフリカ〔戦線〕からの帰りだ。その隣には盲目の兵士がマールブルクの盲学校にいく途中で、戦友が口にはさんでやったタバコをむさぼるように吸っている。その次が、体のおおきな太った松葉杖の兵隊。靴をはかず、包帯に足をつつみ、凍傷でやられた爪先は切断されている。その隣には、ヴャジマ〔ロシア・スモンレスク州の都市で独ソ戦の激戦地の一つ〕あたりからの二人の帰還兵。七日かけて戻ったケルンの家は焼失し、家族は焼けだされた。西部の諸都市の子どもたちは田舎に疎開するのだ。軍事教練キャンプに召集されたヒトラー・ユーゲントが、サブマシンガンの正しい使い方の教本を熟読している。SS将校が最愛の花嫁の隣でうたた寝している。一人のウクライナ人は、故郷で親類を探しあてるために十二日間も旅をつづけていたが、野戦とパルチザン戦のさなかでは、無理であった。かれは軍需工場での労働で完全に消耗し、衰弱し、飢えていた。」

当時四十代おわりの作家・ジャーナリスト、リサ・デ・ブーア（Lisa de Boor　一八九四〜一九五七）が一九四三年三月にマールブルクにむかう列車内でみた情景を、日記に記したものである。ブーアは外国人労働者が日曜日、することもなく駅前に集まってくるのもみた。

「フランス人、ポーランド人、ウクライナ人、娘もいた。中央駅の前に寄り集まっていた。不潔で、ぶるぶる震え、たいていはコートも着ず、娘たちは夏服にスカーフを巻いていた。（……）果てしない憂鬱の気分が、故郷を遠くはなれた人びとにとりついていた。[*2]」

一九四四年には、戦線の急速な後退と縮小によって、ライヒスバーンの輸送能力に逆に余裕が生じたが、その分だけやらなければならないかのように、捕虜や強制労働者、さらにユダヤ人の移送を活発におこなった。一九四四年半ばまでに、ポーランド、ソ連から七百六十万人をこえる人びとが強制労働のために鉄道によって移送されていた。当時のドイツ国内の労働力の四分の一にあたる。だが、戦争と出征がつづく限り、人員の不足は決して解消されない。強制労働と（ナチ・イデオロギーの女性観からすれば、不承不承の）女性労働の投入が不可欠のものとしておこなわれたが、効果はうすかった。

ライヒスバーン自体もすでに東部からの労働者移入にくわえ、ユダヤ人、戦時捕虜労働などの強制労働に依存していた。すでに一九四〇年十月には徴兵により専門的技能をもつ労働力が不足しているために、女性と外国人の労働力の導入が決定されている。[*3] その後の戦況悪化で労働力不足は深刻化の一途をたどり、一九四四年八月には、本土におけるライヒスバーンの労働力のうち「ドイツ人男性」以外がおよそ四割を占めるにいたった。女性が二十一万二千人、捕虜が六万人、外国人労働が二十二万六千人である。この交通大臣名義の報告書では、外国人労働のこれ以上の増加はライヒスバーンにとって危機的な状況であると訴え、総力戦遂行の全権となったゲッベルスに対して次のように強い言葉をつかっている。

「運営ならびに交通設備はますます駄目になりつつあります。ドイツ人職員の徴兵がこれ以上つづくならば、そのたびにこの危機的な展開はますます加速するでしょうし、近々に破局的な状況をまねくでしょう。[*4]」

一九四四年二月、空爆がさらに強まり、工業施設と交通インフラが目標とされた。ドルプミュラーは、発病直前の一九四二年十月十二日から二十二日にかけて西部占領地（フランス、ベルギー、オランダ）への視察出張をおこなっていたが、そこでは軍関係者と話し合い、駅防空壕を見学するなど防空対策を調査していた。[*5] また、すでにこの頃には車輛に迷彩をほどこさせていた。しかし、すでに進めていたこうした空爆対策には効果がないことを、知らなければならなかった。

一九四四年四月、ドルプミュラーはヒトラーによって「ドイツ最大企業の経営指導者」としての「労働の開拓者」の称号をあたえられる。背後には、この称号を手土産にドルプミュラーを引退においこもうというシュペーアの意図があったとされる。

だが、ドルプミュラーには勇退する気はなかった。Dデイ（ノルマンディー上陸作戦）の二日前、一九四四年六月四日、パリを訪問し、来る敵の欧州大陸への上陸に鉄道がいかに備えるかを協議した。このとき、エルヴィン・ロンメル（一八九一～一九四四）将軍と面会し、「ライヒの絶望的な状況」について話しあった、との証言がある。

すでにドイツ・ライヒの全般的な崩壊はおしとどめられないものになっていた。三月二十日、SS全国指導者兼内務大臣ヒムラーは布告をだし、官吏の職務怠慢は厳罰に処し、官吏身分を剝奪・追放するとの方針をしめした。交通大臣ドルプミュラーは「わが職務領域にも関することである」として五月十日になってこれを本庁、ならびに占領地をふくむ各地鉄道管理局をはじめとするライヒスバーン全体に周知したが、なにか処分すべき違反のケースがあれば申し出るように、という内容で、ヒムラーの布告の口吻からはトーンダウンした印象である。さらにこれをうけて、占領地ベルギー・ブリュッセルの総交通局長官ヤコブスハーゲン（Jacobshagen）は、同地の鉄道管理局あてに添え書きして、「SSのいうような官吏の怠慢が生じれば個別に報告するべきであるが、一般的に官吏のミスについてはまず当該人物の配置換えを考慮することがよいだろう。」とした。[*6] ヒムラーは、敗戦が近づくなかでの官僚組織の機能障害を、職員個人の怠慢のせいにして脅迫的な手段で解決をはかろうというのだったが、そんな指示は鉄道運行の現場では、もはや真面目に受けとれるものではなかったのである。

庁内紙「ライヒスバーン」の表紙には毎号、戦没あるいは殉職した鉄道員、職員の名前が一面びっしりと並べられるようになっていた。戦死鉄道員のリストは表紙からはじまり、たいてい数ページにおよんだ。

その「ライヒスバーン」七月十九日／二十六日合併号は、交通大臣の七十五歳の誕生日を祝い、ドルプミュラーの肖像写真を表紙にかかげた。そして三ページにわたるガンツェンミュラー次官の祝辞によって大臣の経歴と人柄を紹介した。

「（……）一連の栄誉はライヒ交通大臣にして総裁という交通の専門家に対してのみならず、同じだけ、その人間に対してものである。かれの善良な心、ざっくばらんな心根、そして生き生きしたユーモアは、同僚や数多い部下たちをひきつけてきた。かれによる日々の創造的活動に立ち会い、部下のためにいかなる心配りをし、内なる意欲をめぐらせているかを知るという幸運にあずかっている者ならば、そして責任ある官務の負担から解放された楽しい時間における、まったくライン人風のユーモアと仲間意識を発揮したかれをも見知っている者ならば、その偉大な人間性を百万語が伝えるよりもよくわかっているだろう。
（……）」

DIE REICHSBAHN
Amtliches Nachrichtenblatt der Deutschen Reichsbahn
Jahrgang 1944 Berlin, den 5./12. Juli 1944 Nummer 27-28
FUR FUHRER, VOLK UND VATERLAND
STARBEN DEN HELDENTOD

図42　「総統、国民、そして祖国のために英雄的死を遂げり」（庁内紙「ライヒスバーン」）

七十五歳をむかえたドルプミュラー交通相は、ライヒスバーンの広告塔の役割も担っていた。窓ガラスがやぶれたところに板を張った三等車のベンチで通勤中、老眼鏡をかけて書類に目をおとすポーズのドルプミュラーの写真が撮影されている。

七月二十四日、ふたたび戦功十字章をうけた。これを機に七十五歳の誕生日をいわう式典がひらかれる。おごそかな音楽につづいてまずガンツェンミュラーによる祝辞、つづいて無任所の国務大臣オットー・マイスナー（Otto Meißner　一八八〇～一九五三）によってヒトラー総統による祝辞が代読された。

これらに対し、答礼のためドルプミュラー本人が壇上に立った。中央ヨーロッパの交通にこの身を尽くし達成できた諸成果は、従業員の忠勤とたゆみない助力がなければとても不可能であった、と感謝したのにつづき、みずからの人生と仕事をふりかえって、大ドイツの交通の発達は、分邦主義的な分裂から、統一された指揮下にあって常に戦える、今日の共同体組織へという段階をふんだのだと説明した。

この組織は、平時における交通への需要をみたすのみならず、ドイツ民族の運命的な闘争において交通部門に課せられる暴力的な課題も果たせる状態にある。総力戦遂行と戦争経済のあらゆる必要を残らず時間通りにみたせると、大ドイツ交通の戦力は保証しているのである。交通に働く男たち、女たちによる、ドイツ軍の最終的勝利への貢献である。この最終的勝利こそが、わが民族に幸福な将来を確実にするのである。（大意）

ドルプミュラーの答辞は総統への「ジーク・ハイル！」の掛け声と一連の国歌（ドイツ国歌と、必ず連唱されるナチ党歌「ホルスト・ヴェッセル」）で幕を閉じた、と庁内紙「ライヒスバーン」の記事はまとめている。

図43　軍需大臣シュペーアから「トット・リング」をうける75歳のドルプミュラー

同じ日にシュペーアによって、「ドイツ技術者賞」として「フリッツ・トット・リング」を授与されている。あのトットの名を冠した賞を、シュペーアの手からありがたくうけとってみせたが、そのあと誰かになにか辛辣な冗談でもとばしただろうか。それは伝わっていない。

都市、主要工業施設、鉄道に対する戦略爆撃は大規模につづけられた。この四四年の十月だけで三万五千トンの爆弾が投下された。多大な被害が生じた。都市や工業地帯への空爆による死傷者には、末期の戦争経済を支えるために強制労働にかり出された捕虜やユダヤ人も、多数含まれていた。

戦後の戦略爆撃調査団による空爆の効果査定とさらにその後一九八〇年代の経済史的再検討によれば、破壊しつくされたかにおもわれていた重工業施設の多くは巧みに隠蔽されるか、あるいは事後ただちに修復されていたことが判明している。シュペーア以下のナチス・ドイツが無理をかさねてつくりあげた多数の軍需生産プラントは、空爆をのがれて生き残り、一九五〇年代以降の（西）ドイツの「経済の奇跡」とよばれる復興と高成長の一基盤になった。

しかし、鉄道はじめ交通インフラへの周到な攻撃はきわめて効果的であった。鉄道がこうむった戦災の正確な規模は不明だが、戦後なお、ドイツ全土で一三〜四％の鉄道橋が落ちていたという数字がある。四四年秋以降、米英空軍によるルール地方の列車や主要路線への空爆によって、石炭供給がストップし、ドイツの戦時経済は麻痺していった。プラント間の財・資源の流通が破壊された結果、戦争末期の生産活動はストップし、ドイツ経済は崩壊していった。

七十五歳の誕生日をすぎてからのドルプミュラーの考えや活動には、不明の部分が大きいようである。最後に撮影された公的な場での写真は、四四年の年末、第二回「ドイツ鉄道人の日」の祝賀会場におけるものである。ナチの要人たちと並んで最前列の席に座り、老眼鏡をかけた表情は、どこか茫漠としてとらえどころがない。

敗戦のドルプミュラー

四五年一月、戦禍によって、ライヒスバーンは急行列車の運行ができなくなった。線路網は寸断され、地域内の短距離の列車運行だけがかろうじて維持された。

このころ、ドルプミュラーは腸から出血をみとめた。二月、二度目の手術をうける。休養にはいったが、業務を分担で代行したガンツェンミュラーやシュペーアにとって意外なことに、ふたたびすぐに職務復帰をはたす。

三月十九日、残存するすべての生産施設、鉄道、道路、橋梁等を破壊すべし、という焦土命令がヒトラーにより出された。ローマ皇帝ネロによるローマ放火の伝説になぞらえて「ネロ指令」とよばれることになる。「敵の戦闘力を弱めその進撃を阻止するため、（……）あらゆる措置を講じなければならない。」というのであったが、ヒトラーは、敗戦後にドイツの生産施設を敵の手にわたすことを拒んだのだともいわれる。ナチス・ドイツの崩壊によって民族もまた滅亡する以上、戦後のドイツ人によるインフラ利用を考慮する必要はないというのがその真意であった。軍需大臣シュペーアはこんな命令を実行するわけにはいかないと考え、破壊任務にあてられた国防軍やガウライター（ナチの地区指導者）、防衛担当のライヒスコミッサール（国家弁務官）への実行の指示を拒否したと回想する。またシュペーアのひそかな説得に、破壊を現場で指揮すべきナチ党員たちも同意したという。

ドルプミュラーとガンツェンミュラーの態度も同じであった。政府高官やライヒスバーン首脳である以前に、生粋の鉄道人であるこのふたりにとって、戦禍による以上の破壊を自国民の手でくわえ、ドイツの鉄道を完全に消滅させることなど思いもよらなかったのである。また、「輸送機関、通信設備、産業施設、補給処等、これまで破壊されていないもの、あるいは一時休止の段階にあるものが、失地奪回の暁には、再度我々のために役立つとする考えは誤りである。敵は撤退するとき、住民のことは全く念頭になく、焼土しか残してくれない」（滝川義人訳）という、この命令書におけるヒトラーの言葉には、中国革命やロシア革命も見聞し、先の大戦後にも当事者としてこの種の経験を豊富にもつドルプミュラーは、とうてい同意できなかったであろう。結局、ライヒスバーンは「ネロ指令」を実行にうつしていない。

一九四五年四月二十日はヒトラーの五十六歳の誕生日である。ベルリンにも赤軍が迫っていた。この日、空爆で損傷していたヴォス通りの交通省庁舎において、ドルプミュラーはライヒスバーンの現況に関する最後の報告会議をひらいた。鉄道の国内ネットワークは崩壊し、ドイツ・ライヒはいまや南北に分断された状態になっている。かろうじて機能している鉄道管理局は、ベルリン、ドレスデン、シュヴェーリン、ハンブルクだけであった。この他の管理局がおかれた二十七の鉄道管区は、すでに敵の手におちている。

「我々が成しとげたのは、長年にわたり目指していたことですよ。」

ドルプミュラーはこんな言葉で、会議をしめくくった。これでライヒ交通省の業務は終了である。かれのものだったドイツ・ライヒスバーンは、十九世紀以来追求されてきたドイツ鉄道業の統一を実現したが、それも鉄道網の寸断、路線の喪失というかたちで瓦解した。

ヒトラーは閣僚たちのベルリン脱出を許可し、ドルプミュラーも四月二十一日に北ドイツ・ホルシュタインのマレンテに自動車で移動した。ここにはライヒスバーンが鉄道職員用の保養施設をもっていた。ドルプミュラー一行のマレンテ入りからすぐの四月三十日、ベルリン攻防戦のなかでヒトラーは市内の総統地下壕で自殺した。後継者に指名されていた海軍元帥カール・デーニッツ（一八九一〜一九八〇）は、南シュレースヴィヒのフレンスベルクに五月一日付けで政府をかまえた。

ドルプミュラーの名はヒトラーの政治的遺書中にみられなかったが、このフレンスベルク政府でも、ドルプミュラーは交通・逓信大臣に任命された。だがドイツの無条件降伏確定後、連合国はフレンスベルク政府を承認せず、五月二十三日にはデーニッツ以下、シュペーアなど主だった政府メンバーが逮捕された。中央政府の存在を否定され、このときドイツ国家はいったん地上から消滅した。

ドルプミュラーは逮捕をまぬがれ、マレンテにもどった。新しい任務をえて、ここからパリにむかうことになる。連合国軍司令部に召喚をうけたのであった。

パリでは、アメリカ軍の軍事鉄道サーヴィス（M・R・S）のリーダーであるカール・グレイJr.（Carl Raymond Gray Jr.　一八八九〜一九五五）がまっていた。ひと月前までのライヒスバーン総裁ドルプミュラーの直接の敵手ということになる。しかし、シカゴ・セントポール・ミネアポリス・オマハ鉄道の重役出身のグレイは、第一次世界大戦前以来の国際的な名声をもつドルプミュラーを高く評価していた。アメリカ占領地区の鉄道業の再建に、この高名なドイツ鉄道人の意見をもとめている。両人とも冗談好きで知られていたから、二代続けての鉄道屋同士、気があったのかもしれない。ここでドルプミュラーをフランクフルトに行かせる計画がもちあがった。

ホロコースト研究の基礎文献として不朽の地位をもつヒルバーグの大著『ヨーロッパ・ユダヤ人の絶滅』において、「絶滅機構の中にいた人びと」のリスト中の「ドルプミュラー」の項に「占領軍によって雇用」とあるのは、このことを指すであろう。

しかし、このドルプミュラー派遣プランが、戦後の西側占領地における鉄道再建事業につながるものだったかどうかは不明である。連合国が西部ドイツの鉄道再建をドルプミュラーに委託した、というのはあきらかにややいい過ぎなのであった。

ただ、ドルプミュラーへの国際的評価は、戦争直後にはまったく揺るぎないものだったことはわかる。アメリカに亡命中のハインリヒ・ブリューニング元首相は、すでに戦時中にドイツ占領政策について意見書を提出しているが、その中でドルプミュラーらライヒスバーン首脳は留任のうえ鉄道業再建の任務にあてられるべきだと述べ、とくにドルプミュラーについては「ナチスからの圧力に巧妙に抵抗した」

とした。一九三四年に亡命したブリューニングにとっては、ドルプミュラーはそのようなイメージでしか見られなかったのであろう。また、戦時中のライヒスバーンが実施したデポルタツィオーンは、まだあまり連合国軍の意識にのぼっていなかった。

パリ滞在中には郊外のル・シェネに宿泊したが、そこにはドイツの指導的な技術者や企業家があつめられていた。シュペーアにもまたここで会ったが、そのなかには優れた飛行機設計・製造でしられたエルンスト・ハインケル（Ernst Heinkel　一八八八～一九五八）もいた。ハインケルは、ライヒスバーンの老総裁につよい印象をうけている。

「（……）かれは重い手術をうけたばかりで、看護婦を連れてきていたし、たいていは庭園の長椅子にすわっていた。ライヒスバーンの最高幹部会からきた忠実な部下に囲まれ、歯に衣着せぬ話しぶりで、あくどい冗談をとばしているのが、こちらの耳にも入ってきた。」

数年前、ハインケルはドルプミュラーとボーデン湖畔のホテルで知人を介して知り合っており、明け方まで酒につきあわされたこともあった。ドルプミュラーのとめどのない大酒癖は変わりがないようだった。

「（……）いまや、この偉大な老人に、ともに半監禁生活のなかで再会したのである。あるとき、看護婦がドルプミュラーのシャツを洗濯したことがあったが、かれはそれが乾くまで、散歩の杖に旗のようにくくりつけて振っていた。自分の突然の死をなお全く予期していなかった。シェネを出発して何週間もたたぬうちにうけた再手術の直後、かれは死に襲われたのだが。」

ドルプミュラーとその幕僚たちは、西部占領区の鉄道再建を自分たちが連合国軍に委託されたと思い込んでいるふしがあった。その後の占領の展開や制度面からみて、これはかなりあやしい。たしかにライヒスバーン総裁の死の直後、米国占領地区ではM・R・Sのもとに、鉄道管理局レベル以下の機構とその業務はライヒスバーン旧組織の継続がみとめられた。もっともそれはあくまで「占領の法・制度に抵触しないかぎり」であった。[*7] 新設されたフランクフルトのライヒスバーン上級営業局（Oberbetriebsleitung: OBL）のマークは、「鷲」から「車輪にハネ」に変えられた。アメリカ占領区ライヒスバーンは州単位で三分割されるだろうというのも、根強い噂としてささやかれていた。

また、たとえかつての総裁の座るべき椅子がいったん準備されたとしても、ナチ期の要人の戦後における処遇に関しては、アメリカ政府内部では部署や人物によって考え方の相違や対立、そして時期による変転があったことが知られている。ドルプミュラーが重用され続けた保証は何もない。

にもかかわらず、このときの連合軍の一部にみられた態度——ならびにそこから派生した「（大臣・総裁でさえ）占領軍によって雇用」といら後世の理解——は、のちにドイツ側関係者によって一種のアリバイ代わりにつかわれた。戦後西ドイツ社会での元幹部たちの処遇にも、その後の「ドルプミュラー論争」にも、これはやや複雑な影響をおよぼすことになる。

六月十三日、ドルプミュラーはマレンテに帰着。さっそくフランクフルト派遣訪問の準備をはじめたが、二十三日に大腸癌の手術をまた受けた後、体の状態が急に悪化した。手術後、栄養摂取がうまくいかず、急激に衰弱したとされる。死の二日前まで意識は明瞭で仕事の話ができるほどだったが、やがて昏睡状態におちいった。

七月五日木曜日、死去。遺体は疎開の地であるマレンテに埋葬された。

おわりに　ドルプミュラーとはだれか

W氏の宿題

「ユリウス……息子のほうです。ライヒスバーン総裁。」

と、私（筆者）はこたえた。ニュルンベルクの交通博物館のカフェである。このカフェのテラスから見下ろせるはずの広場で、ドルプミュラーを糾弾するデモが一九三三年におきていることすら、このときの本稿の筆者は恥ずかしながら知らない。「ドルプミュラーについて調べるというが、親子どちらの方か」と博物館図書室の司書クラウス・W氏にたずねられたさいの答であった。

「なるほど。しかし、きみは、たしかずっと十九世紀の鉄道のことを調べてきたはずだが、なぜユリウス・ドルプミュラーを次の仕事のテーマにするのですか？」

よくおぼえていてくれるものだ、とおもった。

「そのとおりです。私は、ずっと十九世紀のドイツ鉄道のことを調べてきました。しかし、私が思うに、二十世紀におけるドイツ鉄道の発展についてしらべることは、二十一世紀の私たちにとって、きわめて重要です。」

なんの答にもなっていないなあ、と内心思った。前半はオウム返しではないか。

「いいかえますと、……十九世紀ドイツ史研究と二十世紀ドイツ史、とりわけナチス・ドイツ研究は、そもそも連結しているのである。〃ドイツ特有の道《ソンダーヴェーク》（Sonderweg）〃論というのがありますね？　ありました。……十九世紀ドイツの後進性のなかに、ナチスにつながる前近代的な要素の連続性を、歴史家はさがしてきました。〃特有の道〃論はかつての支配的な視角でした。」

そして、ドルプミュラーへの研究は二十世紀ドイツ鉄道史研究の中核にあります、と言い添え、おぼろげに用意してきた理由を話しはじめた。近年の社会経済史研究の問題設定や成果を、自分勝手につまんでしゃべることになる。

「私たちがドルプミュラーに関心をもつ理由が三つあると思います。……いや、二つある。経済史学、ないし、社会経済史の観点からは……、です。」

外国語で何か説明するときは、最初になんでもいいから「三つある」というべし、という誰かの忠告にしたがってみた。実は「三つ」とまずいうのが肝心だ。なあに喋っているうちに三つが二つになろうが四つになろうが大して問題はありゃしない、とその人はいい添えてくれたが、その教えは残念ながら守れなかった。

なんといってもホロコーストに興味があります。ドイツには反ユダヤの強固な伝統があり、ドイツ国民は「ヒトラーの自発的な死刑執行人」だったとアメリカの一研究者ゴールドハーゲンは結論しますが――などとここでいうものではないし、また、そうした観点にはあまり賛同もできないので、反ユダヤ主義の深い根、などと下手に口にしたくはなかった。ドイツ人の権威主義的パーソナリティの、などという話題も避けたい気がしたのである。

「まず、第一。ドルプミュラーは、代表です。ええと、二十世紀の経済社会におけるテクノクラート支配の、一代表。彼は代表的なテクノクラートでしょう。二十世紀の社会・経済は、とくに第一次世界大戦以降は、古典的な資本制ではない、……なかった。アダム・スミスの意味での古典的な市場経済社会ではなくなった。計画化され、コントロールされ、……そう、レギュレートされた市場経済。ナチス経済は広義の『社会主義』ではなかった。戦争のために、国家が市場を統制する市場経済、いわゆる資本制経済でした。この点で、ドルプミュラーはナチスと……えー、まあ、いわゆる、……共鳴した、と考えられます。同伴？……具体的には、経済的効率性の追求。生産性の向上。ユダヤ問題の〝解決〟も、短期の効率性の追求という点で、彼にとって拒否すべきものではなかった、かもしれない。そうではないでしょうか？」

前半部は、日本の研究者でいえば、柳沢治、小野清美、雨宮昭彦、山井敏章といった先生がたの関心を粗っぽく混ぜたものだな、と思いながらしゃべった。

……そもそもテクノクラートは誰にでも仕えられる。ドルプミュラーはかつてプロイセン王の官吏であり、清朝や中華民国のマンダリンにも仕え、ドイツ帝国の一員として大戦を戦い、ヴァイマール共和国においては連合国の代表を含む監理会を擁して「ドーズ・バーン」と陰口をいわれたライヒスバーンを代表して働いた。今度（一九三三年一月）の新しい、どうみても胡乱《うろん》な成り上がり者の政権に仕えることも、今さら厭うことがあろうか。しかも短命におわるはずだった政権は意外に強靭であり、己を重用しようとするセンスをもっている。なぜ加担せずにいられただろうか。――と言葉を重ねようかとおもったが、これはどうも私の会話力には手に余ったので省略して、第二に、とつづけた。

「ドイツ・ナショナリズムを再考するうえで、ドルプミュラーはひとつのよい素材です。ドルプミュラーはドイツ・ナショナリストでしたが、同時に、最初のグローバリゼーションの時代におけるナショナリストでした。大事なのは、グローバリゼーションの時代に、ドイツ・ナショナリズムが……ええと、高価になった。」

「高揚した？」

「そう、高揚した、です。」近年流行のグローバル・ヒストリーと戦後西ドイツの批判的なドイツ近代社会構造史をつなげようというS・コンラート（Sebastian Conrad　ベルリン自由大学教授）の視角の一部をいただいた感じになるが、とおもいながら、次のようにしどろもどろで続けた。

「ナショナリズムとは、グローバリゼーションの中でこそおこる現象です。いいかえれば、ナショナリズムはグローバリゼーションの、板、ある一種の板……共鳴板である、そうではないでしょうか？……かれは国際的な経験を持っていた。ダカラコソ、ナチズムに同伴するような、偏狭なナショナリズムの高揚が、かれに見出される。そうではないでしょうか？　それとも、かれのナショナリズムには、十九世紀末の技官差別に、……それは、その根をもつのか？　もとい、由来するのか？　ドイツ十九世紀鉄道人の、歴史的文脈において？」

　おれの知る限りではドイツ人は総じて、ドイツ語を喋ろうと悪戦苦闘する外国人に大変我慢強く応対してくれるものだな、アメリカ人や英国人と英語で話そうとするときとはかなり違う、――などと思いながら、おおむね上のように話しおえた。

食べ終わった皿を前に、黙って聞いていたW氏は、大変興味深いパースペクティブだ、といってくれたが、

「あなたがあわせて考えるべきことは、全体主義の独裁政権のなかで、ひとがあの時、それに抗して一体何ができただろうか、ということだろうね。」

W氏が旧東独のうまれ育ちだということを、私はそのときすぐに思いだしたわけではない。その後図書室で資料をいろいろと出してもらい、やや薄暗い部屋でいつものように時間に追われながらの機械的な作業にはいった。それを終え、今回は残念ながら時間がないのでといって早々に辞去、宿泊地である別の街にもどる帰路の飛行機のなかで、いまさらのように気づいたのである。

といって私が氏の若い日の、旧東独の一党独裁体制のもとでの生活について、なにを知っているというのでもない。そうした話題は、これまでの会話の中でもほとんど出てきたことがなかったのであるが、幼少期からの長い持病があるらしい氏の様子や、旧東独地域・新連邦州ではなくこの旧連邦州（旧西独）のニュルンベルクで一人暮らしをつづけているとのことからも、何かしらの想像を禁じえないのであった。

どうも宿題を貰ったらしい。そして宿題は、たとえ途中までしかできていなくても、本来、出さなければならないものなのである。しかし、以下がそれだといえるだろうか。

ドルプミュラー　錯誤の悲劇

ドルプミュラーはナチスの大量虐殺に加担した「悪魔の総裁」か、それとも「ただ鉄道のために」生きたのか、という問いが意味をなさないことは、その生涯を急いで追うことでも、確認できただろう。この双方をそれぞれ否定することはできない。そして両者は不可分であり、後者が前者の前提であったといわざるをえないのは、あきらかであった。

問題は、それが不可避であったか、に尽きる。ドルプミュラーには、非人間的な政策実行に関与しないことが可能であったのか。

暴政と戦うための武器になると思われるものを、ドルプミュラーはほとんど備えていた。たとえ、交通大臣・ライヒスバーン総裁としてふるうべき権力やそれによる手段が限られたものであったとしても、である。

ドルプミュラーには科学的な合理主義も、勤勉さも、家族愛も、体力も、劣等感をはねのける自尊心も、苦境にたえる強い意志も、冒険の勇気も、豊富な国際経験がもたらす広い知見も、友愛の情も、異文化への適応力も、新奇なものをうけいれる心の柔軟さも、エスプリやユーモアの資質まであった。終始、鉄道にこだわった一徹も、それを職人気質とかんがえれば美質のひとつだったといえなくもない。ドルプミュラーの場合、信従の徳は特定の個人やイデオロギーにではなく、天職にむけられたようである。そのため、ときの権威や権力をものともしないところすら、この鉄道屋にはたしかにあったのだ。

にもかかわらず、ドルプミュラーはナチ体制に抗することはなかったし、事実のおそらく大半を知ったうえで、抵抗の素振りをみせることもしなかった。その点で、「名誉ユダヤ人」をうそぶき、ナチスに対して反抗的態度をとおした末に死をえらんだ戯曲『悪魔の将軍』の主人公「ハラス」とはかなり異なる。むしろ、そのモデルのほうに近いだろう。航空機総監エルンスト・ウデット（Ernst Udet 一八九六～一九四二）の自殺は、作戦の失敗と空軍内の政争に敗れたことによる失脚を苦にしてものだったようである。

たとえ何の実際的効果もなかったとしても、ナチ政権と手を切るための辞職や勇退という選択肢もあった。交通大臣としての前任者の出処進退の態度がまさにそれだったが、ドルプミュラーがこれに倣うことはなかった。それどころか、自分を総裁の座から追おうという動きには、手練手管をつくして立ちむかった。最後の最後まで権力者の地位にとどまり、じぶんの職務を積極的にはたすことに執心し続けたのは、ライヴァルであるナチ党員の軍需大臣たちと同じだった。

だからドルプミュラーは、ライヒスバーンによるユダヤ人の絶滅収容所への移送遂行の責任を、問われつづけるだろう。ナチス・ドイツ政府が依頼しライヒスバーンが受注した事業であるデポルタツィオーンの責任は、法的にも交通大臣兼総裁に帰着する部分がないはずはない。

また、無抵抗の住民を虐殺現場に追いやったという、この事実についてだけは、時間の経過や戦争の記憶の風化が責任追及を弱めるものではなく、むしろその逆だとも思われる。だから今後ドルプミュラーの名は、ナチスの犯罪とともに語られることからは、永遠にまぬがれないのだともいえる。

これは本人がもし生きていれば、最も思いもよらぬことだったろう。ドルプミュラーには、悪事の隠蔽の意図は感じられない。最後まで多弁であり、秘密を抱いていた気配は感じられなかった。そもそもドルプミュラーは、「何も知らなかった」のだから、責任の所在そのものも「知らなかった」わけである。「責任」といえば、ドルプミュラーには自己の責任をはたすべきという意識は、過多なほどにあったと想像できる。だからこそ、ナチ政権の攻撃にさらされても、大臣としての権能を制限されても、あるいは病身となってさえも、ライヒスバーン総裁の座を去ろうとはしなかったのであろう。個人としての潔さを発揮して職を去ることは、祖国のために自分に課せられた義務を放棄することだと、ドルプミュラーは心から思っていたはずである。自分ほどうまくドイツの鉄道をうごかせる者はいない、と信じていたからである。だが、それは思い上がりというものだったかもしれない。

また、交通大臣兼国鉄総裁にのぼりつめた鉄道人がナチス・ドイツにおいて負うべきだった本当の責任とは何であったか、という問いを、これで避けられるものではない。

ナチ政権に背くことには、たしかに当人にとって不名誉、不自由にとどまらない身の危険があった。しかしもしも、それをおそれるところが少ない豪胆さをもっていたとすれば――もっていたように見えるが――、ドルプミュラーの責任感には錯誤がからんでいたといえる。決定的な錯誤であった。

いいかえれば、もしもドルプミュラーに悲劇があるとすれば、死にいたるまで鉄道の加担する虐殺の惨劇を見て見ぬふりをするという心理の陥穽におちたまま、自分の負うべき真の責任とは何かという問いに、真剣に思いをめぐらすことができなかっただろう点にこそあった。宗教的な「罪」という概念には、ここでは触れないことにしよう。だとしても、人並み外れて優秀だと自他ともにみとめた者にとって、これは不名誉とも恥辱ともすべきことにちがいない。

何（か）を学べるのか

だが、それは結局、かれ個人の悲劇にすぎない。いまや大事なのは、そこから私たちがなにを学ぶことができるか、ということだろうか。

しかしそれも、個人の不名誉など問題にもならない巨大な規模の殺戮に触れたあとも、なおもそんなことが許されていれば、であるが……。

ホロコースト研究から、何かの政治的主張の根拠や社会科学的結論や歴史の教訓を安直に得ようとしてはならない、なんらかの結論をえて私たちがそれをすぐに役に立て、気分よくなることなどありえない――という意味の、『ホロコースト・スタディーズ』が末尾に引いた史家M・マラスの言葉の前では、私たちは悄然としながらも、同意せざるをえないのである。

だが、本稿がホロコーストそのものの研究ではなく、あくまで鉄道史をめぐる研究だとするならば、教訓をさぐることはかろうじて許されるかもしれない。ホロコーストそのものからではなく、ホロコーストに手を染めることで崩壊した組織とその代表者の経験からえられる教訓として――であれば、以下のことを書き留めておくのはなんとか許されるのではないかとおもえる。

なんといってもユリウス・ドルプミュラーは、すぐれた才質と人間性の持ち主でありながら、悲惨な失敗をみずからにもたらした多数の二十世紀前半のドイツ人のひとりであった。そして、その悲惨は、私たちもこれから直面するだろう問題から起きたのである。

組織への侵入

ドイツ・ライヒスバーン社という国営企業は、賠償金支払いという特殊な政治的任務をおびつつ、それゆえに営利企業であらねばならないという複雑な性格をもっていた。とはいえ、大戦前十九世紀以来のドイツ語圏の官有・官営鉄道の長い伝統を直接引きつぐ、官僚組織であったことは間違いない。ドルプミュラーもまた、まちがいなくその一員であった。（だが、一度は官僚組織からのキャリア的逸脱をえらび、高官としては型破りな点がめだったことを、あとから思いかえすことにしよう。）

ナチ政権は、この官僚組織に攻撃をくわえ、浸食に成功した。一般に、政権奪取後のナチスが国家統治機構に強力に押し入ることによって、伝統的なエリート支配の官僚制機構は弱体化し、党や政府の複数の権力者が競合する多頭制的な統治が行政を左右するようになったとされる。そうした「指導のカオス」「組織のジャングル」とも後年よばれる状況では、本来は行政組織や統治機構には距離のあった異物的な人間、新政権にキャリアアップの機会をみた「政治的投機者」が組織の中に入りこみ、しばしば従来の組織構成員と角逐をくりひろげた。

ライヒスバーンの場合、強制的同質化は、当初は鉄道官吏中の党員やその同調者が先導した。鉄道業という技官・文官を問わず特有の技術的要素のつよい分野では、さすがにワイン商のリッベントロップ某がいきなり外交政策決定の中枢に殴りこみ、やがてこれを掠めとったようなわけにはいかなかった。だが、かれら鉄道業内のナチ勢力によって人事がまわされるようになったとき、たとえ鉄道官吏・職員と全く無関係のいかがわしい人間が大量に侵入することはなくても、そこでは既に「ラウフバーン

（Laufbahn）」とよばれる官僚制的な昇進の階梯は軽視され、従来的な秩序は麻痺している。ドルプミュラーがこだわったライヒスバーンの自主性・自律性など、すでにありえなかった。独ソ戦線膠着後の人事刷新では、シュペーアの直接的な介入になすすべがなかったし、ドルプミュラー本人も、自分の地位を守るには、ナチ党・政権中枢内の権力関係にたよるしかなかった。そして、デポルタツィオーンにおけるＳＳとの組織的協力の遂行も、この文脈の上に置ける。

ナチ党関係者のイレギュラーな形での台頭や中枢部の占拠は、しかし本人たちのつもりでは、決して単なる個人のキャリア的投機だけではなかっただろうし、周囲もいくらかはそう受け取ってやっていただろう。旧弊な官僚組織の硬直を打破ないしリセットし、その腐敗と弊害に容赦のないメスを入れ、エスタブリッシュメントによる行政ならびにそれにともなう利権の独占を排除する、清新な改革者。そうした顔も、日本でいえば霞ヶ関にあたる官庁街ヴィルヘルム通りにのりこんだナチ勢力はたしかにもっていた。たとえば政府広報部を改組した国民宣伝省では、若き新大臣ゲッベルスが庁舎をすっかり模様がえし、文書頼りではなく電話と口頭による即断即決を省内で徹底すると訓示した。

しかし官僚制的な秩序や手続きの非効率や役人の怠慢を憎むこうした勢力の存在が、公益をうたってきたドイツの鉄道に結局は市民大虐殺の片棒をかつがせることになったのもたしかである。ただすべき不正――そのなかには、世における自分自身の不遇というものもあったはずであるが――の原因を、かれらは究極的には「ユダヤ人」にしかみなかった。その結果、より許されえない不正と退廃を、十九世紀以来の伝統的な官僚組織にもたらしたのである。

ドルプミュラーに関していえば、ここでもその責任はまぬがれえない。デポルタツィオーン開始より前の、ナチ政権成立期に限ってもそうである。戦時中よりもなお行動の余地が大きかった時期においてこそ、個人の判断の責任というものはより重く問われるべきかもしれない。ナチ政府との妥協において、かれは相手を甘くみていたところがあった。経験豊富なヴェテラン高官として、奇矯で無責任な言動をくりかえす街頭選挙運動の役者たちを軽侮していたかもしれないし、何よりかれらは自分よりもずいぶん若いのである。

ここで、私たちは思いださなければならない。ドルプミュラーは、かれ自身が新しいタイプの官僚として鉄道界の頂点におどりでたともいえることをである。

ドルプミュラーの位置づけ──「早生的ナチ・エリート」として

ドイツ・ライヒスバーン総裁ドルプミュラーという鉄道高官を、ナチスが否定・肯定双方の意味でそう目したように、「古きドイツの象徴」と位置づけるのはあまり正確ではない。ドルプミュラーの自己認識においてそれに近いものがあったとしても、実際にはドルプミュラーは十九世紀ドイツ鉄道官僚の古典的なモデルとはかけ離れた存在であった。

すでにみたように、ドルプミュラーのキャリアには、第一次大戦前という「長い十九世紀」末期においても逸脱があった。さらに、かれのその後の栄進は例外的であり、第一次世界大戦の敗北が生んだ不安定な共和制という特殊な状況の産物であるとしかいいようがない。帝政崩壊期に官界に復帰した直後には、海外での業績による名声がありながら、一九二〇年という時点でなお、技官としての高位に到達する見通しさえなかった。にもかかわらず、その後の数年で加速的な栄進をとげ、ついに技官ではじめてドイツ鉄道業のトップに立った。

そこで決定的だったのは、革命の結果成立した新体制の政府要人による、立て続けの抜擢である。当然、従来の鉄道業における官僚制的秩序と摩擦をおこしたが、ドルプミュラーに期待をかけた要人たちは、それをむしろ望むかのようですらあった。つまりは明確に政治的な意図が、ドルプミュラーの栄達には公然と働いていた。皮肉にも、ドルプミュラー本人は必ずしもそうした人びとと政治目標を共有することはなかった。だが、その本人の意識とは別に、そこでのドルプミュラーが一個の「政治的投機者」の役回りを演じたことはまちがいない。少なくともかれに出世で追いこされた鉄道官僚たちは、そう見ただろう。家柄も財産も乏しかった中国がえりの技官が官僚組織の一頂点をきわめたのである。自他ともにみとめる純然たる斯道の専門家にちがいないとはいえ、ドルプミュラーは体制転換期の動揺に乗じた野心的なアウトサイダーであったことになる。

この点でドルプミュラーは、ナチ期に「政治的投機者」として群がり出、旧来の官僚制的秩序を食い破り乗っとったアウトサイダー出身のナチ・エリートの先駆的存在であった。

あるいは「早生的」と言いかえてもいい。かつて日本の経済史学で、ナチ経済に先立つヴァイマール期経済を「早生的国家独占資本主義」などと呼んだことがある。この古典的把握の当否は別として、ある隠された連続性、そしてそれがなお抱えていた不足を指摘するために、「早生的」というのは便利な用語だ。

「長い十九世紀」がおわったあとの一九二〇年代と三〇年代前半は、政治体制の再転換をまたいでも、やはりひとつながりの歴史的時間であった。そこでは、同じような種類の人間が立場を変えて出入りをくりかえし、交錯したのである。ナチ・テクノクラートの先駆と位置づけられる人物に、たとえば第一次大戦期の統制経済の立役者としてのヴァルター・ラーテナウがいたが、早世的ナチ・エリートとしてのドルプミュラーは、それとはまた違った意味でナチ・エリートたちに先行する存在である。

つまり、二十世紀から二十一世紀にかけて確立していった大衆社会において、前時代の伝統的エリートと競合しこれを否定する点に、みずからのチャンスとアイデンティティをみいだす者。国民国家による総力戦体制が産み落としたポピュリズムのなかで力を獲得した、新しい選良である。

ドルプミュラーがナチス・ドイツの高官として最後まで生き残れた理由のひとつも、こうしたナチス・ドイツがもった伝統的エリートへの対抗――これは一般にポピュリズムの大きな要素であろう――という面での親近性にあるとすべきだろう。

もしもドルプミュラー本人がそう指摘されれば、これは心外だったにちがいない。かれは世代的には十九世紀の人間であり、ナチ指導者層以降の世代とは世界観も政治的メンタリティも異にした。アウトサイダー的であったといっても、帝制ドイツの一定の（新）エリートとしての資格を自分の努力で身につけていた。ナチスの多方面に攻撃的で破壊的なイデオロギーにも、ドイツ・ナショナリズム以外の点では何のシンパシーもなかった。何よりもナチスは最初、この自分をあきらかな攻撃対象とみなしていたではないか、と。

ドルプミュラーはしかし、結局はかなり容易にナチ新体制にとりこまれ、しかもそこでしぶとい順応をみせたとせねばならない。古きドイツの象徴として利用された、という当初の理由だけであれば、どこかでさっさと御用済みになっていてもおかしくなかったが、そうはならなかった。ここには、帝政時代とはまったく異なる種類の、大衆動員に支えられた権威主義的政府の一員として、ドルプミュラーに適性があったことがうかがえる。

ドルプミュラー自身では生き残りのために、成り上がりの胡乱な連中に巧妙に対処したつもりであっただろう。それはかれ個人の身上については成功したともいえる。ナチス・ドイツは結局は十三年しかつづかず、これは多くの体制崩壊を経験した老練なドルプミュラーが内心でおそらく計算にいれていたことでもあった。だから、従順でありながら、ある種のたかをくくった態度をとってもよかった。

だが、結局はかれらの非道に加担し、トップクラスの行政官としてナチ政権とほぼ運命をともにすることになった。本格的なナチ・エリートという自分の後身たちに、先駆的な同類ではあっても、あくまで早生的な存在は圧倒されざるをえなかったのである。

老人のあした

二十世紀的現実の深刻化は、ドルプミュラーを追いこしてすすみ、前世代の老人はそれに対してなすすべもなかった。

より新しい、そして理解不能な存在に対して、注意深くふるまうことができなかったのだともいえる。「悪魔は齢を重ねているので、対抗するためには自分も齢をとらなければならぬ。」という有名な台詞をもじっていえば、ナチスという「悪魔」は自分より若く未知なるものだったので、それへの謙虚な警戒が必要だったのではなかっただろうか。

だが、経験豊富で強壮な老人であったドルプミュラーは、むしろ自分自身の「次」を常にはかってばかりいた感がある。初期においては、ヒトラー政権そのものの短命を当然予期していたから強気にもなり、だからこそ頃合いをみれば逆にあっさりと妥協もした。戦争の帰趨がみえれば、次の「お上」に仕えるつもりであった。

世代的に「十九世紀の人間」であるドルプミュラーは、二十世紀前半の過酷な現実に対応しているつもりで、実はみごとに足をとられ、最も愛する対象である「ドイツの鉄道」に、巨大な規模の非道の片棒をかつがせることになった。ナチス・ドイツの恥辱にまみれた敗戦のなかでドイツ・ライヒスバーンは崩壊し、後世に黒々とした凶行の記憶をのこした。

しかし、ドルプミュラーは、苦い皮肉めいた言葉を交通大臣としての職務の最後に漏らしたものの、決して自分を責めていなかったようである。死の直前まで、かれは自分に課せられた（？）西側占領地での鉄道再建という新しい仕事のことを考えていた。戦争はようやく終わり、病は回復にむかっている。そして、自分を評価してくれる外国の同僚たちとの一仕事がまっているのである。

ところはパリ近郊、季節は春のおわりであった。ステッキに旗のように結びつけた濡れたシャツをぐるぐる回すのも、洗濯物がより早く乾くぶんだけ、未来に早くむかえるように思えたからだったかもしれない。

不屈の気概をもった老人が明日への希望にみちているという光景が、しかし、これほどまでに滑稽と悲惨を画に描いたようなものになるのは、どうしたことだろうか。

いかなる場合も前向きに悔恨や諦念をもたずに生きることは、本当の子どもや若者ではなく、すでに自分の過去の行動のなんらかの結果をもつ年齢の者にとっては、無条件で肯定されるべきことではないのかもしれない。

「躓きの石」として

ドルプミュラーは、他者への悪意によって究極的には成りたつ集団とのつきあいを、誤ったのだともいえる。

「自分たち」ではない社会の構成者を排除しようとしたりする者に、いかに対処すべきか。これもまた、七十年以上前の外国での問題にはとどまらない。すぐに連想できる、文化の異なる移民・難民への対処についてだけではない。たとえば高齢社会における世代間の利害相違を、対立的な社会分断に導こうとする意図をもつ者が出てこないとは限らない。「老いぼれども、そこをどけ!」と「若い奴らには大事なことはまかせられない!」は、同根である。

強い悪意を特定の人的集団にむけ、自分たちの問題の原因をすべてそこに見出そうとする極端な考えの持ち主は、幸いにも、たいていはごく少数に過ぎない。だが、そうした人間たちが、社会においてみずからの非人道的な考えを私たちに強制できる立場に立つことはありうる。好んでかどうかは別として、かれらの扇動にのる人びとの数は決して少なくないことを私たちは知っている。「ポピュリズム」という言葉は、そうした場合に使うべきなのだろう。

そんなとき、被害者の集団に属さないかもしれない私たちも、決して最後には安寧を維持することはできない。最初の軽挙妄動から身を持し、積極的な加害者と距離を置いて傍観者の立場をまもることすら、容易ではない。「ただ技術のために」「ただ鉄道のために」生きてきた人物が無力であらざるを得なかった、それどころか加害者の列にはいってしまった例を、本書は追ってきたといえるだろう。

自分たちにあたえられた限られた領分を懸命に守って、「ただ○○のために」生きざるをえない私たちに、貴重な省察の材料がここにあたえられている。

ひとりひとりの得られる知識や情報は限られており、無数の人間の知識や情報があつまる「市場」の形によってしか、一社会における最適の資源配分に達することはできず、……と考えることは、おそらくそれ自体はまったく妥当である。しかしそうはいってはみても、その市場・社会という枠組み自体を打ち砕こうとする意図は必ず現われる。市場や社会を存立させている条件として、抽象的には「相手」(「敵」ですらも)が自分と同じ人間だという想定や、そこから生じる「共感」といったものがある。反社会的であるとは、つまりこれを否定しようとすることだと思える。こうした動きに抗するときには、私たちは、局所的な知識を越える何ものかを自分のなかに持っていなければならないのではないか。

それが何かは、ここではわからない。だが、そんなものは要らない、だとか、そもそもない、と決めてかかるのはあきらかに愚かなことなのであった。ナチスの迫害をうけた人びとを、自分の命を危機にさらしながらも救おうとした者、救った者はたしかに存在したからである。多くの場合、かれらは市井の「普通の」人びとであった。「軍服を着た救済者」(ユダヤ人を救おうとしたドイツ軍人たち)までを含むそうした例をみると、かれらは勇気ある行動を、たいていは大きな内心の葛藤の素振りもみせずに、まるで当然のようにやってのけたようであった。こうした男女には、一人ひとりの持ちうる局所的な知識をこえる、その「何ものか」があったといわざるをえない。

きわめて優秀だったユリウス・ドルプミュラーには、それがいつの間にか欠けていた。かれは、この意味で愚かであった。科学精神に富んだテクノクラートであったドルプミュラーには、人格の内部に持ちあわせているものが、意外に乏しかったようである。たしかに持っていた誇るべき数々の才質も、非科学的な精神や暴力の前で、かれを毅然と立たせることはできないものだったからである。

ひょっとしてこれは、程度の差はあれ、私たちの姿ではないか。どこかで聞いた陳腐な言い回しだが、たしかに、ドルプミュラーは私たちだ。もちろん、ドルプミュラーや二十世紀前半のドイツ人の経験が、同じ時期を生きた日本人のそれとどのように一致し、どのように相違するのか――あるいは、しないのか――という問題があり、私たちはこれからも歴史学をはじめとする学問を道具として、これを追いつづけていかねばならない。この厳粛な事実があるにせよ、経済社会、技術社会、グローバリゼーションの申し子だったドルプミュラーは、私たちにとって遠い人物ではない。そしてかれが人生の後半で突きつけられた問題が、私たちのそれではない、決してそうはならない――と誰がいえようか。

だからこそ、いわゆる「ドルプミュラー論争」ののち、通りに冠された名が消され、銅像や記念碑が撤去されたことには、一種の危惧すら感じずにはいられない。偉人から学ぶのは結構なことだが、それはどうやら難しいことでもあるらしい。その証拠に、銅像やレリーフで満ち溢れた十九世紀末や二十世紀前半の社会で、人びとはあまり偉大でも賢明でもなかった。いまの私たちの社会だって――いや、大衆社会であればなおさらに――そうであろう。偉人顕彰の一般的効果は残念ながら薄いのである。

むしろ、愚かさや無力を思い出すことが必要のようだ。ホロコーストという悲惨と残虐の極にある愚行に関し、加害と被害を社会にたえず想起させることについて、ドイツ社会は努力をはらってきたはずである。首都ベルリンの街中の記念碑のたぐいにかぎっても、「ヴィッテンベルク広場」駅前の絶滅収容所の地名を列記した金属製の看板、「ハンナ・アーレント広場」と名づけられた昔の「壁」沿いの土地の巨大な墓標に似た灰色の石群、そして住宅地の敷石に埋め込まれた、旧ユダヤ人住民の名を刻んだ無数の小さな「躓きの石」、……。鉄道についても、すでに言及した「フリードリヒ・シュトラーセ」駅前の「生への列車・死への列車」の銅像、「グリューネヴァルト」駅「一七番ホーム」という、デポルタツィオーンの出発点であった貨物ホームを再現したモニュメントがある。ドルプミュラーの姿を街中に残すとしたら、これらと同じ意味をもつものとして、であろう。

ホロコーストは、加害者、被害者、そしてその間に立つ傍観者で成りたっていた。傍観者のなかには、加害者に取り込まれ、単なる傍観者でありつづけることすらできなかった者も多い。そうなりうる私たちが、これを銘記するために、ユリウス・ドルプミュラーの名は残されねばならない。先年亡くなった技術史研究者ゴットヴァルトは、その批判的なドルプミュラーの伝記の末尾にこうしるした。

図44　ベルリンからのデポルタツィオーンを記憶するためにDBがもうけた「グリューネヴァルト」駅の「17番ホーム」

「かれはほぼ忘れられた存在であるが、にもかかわらず新たに考究されなければならない。」

そうであろう。たしかにそうにちがいない。

だが、つづけて、

「(……)かれについては、戦争犯罪へのライヒスバーンの加担に対する責任にふれずに論じられることは、もはやない。私たちの時代は、通りの標識には〔ドルプミュラーではなく〕別の名前が必要なのである。」

ともする。これは、はたしてどうだろうか?

ドルプミュラーは中国勤務時代、しばしば日本人というものに会っていたが、その母語までには触れる機会もなかっただろう。第一次世界大戦勃発前年の秋、日本を妹とおとずれているが、これはただの休暇旅行であった。語学の才能に恵まれていたから、きっとそのときにはいくらかの日本語をおぼえて帰っただろうが、その後は青島を占領した敵国の言語をわざわざまなぶ気にもならなかったはずである(いやこれは逆かもしれないが、その形跡はない)。帰国後、ライヒスバーン要人としても、何人の日本人に会ったことがあるのか。第二次大戦中の友邦である日本の軍人・関係者は、もちろん東部戦線の鉄道輸送の状況を熱心に視察しているが……。

そんな、かれにはほぼ無縁だった言語によって、本書は書かれた。それも、私たちに似たこの人物を、あらためて心に留めるためのことである。すぐれた人物であったはずのドルプミュラーの、とりかえしのつかない失敗を記念するための負の記念碑——なぞらえることが許されるならば、小さな「躓きの石」を、自分たちの街路にも埋め込んでおきたい気がしたのである。

註

第1章　プロイセン王国の技官　十九世紀「ドイツ」鉄道史のなかのドルプミュラー親子（19世紀末まで）

＊1　Julius Dorpmüller Aachen, Krugenofen 47/ An den kgl. Eisenbahnpräsidenten Rennen, Kgl. EB Direktion Gesuch des Bauführerkandidaten Jul. Dorpmüller behufs Ernennung zum Kgl. Reg. Bauführer und Beschäftigung am Eisenbahnbetriebsamt Aachen（Aachen, 29.11.1893）. Bundes Archiv（以下 BArch）R 5/23287, p.9.

＊2　ケルン鉄道局長官（ケーザー）よりマクデブルク鉄道局長官（テーガー）へ（Köln, 05.12.1895）。BArch R 5/23287, p.24.

＊3　Bezirk der Königliche Eisenbahn Direktion in St.Johann-Saarbrücken. B.（;bautechn.）Name: Dorpmüller Amtsbezeichnung: Eisenbahn-Bau und Betriebs Inspektor（1899）. BArch R5/23287, N.page.

＊4　ダヴォスは九二年四月のスイス方面への旅行の行先のひとつであった。"Urlaubsgesuch der Regierungsbauführer Dorpmüller"（Coblenz, 12.04.1892）BArch R5/23287, N.page.

＊5　シュヴェーリンクから公共事業省へ（Saarbrücken, 22.01.1907）。BArch R5/23288, N.page.

第2章　ドイツ帝国の海外鉄道　中国行きの鉄道技師（1908〜1914）

＊1　ブライテンバッハよりザールブリュッケン鉄道局長（シュヴェーリンク）へ（Berlin, 30.04.1908）。BArch R5/23288, p.80.

＊2　青島守備軍民生部鉄道部（高森芳）『調査資料　第二十五輯　津浦鉄道調査報告書』、一九一九（大正八）年、六一—六二二頁。

＊3　「津浦鉄道会社ニ於テ枕木及鉄道用梁材購入ノ入札広告ニ関スル件　四十一年」外務省外交史料館 B-3-5-3-3

＊4　青島守備軍民生部鉄道部、前掲書、一一五頁。

第3章　帝国の崩壊　第一次大戦下ドイツへの帰還（1914〜1918）

＊1　Der Präidwent der Kgl. Eisenbahndirektion Sch(wering), Personalbogen von Julius Heinrich Dorpüller, (St. Joh. Saarbrücken, 01.07.1907), BArch R5/23287, N.page.

＊2　公共事業相ブライテンバッハからドルプミュラーへ（Berlin, 16.07.1915）。BArch R/5 22889, p.92.

＊3　帝国官房から大蔵大臣へ（Berlin, 29.07.1917）、大蔵大臣から公共事業大臣へ（Berlin, 11.02.1918）。Geheimes Staatsarciv Preussischer Kulturbesitz, Berlin-Dahlem（以下 GStA）, I.HA Rep.151, IC Nr. 11157 Besoldung der Beamten der Staatseisenbahnverwaltung Bd.1, N.p.

＊4　以下のプロイセン国鉄における事例は、上記 GStA, I.HA Rep.151, IC Nr.11157 による。

＊5　政府より大蔵大臣へ（一九一八年十二月四日）。GStA, I.HA Rep.151, IC Nr.11157 Besoldung der Beamten der Staatseisenbahnverwaltung Bd.1, N.p.

第4章　ライヒスバーンの誕生　「愛されない共和国」とドーズ案（1918〜1926）

＊1　以下 GStA, I.HA Rep.89, Nr.29472/1 Übergang der preußischen Staatseisenbahnen auf das Deutsche Reich und den gemeinsamen bundesstaatlichen Eisenbahnbetrieb 1876-1911., III HA, Ministerium der auswärtigen Angelegeheiten II Nr.7103 Akten betreffend die Gründung eines deutschen Reichseisenbahnnetz（1915-1916）., Nr.7092-93 Akten betreffend die Eisenbahnbeziehungen zwischenden deutschen Bundesstaaten, soweit sie nicht in Spezialakten behandelt werden. および二〇年代の Legaz の記

述（Legaz, “Zur Geschichte des Reichseisenbahndenkens” *Archiv für Eisenbahnwesen* 43（1920）, pp.321-350, pp.617-635.）による。

＊2 Der Präsident der Kgl. Eisenbahndirektion Sch（wering）, Personalbogen von Julius Heinrich Dorpmüller,（St. Joh. Saarbrücken, 01.07.1907）, BArch R5/23287, N.p.

＊3 GStA, Rep.93E Ministerium für öffentliche Arbeiten. Eisenbahnangelegenheiten,VIII Personalia, 4015（Germelmann, Carl Louis Wilhelm）, 4114（Liebscher, Eduard）.

＊4 エーザーからドルプミュラーへ（Berlin, 19.08.1924）。BArch R5/23289, p.187.

第6章　ヒトラーといかにつきあうか　強制的同質化のうけいれ（1933〜1937）

＊1 Deutsche Reichsbahn-Gesellschaft/ Hauptverwaltung / Der Generaldirektor（Berlin, 09.11.1935）, BArch R5/22178 Hundertjahrfeier der deutschen Eisenbahnen in Nürnberg am 6. und 7.12.1935, pp.50-56.

第7章　ナチ政府の交通大臣　抗議者、アウトバーン、「鉄道の戦争」（1937〜1942）

＊1 ライヒ交通大臣（の委託によりクラインマン）よりクラカウ・東部鉄道総管理局へ：二か国語による業務命令通告書について（Berlin, 22.05.1942）。BArch R5/7056, N.p.

＊2 以上のライヒスバーンの方策は、BArch R5/7056 Zusammnestellung von Wagen für Arbeits- und Stellwerksbauzüge für die besetzten Ostgebiete 1940-1945, Fol.1-2 による。

＊3 “Anruf des Herrn Reichsverkehrsministers: Deutsche Reichsbahner der besetzten Ostgebiete!” in: Amtsblatt der Haupt-Eisenbahndirektion Süd, Kiew, Nr.3（19.01.1942）, p.1.

＊4　ドルプミュラーの東部占領地区への出張日程については、Haupt-Eisenbahn-Direktion Süd Kiew, Zeiteinleitung für die Reise des Herrn Reichsverkehrsministers im Bezirk der Haupt-Eisenbahn-Direktion Süd vom 20-22. 07.1942, in: BArch, R5-AHN.I (Reichsverkehrsministerium-Sammlung Sarter) 141, pp.32 (1) - (4)．西部占領地出張日程については、"Reise des Herrn Reichsverkehrsministers Dr.Ing. eh Dorpmüller in die besetzten Westgebiet in der Zeit vom 12. bis 22. Oktober 1942." in: BArch R/5/ 3541, N.p.

＊5　"Der Unbekante Eisenbahner: Wie Schafft die Reichsbahn die ungeheuren Kriegsaufgaben? Fünffache Vergrösserung des Einsatzraumes." *V.B.Feldpost* 28, (28.01.1942), in: BArch, R5-AHN.I 141, p.8.

第8章　「死への列車」をはしらせて　ユダヤ人移送の実行と敗戦直後の死（1942〜1945）

＊1　以上の数値は、Gottwaldt, Alfred and Schulle, Diana, *Die》Judendeprtationen《aus dem Deutschen Reich 1941-1945*, 2005, pp.443-467 の一覧表による。

＊2　以上のBoor日記の引用は、Fritsche, P., *Life and Death in the Third Reich*, Belknap Press of Harvard University Press, 2008, pp.225-226 より。

＊3　ライヒ交通相兼ライヒスバーン総裁より各鉄道局長官（ただしダンツィヒ、ポーゼンを除く）へ（Berlin, W8 16.10.1940）。BArch R5/23133 Prüfung der Wirtschaftlichkeit des Betriebes hinsichtlich des Personalbestandes Personalwortschaft Bd.2, N.p.

＊4　ライヒ交通相より総力戦全権ゲッベルス博士へ（04.08.1944）。BArch R5/6799, N.p. (1) - (6) : (6) .

＊5　"Reise des Herrn Reichsverkehrsministers Dr.=Ing. eh Dorpmüller in die besetzten Westgebiete in der Zeit vom 12. bis 22.10.1942", in: BArch R/5/ 3541, N.p.

＊6　ブリュッセル総交通局長官よりブリュッセル、リールおよびナンシー鉄道局ならびにブリュッセル総交通局監督官へ。BArch Berlin, R/124/116 Lohnzulage für abgeordnete Reichsbahnbeamte sowie Regelung von

Haftpflichtansprüchen bei Unfällen und bei selbständiger Tätigkeideutschen Personals 1941-44, N.p.

＊7 上級営業局から合衆国ゾーンのライヒスバーン鉄道管理局長へ：「合衆国ゾーン上級営業局（OBL）について」(Frankfurt, 25.07.1945)。BArch R5/3340, pp.1-3.

あとがき

まだ二十代のおわりごろであったように記憶している。とある編集者の方に会うことができた。駆け出しの経済史研究者を大阪に尋ねてくれたのは、同じ出版社のご同僚の紹介によるものだったが、私が十九世紀工業化時代のドイツの鉄道を扱っていると知ると、その方は少し考えて、

「『ドイツの鉄路はすべてアウシュヴィッツに通じていた』という本なら、出してあげます。」

という意味のことをおっしゃった。

わかりましたありがとうございます書きます――と即答しなかったのは、我ながらいかにも若かった。また、たいした考えがあってのことでもなかったのである。ドイツの鉄道の発展が、ナチス・ドイツに収束するだけだったのでは必ずしもなかろう、という確たる主張をもっていたのではない。その時の感想を言葉にすれば、

「そういう本を書くのは、俺の柄ではないなあ。」

に、ほぼ尽きる。当時の私はドイツ経済史をもっぱら数字いじりでやれないかと考えており――今もそれはあまり変わらないのだが――、新しいデータも新鮮な視角も手元にないのに、それについて自分に何か書くべきことがあるか疑わしく感じた。いかにも禁欲的な研究者然としているようだが、もちろん自慢したいのではないし、実際に私は昔からそう立派ではない。有体にいって、ナチや戦争やホロコー

スト（ショアー）について書くのは、おっかないことだと思えたのである。二十世紀前半のドイツ史に興味がないはずはないが、それについて文章を書くのは自分ではない、もっと何かの確信のある人たちではないか……。

その後、十年近くかけて本を一冊出すことができた。十九世紀ドイツ語圏の鉄道を題材にした経済史・経営史の研究書で、多くの方々のお力添えもあってなかなか幸運な本であったが、これを書き終えたことで自分の中に、考えてみたいことが出てきた。

「ドイツ」は鉄道が作ったのではないか、である。十九世紀の鉄道業の発達と「ドイツ」国民経済の成立とは本質的な関係があるはずだ。「近代国家」というもののある側面を、ここから改めて浮かびあがらせることができるのではないか。……そのためには、これまで書いてきた論文とは違う、最初に鉄道が敷かれるよりもずっと前の時代からはじまる通史的な叙述が必要だと思えた。そこで、かなり長いものになるはずの文章を、どこに発表するあてもなく書きはじめた。いま手元にある一番古いワード・ファイルで確認してみると、それが二〇一〇年代に入ったころであった。

ドイツ帝国建設の一八七一年を通りすぎるところまで、筆はなかなか順調に進んだように記憶する。国民国家的帝国の建設によって「ドイツ国民経済」ができたわけではないから、さらに時代を下って書き進めるつもりであった。しかしそこで、たとえていえば、ふと顔をあげて、自分の原稿の終着点に近いはずの二十世紀前半に目を遣った。そこに見えた光景に、それまでいささかも知識がなかったわけではない。にもかかわらず、進捗はぱたりと止まってしまった。前に進めないどころか、それなりに苦労して書き終わった文章も、読み直すと、たいして意味があるように思えなくなった。

私は弱り、がっかりし、大げさにいえば煩悶した末に、とうとう本書のもとになる、当初計画した一篇とはいちおう独立した文章を書きはじめた。これが二〇一五年の夏ごろのことである。腹をくくって、というほど決然たる再出発ではなく、もとの原稿に色気を残しながら、恐る恐るという調子で書きはじめたが、すぐにある種の執着が生じたように思える。

それから二年は、ずっと本書の原稿とともにいた。東京、京都、札幌、那覇、福島、ノルウェー・ベルゲン、台湾・新北市、そしてドイツ・ベルリンといった場所にもUSBメモリーを資料とともに携え、その土地での別の仕事のかたわらに少しずつ書き継いだ。ドルプミュラーは、最も若い世代の技師として、私が最初に書いた本に登場していてもおかしくなかった人物である。その男が年齢を重ね、二十世紀前半のすさまじい現実に直面することになった。自分は、かれの姿を追いかけていかねばならないと思った。そのうちに、ナチス・ドイツ史をあつかった先行する多くの優れた業績を支えていたのも、それが日本語の場合にはとくに、既に出来上がった「確信」ではなく、むしろ一種の覚悟ではないかと気づかされた。

そんなわけで、私にはこの本を書くのに二年どころか七年はかかったといいたくなるし、ひょっとすると二十年以上を要した気さえしてならない。これはあきらかに錯覚で、そもそも長い時間をかければ良いものでもない。だが、二十代末にはまだ実感できなかった自分自身も含めた人の世の悪というべき部分、暗い側面を少しは知ってからでないと、叙述の及ばない部分も多かったはずである。その意味では、『ドイツの鉄路はすべてアウシュヴィッツに通じていた』という本を書くのを躊躇し、せっかくのお申し出を断ってしまった若く傲慢な自分を、ゆるしてやってよいようにも思える。

この本のもとになる文章も、誰かに読んで貰えるあてもないままに書き続ける時間が長かった。途中からそうでなくなったのは、細谷和彦氏にお目にかかれたためである。氏が最初の読み手になってくださったことが大きな励みになり、最も重い対象を扱う最後の数章をまだ残していた原稿を書き続けていくことができた。その後の氏のひとかたならぬご厚意のおかげで、本書はこのような形でここにある。

公表できるかどうかもあやしいくせに結構な分量になったワープロ原稿をお読みいただいた、お二人の方のご親切には、お礼の言葉がみつからない。土本時江氏からは全般的なコメントとともに、神学やドイツ文学を学びベルリンに住む氏からならではの多数の修正のご教示をいただいた。ご多忙の猪木武徳先生に一応の完成原稿をお目通しくださるように無理をお願いしたのは、まったく厚かましいことで、あらためて無礼をお詫び申し上げるほかない。懇切なご指導をいただき、とくに本稿の結論部分については、著者自身にはっきりと確信がもてない点に対して安易な紋切型に頼ることのないようにと、戦時期を生きたわが国の知識人の例も示唆されてのご助言を賜った。

また執筆中には、ドルプミュラーについて鉄道芸術祭・ラボカフェ、放送大学、関西学院大学、企業家研究フォーラムなどいくつかの場所で話をする機会に恵まれた。本書中の引用文献の著者の皆様はもちろん、紙幅の都合で直接お名前をあげられない多くの方々に御礼申し上げる。私の面倒をみてやった覚えがおありの方は多いはずである。

そのなかで、やはりKlaus Wiebelitz氏のお名前を挙げぬわけにはいかない。氏のお名前で、ドイツでの文書館や図書館、博物館での調査でたいへんお世話になり、感謝の意を表すべき方々を代表させたいと思う。

もし本書の叙述に取るに足るところがあれば、これらの方々のお力添えとご助言のおかげである。また当然のことだが、本書に残る誤謬や、問題のある見解の責任は筆者のみが負う。

最後になったが、永島成郎氏に厚く御礼申し上げたい。氏にお目にかかれた幸運で、この本は生まれた。私の文章はともかく、たとえば「エレン・シュパイアー」という一人の子どもの名前がおそらくはじめて片仮名にされただけでも、出版の意味があったと信じたい。本書の生みの親である氏と、すばらしい装丁をいただいた長井究衡氏、そして国書刊行会のご関係の皆様に、感謝の言葉は尽きない。

二〇一八年二月

鳩澤　歩

ユリウス・ドルプミュラー　関連年表

	ドルプミュラーと鉄道業		ドイツなど		日本
一八三五年	ドイツ語圏ではじめての鉄道開通				
一八四一年	父ハインリヒ生まれる	一八四一年	ボルジッヒ、初の国産機関車の製造	一八四三年	天保の改革おわる
		一八四八／四九年	一八四八／四九年革命		
		一八五〇年	ロンドン万博、ドイツ工業製品に高評価	一八五三年	浦賀沖に「黒船」
一八六八年	父、鉄道業に入職	一八六六年	普墺戦争、北ドイツ連邦成立	一八六八年	王政復古
一八六九年	〈七月二十四日〉ユリウス・ドルプミュラー、エルバーフェルトに生まれる	一八七〇年	普仏戦争勃発	一八七一年	工部省鉄道寮設置
一八七一年	妹マリーア生まれる。ミュンヘン・グラッドバッハに転居	一八七一年	ドイツ帝国成立	一八七二年	新橋―横浜間に鉄道開通
一八七四年	弟ハインリヒ生まれる			一八七四年	佐賀の乱
一八七九年	弟エルンスト生まれる	一八七八年	社会主義者鎮圧法		
一八八二年	父、軌道計測器の発明でＶＤＩより報奨金をうける アーヘンのギムナジウムに入学（～八九年）	一八八三年	疾病保険法制定 自動車製造・ベンツ社設立	一八八三年	鹿鳴館、開館
		一八八八年	ヴィルヘルム二世即位		
一八八九年	アーヘン工科大学に入学、有力学生団体に属す	一八八九年	A・ヒトラー生まれる	一八八九年	大日本帝国憲法公布

一八九〇年	母マリーア・アンナ没	一八九〇年	ビスマルク、宰相辞任	一八九一年	訪日中のロシア皇太子襲撃（大津事件）
一八九三年	〈十一月〉大学卒業試験合格、プロイセン王国ケルン鉄道局に入職	一八九三年	ディーゼル機関の開発		
一八九四—一八九五年	一年志願兵制度を利用、士官資格をえる			一八九四年	日清戦争
一八九五年	建設マイスター（監督）資格の実習の一環で、ニーダーライン地方の鉄道建設工事を一部指揮	一八九五年	日本に対して三国干渉		
一八九六—一八九七年	コブレンツ、アーヘンなどで引き続き勤務	一八九六年	ベルリン郊外でヴァンダーフォーゲル運動はじまる	一八九六年	大阪—神戸間複線化
一八九八年	〈二月〉前年末国家資格試験の一環として提出した計画書でシンケル・メダルを受賞〈七月〉政府建設マイスター資格取得。ザールブリュッケン鉄道管理局に着任	一八九八年	膠州湾を半永久租借地に		
		一八九九年	工科大学の学位授与権確定（大学昇格）	一八九九年	東京—大阪間の長距離電話が開通
一九〇三年	建設・営業査察官に昇任	一九〇三年	ジーメンスとＡＥＧの合弁メーカー・テレフンケン設立		
一九〇四年	ザールブリュッケン駅改築工事を指揮	一九〇五年	第一次モロッコ事件（独仏対立）	一九〇四—一九〇五年	日露戦争
一九〇七年	〈七月〉賜暇をえて中国・青島の天津鉄道会社に就職			一九〇六年	鉄道国有法
一九〇八年	〈四月より〉王立津浦鉄道の北部路線七百キロメートルの路線工事を指揮	一九〇八年	マーラー『大地の歌』	一九〇八年	鉄道院設置

年	
一九一〇年	〈三月〉建設顧問官（四等）称号をうける 妹と一時休暇帰国
一九一二年	〈十一月〉黄河鉄橋完成 独中両政府よりそれぞれ受勲
一九一三年	津浦鉄道営業開始 〈十～十一月〉妹と日本旅行
一九一六年	大戦中、本国との連絡はほぼ途絶状態に
一九一八年	中国の宣戦布告（一九一七年）により、年初、天津を脱出 〈五月〉アーヘンに帰還。ザールブリュッケン勤務をへて、月末召集、ティフリスで軍事輸送勤務 〈七月〉政府建設顧問官に任命
一九一九年	〈一月〉除隊、ベルリンにもどる 〈四月〉シュテティン鉄道局に勤務 〈十二月〉上級政府建設顧問官に任命
一九二〇年	〈一月〉エッセン鉄道管理局路線部門長に 〈三月〉邦有鉄道の統合により「ライヒ鉄道」成立

年	
一九一〇年	ヒルファーディング『金融資本論』
一九一二～一九一三年	バルカン戦争
一九一四年	第一次世界大戦勃発
一九一六年	翌年にかけ「カブラの冬」、餓死者多数
一九一八年	〈十一月〉ドイツ革命により、共和制に移行
一九一九年	〈六月〉ヴェルサイユ条約 〈八月〉「ヴァイマール憲法」公布
一九二〇年	〈二月〉映画『カリガリ博士』公開 〈三月〉カップ一揆・ルール蜂起

年	
一九〇九年	伊藤博文暗殺 天津日本人商業会議所設置
一九一一年	関税自主権回復 工場法公布
一九一四年	日本軍、青島占領
一九一八年	米騒動
一九一九年	朝鮮で三・一独立運動
一九二〇年	国際連盟成立、常任理事国に 鉄道省設置

一九二三年	〈六月〉ポーランドとの国境地帯のオペルン鉄道管理局長官に
一九二四年	〈五月〉ロンドンでドーズ案関連委員会に加わる 〈八月〉ドイツ・ライヒスバーン会社成立 〈八月〉次期エッセン鉄道管理局長としてハムに着任 〈十月〉エッセン鉄道管理局長に
一九二四―一九二五年	ライヒスバーン法諮問員会
一九二五年	〈七月〉ライヒスバーン副総裁就任 統一機関車〇二型製造開始 〈十二月〉アーヘン工科大学より名誉博士号
一九二六年	〈六月〉ライヒスバーン初代総裁エーザー死去 〈十月〉ライヒスバーン総裁就任
一九二九年	〈六月〉英国訪問 〈七月〉六十歳の誕生日を祝う監理会により、総裁に再任
一九三〇年	ベルリン市内・郊外鉄道を「Sバーン」と呼称

一九二二年	〈六月〉ラーテナウ外相暗殺
一九二三年	〈一月〉仏白軍、ルール占領 天文学的インフレさらに進行 〈十一月〉ヒトラー「ミュンヘン一揆」失敗 〈十一月〉レンテン・マルク発行
一九二四年	インフレ収束にむかい、「相対的安定期」に 〈十一月〉トーマス・マン『魔の山』
一九二五年	ヒンデンブルク、第二代大統領に選出
一九二八年	〈八月〉ブレヒト／ヴァイル『三文オペラ』初演
一九二九年	〈十月〉米国で株式大暴落、世界大不況開始
一九三〇年	〈一月〉ヤング案による賠償減額

一九二三年	関東大震災
一九二四年	第一回全国中等学校野球大会 メートル法採用
一九二五年	普通選挙法制定
一九二七年	金融恐慌
一九二八年	張作霖爆殺事件
一九三〇年	浜口雄幸内閣による金解禁 特急「燕」運行開始

一九三一年	〈二月〉シェンカー社と秘密裏に協定		満洲事変
一九三二年	ライヒスバーン、二三年以来の赤字収支に	〈五月〉H・ブリューニング内閣倒れる 〈七月〉ナチ党、議会第一党に	五・一五事件
一九三三年	〈年初〉ナチス政権掌握により、社内外にドルプミュラー排斥運動おこる 〈五月〉特急「飛ぶハンブルク人」運行開始 〈六月〉子会社としてライヒスアウトバーン会社設立 〈七月〉W・クラインマン副総裁に就任 〈七月〉社内でのナチ式挨拶導入 〈十二月〉ジーメンス監理会長辞任 〈十二月〉独立的なバイエルン管理局閉鎖	〈一月〉ヒトラー内閣成立 〈二月〉国会議事堂放火事件 〈四月〉「職業官吏再建法」でユダヤ系などを追放 〈五月〉労働組合禁止	国際連盟脱退 日中間に塘沽協定 「日本資本主義論争」はじまる 大阪市営地下鉄開業
一九三四年	〈九月〉政府との妥協成立、総裁留任確定	〈六月〉レーム事件（突撃隊の粛清）	満鉄、特急「あじあ」号 丹那トンネル開通
一九三五年	〈十月〉ポーランド視察 〈十二月〉ドイツ鉄道百周年記念祝賀パレード 〈十二月〉英国視察	〈五月〉アウトバーン（フランクフルト－ダルムシュタット）開通 〈九月〉「ニュルンベルク法」制定	天皇機関説事件
一九三六年	〈五月〉ボルジッヒ製蒸気機関車、世界最高速度を記録 〈五月〉VDIよりグラスホーフメダル受賞 〈九月〉世界動力会議ワシントン大会に出席 〈九月〉弟ハインリヒ病死	〈三月〉ラインラント進駐 〈八月〉ベルリン・オリンピック 〈九月〉第二次四か年計画開始	二・二六事件 日独防共協定

年	ドルプミュラー	年	ドイツ	年	日本
一九三七年	〈二月〉ライヒ交通大臣に就任 ライヒスバーン、会社組織を廃止			一九三七年	日中戦争（支那事変）はじまる
一九三八年	〈三月〉オーストリア国鉄を併合 〈十一月〉ロンドン・ミッドランド・スコットランド鉄道百周年記念行事に参加	一九三八年	〈三月〉独墺合邦（アンシュルス） 〈十月〉「水晶の夜」事件	一九三八年	近衛文麿内閣、国家総動員法
一九三九年	〈七月〉七十歳の誕生日を祝い、ヴッパータールに「ドルプミュラー通り」 〈十月〉ポーランド国鉄を併合。ポーランド占領地を視察	一九三九年	〈三月〉チェコスロヴァキア併合 〈八月〉独ソ不可侵条約 〈九月〉ポーランドに侵攻、第二次世界大戦勃発	一九三九年	ノモンハン事件
一九四〇年	〈十二月〉黄金栄誉章の受章（ナチ党への入党へ）	一九四〇年	〈五月〜六月〉西部戦線で仏英を圧倒、パリ占領	一九四〇年	日独伊三国軍事同盟 大日本産業報国会
一九四一年	〈十月〉ユダヤ人移送の「特別列車」運行開始 秋以降、東部戦線における鉄道軍事輸送の停滞 〈十二月〉東部（東部鉄道）視察	一九四一年	〈二月〉北アフリカ戦線ロンメル将軍、英軍を撃破 〈六月〉独ソ戦開始	一九四一年	南部仏印進駐 日米開戦
一九四二年	〈一月〉東部（ミンスク、白ロシア）視察 〈二月〉東部（ウクライナ、キエフ）視察 〈二月〉キエフ、ミンスクのライヒスバーン責任者二名、解職・逮捕 〈五月〉ガンツェンミュラー、交通省次官に就任 〈七月〉ユダヤ人移送再開に関して、ガンツェンミュラーとSSとの交渉開始 ドイツ国内からのユダヤ人移送数、ピークに 〈十月〉仏、白など西部占領地視察 〈十二月〉大腸癌手術をうける	一九四二年	〈一月〉ヴァンゼー会議（「最終的解決」決定） 〈二月〉軍需大臣トット急死、後任シュペーア 〈六月〉スターリングラード攻防戦はじまる	一九四二年	ミッドウェー海戦 関門トンネル開業

一九四三年	〈七月〉機関車大増産計画 〈八月〉遺言書作成、「ドイツの敗戦」に言及 〈九月〉ルーマニア視察	一九四三年	〈一月〉スターリングラード戦でドイツ司令部降伏 〈秋〉ソ連軍の反攻開始、戦線急速に西に後退 〈十一月〉ベルリンへの空爆開始	一九四三年	学徒出陣 学童疎開の促進
一九四四年	〈四月〉「労働の開拓者」称号をうける 〈七月〉七十五歳の誕生日を祝い、フリッツ・トット・リング授与さる 〈後半〉アウシュヴィッツ視察	一九四四年	〈六月〉連合軍ノルマンディーに上陸 〈七月〉ヒトラー暗殺未遂事件	一九四四年	サイパン島玉砕、東条英機内閣総辞職
一九四五年	〈二月〉二度目の大腸癌手術をうける 〈四月〉交通省最後の会議後、ベルリンを脱出。北ドイツ・マレンテに疎開 〈五月〉パリの連合軍司令部に召喚。西部占領地の鉄道再建につき諮問 〈六月〉マレンテに帰還。三度目の手術をうける 〈七月五日〉死去 マレンテに埋葬される	一九四五年	〈三月〉ヒトラー、焦土計画を指示(「ネロ指令」) 〈四月〉ヒトラーら、総統地下壕で自殺 〈五月〉デーニッツ以下の後継政府閣僚逮捕 〈七月〉米英ソ、ポツダム会談開始	一九四五年	沖縄戦 広島・長崎に原爆投下 終戦
		一九四六年	〈九月〉ニュルンベルク国際軍事裁判判決	一九四八年	極東国際軍事裁判判決
一九四九年	〈八月〉生誕八十年を機に庁内紙「ライヒスバーン」に追悼文	一九四九年	東西ドイツそれぞれ建国	一九四九年	国鉄第一次人員整理発表 下山事件、三鷹事件
一九五三年	マレンテの墓所をブンデスバーンが整備	一九五三年	ソ連、スターリン死去	一九五一年	サンフランシスコ平和条約・日米安保条約

一九五八年	ガンツェンミュラー、大量殺害幇助の疑いで起訴（翌年証拠不十分で不起訴）	一九五八年	ベルリンに連邦カルテル庁設置	一九五三年	テレビ放送開始 吉田茂内閣「バカヤロー解散」
一九六〇年	鉄道百二十五周年。東独では「名誉ナチ」ドルプミュラー批判も西側で反響なし 西独ブンデスバーンが記念出版でドルプミュラーを顕彰	一九六〇年	西独とスペイン、ギリシアとの間に労働者派遣協定 国有フォルクスヴァーゲン社、民営化	一九六〇年	日米安保条約改定
一九六四年	ガンツェンミュラーと交渉の元SSヴォルフに三万人虐殺幇助の有罪判決	一九六四年	西独司法省に「オデッサ・ファイル」が届けられる	一九六四年	東海道新幹線開通 東京オリンピック
一九六九年	生誕百周年にブンデスバーン総裁が「偉大な鉄道人」と称賛の辞 〈六月〉かつての同僚が墓参行事に参集	一九六九年	W・ブラント（SPD）、連邦首相に就任	一九六九年	東名高速全線開通
		一九七二年	ミュンヘン・オリンピック 西独、ポーランドと国交	一九七二年	浅間山荘事件 山陽新幹線、岡山まで開通
一九七三年	〈四月〉ガンツェンミュラー裁判開始、被告はライヒスバーンの虐殺不可知を主張	一九七三年	ブラント首相、連邦首相としてはじめてイスラエル訪問		
一九七七年	ガンツェンミュラー裁判、被告の健康状態から中止	一九七九年	テレビ映画『ホロコースト』ドイツで放映	一九七九年	国鉄再建基本構想提出
一九八四年	ハンブルク鉄道局百周年記念列車として「ユリウス・ドルプミュラー」号	一九八二年	H・コール（CDU）政権成立	一九八二年	東北新幹線開業

一九八五年	ドイツ鉄道百五十周年。各地で「ドルプミュラー通り」廃止の動き 交通省「名誉殿堂」よりブロンズ胸像移動 エッセン鉄道局、ハンブルク駅などの「ドルプミュラー」にちなんだ施設改称	一九八五年	ヴァイツゼッカー大統領連邦議会演説（「荒野の四十年」） 自動車労働者などの労働時間短縮	一九八七年	国鉄分割・民営化
一九八八年	ベルリン交通技術博物館内での胸像、展示物として移動	一九八九年	ベルリンの壁崩壊	一九八九年	昭和天皇崩御
		一九九〇年	ドイツ再統一		
一九九五年	ドイツ技術博物館で『私は技術に奉仕したにすぎない』展	一九九五年	「国防軍の犯罪」展示		
二〇〇二年	ニュルンベルクDB博物館、胸像を「民主主義とファシズムに仕えて」コーナーに展示	二〇〇二年	元親衛隊将校（九十三歳）に虐殺加担で禁固刑判決	二〇〇二年	FIFAワールドカップ開催

事項索引

[ら行]
「ラインの黄金(ラインゴールト)」 138
ルール占領 123, 126, 329
ルール蜂起 102, 103, 111, 328
「レール・ツェッペリン」 25, 141, 151
レンテン・マルク 121, 122, 329

人名索引

[ア行]
アイヒマン, アドルフ Adolf Eichmann 253-255, 264
ヴァイラウフ, ヴィルヘルム Wilhelm Weirauch 146, 147
ヴィルヘルム二世 Whilhelm II 44, 58-62, 64, 95, 106, 177, 326
ヴェーバー, マックス Max Weber 45
ヴォルフ, カール Karl Wolf 239-241, 247, 277, 333
エーザー, ルドルフ Rudolf Oeser 111, 123, 125, 126, 128, 130, 145, 318, 329
エーベルト, フリードリヒ Friedrich Ebert 97, 101, 111, 113, 199
エルツ゠リューベナハ, パウル Paul Freiherr von Eltz-Rübenach 181-185, 187, 192, 194, 230- 232
オーネゾルゲ, ヴィルヘルム Karl Wilhelm Ohnesorge 183-185

[カ行]

ガンツェンミュラー, アルベルト　Albert Ganzenmüller　215, 237-249, 252, 253, 256, 262, 277-279, 284, 285, 287, 288, 331, 333
ギュンター, ロルフ　Rolf Günther　253, 254
クラインマン, ヴィルヘルム　Wilhelm Otto Max Kleinmann　166, 168, 169, 172, 185, 201, 202, 214, 232, 237, 253, 256, 318, 330
クルップ・フォン・ボーレン・ウント・ハルバッハ, グスタフ　Gustav Krupp von Bohlen und Halbach　100, 118, 138
グレイ, カール Jr.　Carl Raymond Gray Jr.　290
グレーナー, ヴィルヘルム　Karl Eduard Wilhelm Groener　113, 115, 116
ゲーリング, ヘルマン　Hermann Wilhelm Göring　171, 195, 199, 201, 205, 232, 233, 246
ゲッベルス, ヨーゼフ　Paul Joseph Goebbels　19, 167, 173, 199, 225, 232, 233, 282, 304, 319
ゲルケ, ルドルフ　Rudolf Gercke　207

[サ行]

ザムエル, マリオン　Marion Samuel　269
ジーメンス, カール・フリードリヒ　Carl Friedrich von Siemens　124-126, 128-130, 132, 134, 135, 138-140, 142, 145, 147, 166, 169, 170, 172, 330
シュヴェーリンク, アウグスト　August Schwering　51, 54, 55, 316
シュタンゲ, オットー　Otto Stange　253, 255, 256
シュトレーゼマン, グスタフ　Gustav Stresemann　121, 131, 199
シュネル, パウル　Paul Schnell　253, 256
シュパイアー, エレン　Ellen Speier　269, 270, 325
シュピーロ, エルンスト　Ernst Spiro　162, 168
シュペーア, アルベルト　Albert Speer　29, 174, 178, 213-215, 238, 246, 279, 282, 286-289, 291, 304, 331
スターリン, ヨシフ　Joseph Stalin　131, 207, 332

[タ行]

ツァーリンスキイ, マリオン Marion Czarlinski 218-220, 222, 223

ディリ, グスタフ Gustav Dilli 253, 256

トット, フリッツ Fritz Todt 190-199, 208, 213, 238, 286, 331

ドルプミュラー

——, エルンスト(弟) Ernst Dorpmüller 42, 56, 185, 326

——, ハインリヒ(弟) Heinrich Dorpmüller 42, 179, 181, 326, 330

——, ハインリヒ(父) Heinrich Dorpmüller 34, 35, 37, 38, 41-43, 139, 326

——, マリーア(妹) Maria Dorpmüller 43, 56, 76, 132, 194, 279, 326

——, マリーア・アンナ(母) Maria Anna Dorpmüller 53, 327

——, ユリウス Julius Heinrich Dorpmüller 12-14, 16, 17, 20-30, 32-34, 38, 42-47, 50-56, 60, 66, 70, 72-80, 83-89, 93-101,103, 112-118, 123-132, 134-141, 143-150, 152, 154, 155, 160-187, 190, 193-195, 197-202, 204, 207-215, 217, 223, 230-233, 236-238, 242-249, 253, 256, 272, 273, 275, 277-280, 282-292, 294-297, 299-310, 312-318, 323, 324, 326, 330, 331, 333, 334

[ナ行]

ノヴァク, フランツ Franz Novak 253, 255, 256

[ハ行]

ハインケル, エルンスト Ernst Heinkel 291

バウマン, ハンス Hans Baumann 147, 162, 167

バウムガルテン, アルフレート Alfred Baumgarten 167, 168

ビスマルク, オットー Otto von Bismarck 36, 58-60, 67, 103, 104, 327

ヒトラー, アドルフ Adolf Hitler 17-26, 28-30, 32, 43, 100, 101, 121, 127, 156-160, 162, 164, 165, 170, 171, 174, 177, 178, 180, 182-184, 186, 189, 190, 192-196, 198, 199, 201, 206, 208, 212-215, 221, 223-225, 235, 239, 244, 249, 279, 280, 282, 285, 287-289, 295,

309, 318, 326, 329, 330, 332
ヒムラー, ハインリヒ　Heinrich Luitpold Himmler　199, 231, 239-242, 245-248, 253, 254, 283
ヒルデブラント, ハインリヒ　Heinrich Hildebrandt　55, 66, 70, 75, 83
ヒルデブラント, ペーター　Peter Hildebrandt　54, 55, 83
ヒレスム, エティ　Etty Hillesum　266, 271
ヒンデンブルク, パウル　Paul von Hindenburg　101, 113, 127, 131, 132, 154, 157, 158, 160, 161, 165, 177, 200, 329
ブライテンバッハ, パウル　Paul von Breitenbach　54, 86, 107, 316, 317
ブリューニング, ハインリヒ　Heinrich Brüning　151, 153-155, 158, 290, 291, 330
フルトヴェングラー, ヴィルヘルム　Wilhelm Furtwängler　185-187
プレス, オットー　Otto Press　16, 215, 242, 243
ベル, ヨハネス　Johannes Bell　111, 113
ホムベルカー, ルートヴィヒ　Ludwig Homberger　147, 151, 162, 168, 169

[ラ行]

ラーテナウ, ヴァルター　Walther Rathenau　117, 307, 329
レーム, エルンスト　Ernst Julius Günther Röhm　165, 199, 225, 330
ローゼンタール, ゲルト　Gert Rosenthal　269

地名索引

[ア行]

アーヘン　Aachen　34, 37, 43-47, 56, 88, 127, 181, 326-329

アウシュヴィツ　Auschwitz　地図3, 15, 240, 241, 247, 248, 254, 255, 258-262, 267, 269, 274, 321, 323, 332

ヴァイヒセル河　Weichsel　79, 204

ヴィーン　Wien　地図3, 39, 60, 82, 176, 179, 251, 256, 262

ヴィルヘルム通り　Whilhelm Str.　67, 133, 160, 171, 304

エッセン　Essen　99, 100, 102, 103, 118, 126, 139, 166, 256, 328, 329, 334

エルバーフェルト　Elberfeld　34, 37, 43, 112, 326

オーバーシュレージエン　Oberschlesien　115, 116

オペルン（オポーレ）　Oppeln　115-117, 123, 148, 172, 203, 204, 329

[カ行]

クラカウ（クラクフ）　Krakau　地図3, 203, 209, 239, 318

[サ行]

ザールブリュッケン　Saarbrücken　地図1, 47, 50, 53-55, 70, 84, 88, 94, 99, 205, 316, 327, 328

山東省　64, 66, 71, 72, 79, 83

ソビボル　Sobibor　地図3, 239, 240, 262, 270

[タ行]

青島　50, 55, 56, 64-70, 74, 76, 80, 85, 86, 314, 316, 317, 327, 328

ツェーレンドルフ　Zehlendorf　11, 12, 14, 132, 200, 223

ティフリス　Tiflis　94, 95, 98, 328

テレージエンシュタット　Theresienstadt　地図3, 15, 252, 260, 262, 267

天津　70, 72, 74, 75, 86, 327, 328

[ナ行]

ニュルンベルク　Nürnberg　地図1, 地図3, 17-19, 30, 31, 33, 77, 163, 173, 176, 230, 294, 298, 334

[ハ行]

バイエルン　Bayern　17, 30-32, 35, 38, 49, 91, 105, 106, 108-112, 147, 170, 191, 200, 237, 330
白ロシア（ベラルーシ）　Belarus　地図3, 209, 211, 259, 331
パリ　Paris　地図3, 101, 144, 205, 210, 225, 232, 242, 250, 283, 289, 290, 291, 309, 331, 332
プシェムィシル　Premissel　240
フランクフルト　Frankfurt a.M.　地図1, 189, 194, 267, 269, 270, 290, 292, 330
ベウジェッツ　Belzec　地図3, 239, 240, 275
ベルリン　Berlin　地図1-3, 11, 13, 18, 23, 25, 39, 40, 52, 55, 62, 66, 85, 90, 91, 95, 96, 98, 101, 102, 105, 110, 117, 120, 123, 124, 131-133, 139, 143, 144, 160, 162, 167, 168, 174-176, 178, 179, 181, 182, 185, 186, 189, 197, 207, 218, 220, 222-224, 228, 229, 251, 252, 254, 256, 257, 259, 262, 264, 269, 270, 272, 273, 279, 280, 288, 289, 297, 313, 323, 324, 327-330, 332-334

[マ行]

マレンテ　Malente　289, 292, 332
ミュンヘン　München　地図1, 地図3, 101, 105, 111, 121, 131, 170, 176, 179, 191, 237, 256, 277, 329, 333
ミンスク　Mінск　地図3, 209, 212, 238, 262, 331

[ラ行]

ラインラント（ライン）　Rheinland　18, 37, 55, 106, 117, 175, 284, 330
ルール地方　Ruhr　地図1, 34, 99, 100, 102, 117, 123, 126, 286, 329

図版出典一覧

図1　ドルプミュラー旧公邸の現況
著者撮影
図2　プリンツ゠ハントイェリイ通り76の「躓きの石」
著者撮影
図3　ユリウス・ドルプミュラー
Die Reichsbahn, 29-30 (19/26 Juli)-201944, p.192
図4　ドイツ鉄道百年祭記念列車パレード
Eisenbahnjahr Ausstellungsgesellschaft mbH(ed.), *Zug der Zeit, Zeit der Züge : deutsche Eisenbahn 1835-1985* Bd.2, Siedler, p.674
図5　高速列車「飛ぶハンブルク人」(1932年)
Bundesarchiv, Bild 102-14151 / CC-BY-SA 3.0
図6　車窓のヒトラーを迎える女性たち
Deutsche Reichsbahn(ed.) *Die Deutschen Eisenbahnen in ihrer Entwicklung 1835-1935*, Reichsdruckerei, 1935
図7　ドルプミュラーの軍隊手帳の表紙
BArch R 5/23287
図8　山東鉄道
BARCH Bild 146-2002-007-28
図9　青島市街
BARCH Bild 137-021635
図10　黄河鉄道橋
https://commons.wikimedia.org/wiki/File:Luokou_yellow_river_railway_bridge_south_shore_view.jpg#/media/File:Luokou_yellow_river_railway_bridge_south_shore_view.jpg
図11　第一次大戦開戦時の鉄道による出征
Eisenbahnjahr Ausstellungsgesellschaft mbH(ed.) *Zug der Zeit, Zeit der Züge: deutsche Eisenbahn 1835-1985 Bd.1*, Siedler, p.246
図12　天文学的インフレ時にライヒスバーンが発行した緊急通貨の一例
DB Museum(ed.), *In Dienst von Demokratie und Diktatur: Die Reichsbahn 1920-1945, Geschichte der Deutschen Eisenbahn (Katalog zur Dauerausstellung im DB Museum) Bd.2.*, DB Museum, 2002(2010), p.20
図13　ライヒスバーン会社 (DRG) 監理会長　カール・フリードリヒ・ジー

メンス
Siemens, G., *Carl Friedrich von Siemens: Ein Grosser Unternehmenr*, Verlag Karl Alber., 1960.

図14　ライヒスバーン会社（DRG）の社章。伝統の鷲を現代的にデザイン
DB Museum(ed.), *In Dienst von Demokratie und Diktatur: Die Reichsbahn 1920-1945, Geschichte der Deutschen Eisenbahn(Katalog zur Dauerausstellung im DB Museum)* Bd.2., DB Museum, 2002(2010)

図15　ライヒスバーン本社ライヒ交通省（旧プロイセン公共事業省）庁舎と、ヴィルヘルム通り79・80番地／ヴォス通り34・35番地の現況
Geheimes Staatsarchiv Preussischer Kulturbesitz, *Alte Hauptstadt Berlin: Ausstellung aus den Sammlungen des Geheimen Staatsarchivs*, Hase &Koehler, 1993., p.37. および著者撮影

図16　特急「ラインの黄金」号の宣伝ポスター
https://commons.wikimedia.org/wiki/File:Rheingold,_1928,_Friese.jpg

図17　後尾にプロペラをもつ「レール・ツェッペリン」
Bundesarchiv, Bild 102-11902 / Georg Pahl / CC-BY-SA 3.0

図18　シェンカー社の輸送業務
“The Story Behind DB Schenker” in: DB Schenker ホームページ
https://www.dbschenker.com/global/about/history

図19　「ドイツ・ライヒスバーン・カレンダー　1927年版」表紙
Deutsche Reichsbahn-Kalender 1927

図20　ナチ政権成立後のライヒスバーン新理事会
Engwert, A. and Susanne Kill (eds.), *Sonderzüge in den Tod. Die Deportationen mit der Deutschen Reichsbahn*, Böhlau, 2009., p.31

図21　ベルリン・Sバーンの1935年当時の路線図（部分）
Gottwaldt, A.B., *Berliner U- und S-Bahnnetz: Eine Geschichte in Streckenplänen von 1888 bis heute.*, Transpress, 2013., p.37

図22　世界最高速記録をつくったボルジッヒ社製蒸気機関車05 002の同型車05 001
Deutsche Reichsbahn (ed.), *Die Deutschen Eisenbahnen in ihrer Entwicklung* 1835-1935, Reichsdruckerei 1935., p.176

図23　ドルプミュラー特注のサロン列車 Berlin 10208 車内
https://commons.wikimedia.org/wiki/Category:Salonwagen_10208?uselang=de

図24　訓示するパウル・フォン・エルツ＝リューベナハ交通相
Bundesarchiv, Bild 183-2005-0119-500 / CC-BY-SA 3.0
図25　フリッツ・トット
Bundesarchiv, Bild 146-1969-146-01 / Röhn / CC-BY-SA 3.0
図26　アウトバーン工事鍬入れ式のドルプミュラーとヒトラー
Gottwaldt, A. “Eisenbahn und Autobahn im Dritten Reich” in: *Dumjahn's Jahrbuch für Eisenbahnliteratur*, 1996., p.29
図27　ポーランド国鉄（P.K.P.）を吸収するライヒスバーン
Knipping, A. and Schutz, R., *Deutsches Reichsbahn 1939-1945: Zwischen Ostfront und Atlantikwall*, Transpress, 2015., p.29
図28　東部戦線への機関車の投入（1943年版ドイツ・ライヒスバーン・カレンダーより）
Deutscher Reichsbahn Kalender 1943
図29　冬の東部戦線における鉄道員（1943年版ドイツ・ライヒスバーン・カレンダーより）
Deutscher Reichsbahn Kalender 1943
図30　アルベルト・シュペーア
Bundesarchiv, Bild 146II-277 / Binder / CC-BY-SA 3.0
図31　マリオン・ツァーリンスキイ（チャールズ）
Charles, M., *Ich war ein Glückskind: Mein Weg aus Nazideutschland mit dem Kindertransport*, cbj-Verlag, 2013., p.96
図32　ベルリン「フリードリヒ・シュトラーセ」駅前のフランク・マイスター作「生への列車　死への列車」
著者撮影
図33　アルベルト・ガンツェンミュラー
Die Reichsbahn 23-24(7.14.Jun.)-20 (1944), p.140
図34　ウクライナからの住民の列車による移送（デポルタツィオーンか）
BARCH B 145 Bild-F016197-0018
図35　リッツマンシュタット（ポーランド）ゲットーへの移住（1940年3月）
BARCH Bild 137-051639A
図36　マルセイユ（フランス）からのデポルタツィオーン（1943年1月）
BARCH Bild 101I-027-1477-17
図37　デポルタツィオーン運行計画表の一例
Engwert, A. and Susanne Kill (eds.), *Sonderzüge in den Tod. Die Deportationen mit der Deutschen Reichsbahn*, Köln 2009., p.70

図38　絶滅収容所への移送（年代未詳）
BARCH Bild 183-68431-0005

図39　ユダヤ人親子の輸送（ポーランド、1942年3月）
BARCH 162 Bild-00432

図40　エレン・シュパイアー（3歳時）
Engwert, A. and Susanne Kill(eds.), *Sonderzüge in den Tod. Die Deportationen mit der Deutschen Reichsbahn*, Böhlau:Köln 2009., p.132

図41　「車輪は勝利のためにまわらねばならぬ！」（1943年版ドイツ・ライヒスバーン・カレンダーより）
Deutscher Reichsbahn Kalender 1943

図42　「総統、国民、そして祖国のために英雄的死を遂げり」（庁内紙「ライヒスバーン」）
Die Reichsbahn 27-28(5/12.Juli)-20(1944).

図43　軍需大臣シュペーアから「トット・リング」をうける75歳のドルプミュラー
Die Reichsbahn 31-33(2/9/16 Augst)-20(1944)

図44　ベルリンからのデポルタツィオーンを記憶するためにDBがもうけた「グリューネヴァルト」駅の「17番ホーム」
著者撮影

主要参考・引用文献

文書館史料（引用した個々の史料は各章の註に示した）

Bundesarchiv (BArch) Berlin-Lichterfelde.
Preussischer Kulturbesitz. Geheimesstaatsarchiv Berlin-Dahlem (GStA).
外務省　外交史料館

ドルプミュラーの著作・講演録

Dorpmüller, J., Vom Eisenbahnbau in China., in: *Archiv für Eisenbahnwesen*, 51(1928), pp.1097–1140.
——*Rationalisierung bei der Reichsbahn(Nach einem Vortrag, gehalten am 5. Dezember 1927 in der Handelshochschule zu Berlin)*, Berlin, 1928.
——*Reichsbahn und Elektlisierung: Vortrag gehalten von Generaldirektor Dr. Dorpmüller am 15. März 1928 im Ueberseeklub in Hamburg.*, Berlin, 1928.
——*Die Reichsbahn in ihrer Verbundenheit zu Wirtschaft und Staat: Vortrag gehalten vor einem geladenen Kreis von Gästen in Berlin am 17.Mai 1933 von Generaldirektor Dr.-Ing. Eh. Dorpmüller.*, Berlin,1933.

同時代公刊物など

Die Reichsbahn: Amtliches Nachrichtenblatt der Deutschen Reichsbahn.
Digitalisierung der Pressearchive von HWWA und IfW "Dorpmüller, Julius Heinrich 1869-1945", (http://webopac.hwwa.de/digiview/DigiView_PND.cfm?PND=119297159)

ドルプミュラー伝記

Bock, H., and Garrecht, F., *Julius Dorpmüller: Ein Leben für die Eisenbahn*, Verlag Ritzau, 1996.
Gottwaldt, A., *Julius Dorpmüller, die Reichsbahn und die Autobahn: Verkehrspolitik und Leben des Verkehrsministers bis 1945*, Argon, 1995.

——*Dorpmüllers Reichsbahn. Die Ära des Reichsverkehrsministers Julius Dorpmüller 1920-1945*, EK-Verlag, 2009.

Massute, E., "Dorpmüller, Julius Heinrich", in: *Neue Deutsche Biographie* 4 (1959), pp.84-85.

Tempel, N., "Reichsbahn-Generaldirektor Julius Dorpmüller", in: *Dumjahn's Jahrbuch für Eisenbahnliteratur*, 1995., pp.39-41.

Wikipedia "Julius Dorpmüller" (https://de.wikipedia.org/wiki/Julius_Dorpm%C3%BCller 2017年9月30日閲覧)

全般にわたる参考文献

DB Museum(ed.), *In Dienst von Demokratie und Diktatur: Die Reichsbahn 1920-1945, Geschichte der Deutschen Eisenbahn (Katalog zur Dauerausstellung im DB Museum)*, Bd.2., DB Museum, 2002(2010).

Eisenbahnjahr Ausstellungsgesellschaft mbH(ed.), *Zug der Zeit, Zeit der Züge: deutsche Eisenbahn 1835-1985* Bd.1, 2., Siedler, 1985.

Evans, R.J., *The Coming of the Third Reich: How the Nazis destroyed democracy and seized power in German*, Penguin Books, 2004.

Fremdling, R., Federspiel, R. and A. Kunz(eds.), *Statistik der Eisenbahnen in Deutschland: 1835-1989 (Quellen und Forschungen zur Historischen Statistik von Deutschland, Band 17)*, Scripta Mercaturae Verlag, 1995.

Gall, L., and Pohl, M., *Die Eisenbahn in Deutschland: Von den Anfängen bis zur Gegenwart*, 1999.

Gottwaldt, A., "Abschied von der Reichsbahn", in: *Dumjahn's Jahrbuch für Eisenbahnliteratur*, 1995, pp.23-37.

——*Die Reichsbahn und die Juden 1933-1939: Antisemitsmus bei der Eisenbahn in der Vorkriegszeit*, Marixverlag, 2011.

Hilberg, R., *Sonderzuge nach Auschwitz: The Role of the German Railroads in the Destruction of the Jews*, Dumjahn Verlag, 1981.

Knipping, A. and Schutz, R., *Deutsches Reichsbahn 1939-1945: Zwischen Ostfront und Atlantikwall*, Transpress, 2015.

Kopper, Ch., *Handel und Verkehr im 20. Jahrhundert (Enzyklopedie Deutscher Geschichte Band 63)*, Ordenbourg Verlag, 2002.

Liebl,T., Stroffels, W., Krummheuer, E., et.al., *Offizieller Jubiläumsband der*

Deutschen Bundesbahn; 150 Jahre Deutsche Eisenbahn, Eisenbahn-Lehrbuch Verlagsgesellschaft, 1985.
Mierzejewski, A.C., *The Most Valuable Asset of the Reich: A History of the German National Railway,* The University of North Carolina Press, 1999.
Spoerer, M. and Streb, J., *Neue Deutsche Wirtschaftsgeschichte des 20.Jahrhundert,* Oldenbourg Verlag, 2013.

池田博行『ドイツ鉄道小史』時潮社、1976年
ウォルマー, クリスティアン（安原和見・須川綾子 訳）『世界鉄道史——血と鉄と金の世界変革』河出書房新社、2012年
オーウェル, ジョージ（高橋和久 訳）『一九八四年』早川書房、2015年
大木実『ドイツ軍事史　その虚像と実像』作品社、2016年
——『灰緑色の戦史——ドイツ国防軍の興亡』作品社、2017年
奥西孝至・鳩澤歩・堀田隆司・山本千映『西洋経済史』有斐閣アルマ、2010年
木村靖二・千葉敏之・西山暁義（編）『ドイツ史研究入門』山川出版社、2014年
ストーン, ダン（武井彩佳 訳）『ホロコースト・スタディーズ——最新研究への手引』白水社、2012年
スナイダー, ティモシー（池田年穂 訳）『ブラックアース——ホロコーストの歴史と警告』慶應義塾大学出版会、2016年
平井正『ドイツ鉄道事情——紀行と秘話の鉄道物語』光人社、2000年
ヒルバーグ, ラウル（望田幸男・原田一美・井上茂子 訳）『ヨーロッパ・ユダヤ人の絶滅』柏書房、1997年
マラス, マイケル・R.（真壁広道 訳）『ホロコーストに教訓はあるか——ホロコースト研究の軌跡』えにし書房、2017年
村上宏昭『世代の歴史社会学——近代ドイツの教養・福祉・戦争』昭和堂、2012年

鳩澤歩『ドイツ工業化における鉄道業』有斐閣、2006年

各章の参考文献

■はじめに

Deutsche Reichsbahn (ed.) , *Die deutschen Eisenbahnen in ihrer Entwicklung 1835-1935*, Reichsdruckerei, 1935.

Haustein, W. and Stumpf, B. *Hundert Jahre deutsche Eisenbahner, Die Geschichte eines Berufsstandes.*, Konkord-Verlag, 1935.

Zuckmayer, C., *Des Teufels General*, Fisher, 1998 (カール・ツックマイヤー〈加藤衛 訳〉「悪魔の将軍」『現代世界演劇〈16〉現代のクラシシズム』早川書房、1972年所収).

Ostermeyer, J., "Als Missionar verkleider zur Transkaukasischen Bahn: Zum 125. Geburtstag von Julius Dorpmüller / In schwieriger Zeit an der deutschen Eisenbahnen.", *Frankfurter Allgemeine Zeitung*, no. 172(27.07.1994), p.7.

■第1章　プロイセン王国の技官

Hayashima, A., "Max Weber und die deutschen Handelshochschulen", in: *Kwansei Gakuin University Annual Studies* 35(1986), pp.143-176.

伊藤宏二『ヴェストファーレン条約と神聖ローマ帝国――ドイツ帝国諸侯としてのスウェーデン』九州大学出版会、2006年

大原まゆみ『ドイツの国民的記念碑　1813年－1913年――解放戦争からドイツ帝国の終焉まで』東信堂、2003年

コッカ, ユルゲン（加来祥男 編訳)『工業化・組織化・官僚制――近代ドイツの企業と社会』名古屋大学出版会、1992年

高橋秀行『近代ドイツ工業政策史』有斐閣、1986年

――「ドイツ技師協会とポリテクニクム改革問題：1864－1879年――グラスホーフ提言を中心に」『大阪大学経済学』42－3/4(1993年)、9-29頁

田中洋子「ドイツの技術開発における現場と理論」谷口明丈編『現場主義の国際比較 英独米日におけるエンジニアの形成』ミネルヴァ書房、2015年、27-66頁

野崎敏郎『ヴェーバー『職業としての学問』の研究（完全版）』晃洋書房、2016年

早島瑛「カトリックのディプローム・カォフマン」『言語と文化（関西学院大

学)』第2巻 (1999年)、241-257頁
マン, トーマス (高橋義孝 訳)『魔の山』新潮社、1963年
望田幸男 (編)『近代ドイツ「資格社会」の制度と機能』名古屋大学出版会、1995年
——『近代ドイツ=資格社会の展開』名古屋大学出版会、2003年

鳩澤歩「国際関係のなかの19世紀ドイツ鉄道企業団体——外交と産業の競争力について」『経済論叢〔京都大学経済学会〕』第187巻(2013年)第3号、79-94頁

■第2章　ドイツ帝国の海外鉄道

Clark, Ch., *Kaiser Wilhelm II.*, Longman, 2000.
Conrad, S., *Globalisierung und Nation im Deutschen Kaiserreich*, C.H.Beck, 2010.
Torp, C., *The Challenges of Globalization: Economy and Politics in Germany 1860-1914*, Berghahn, 2014.

浅田進史『ドイツ統治下の青島——経済的自由主義と植民地社会秩序』東京大学出版会、2011年
大阪毎日新聞「津浦鉄道の由来」(1912年12月5日)
工藤章『日独経済関係史序説』桜井書店、2011年
権京仙「青島日本商業会議所『経済週報』解題——近代日本人の青島進出と経済活動」神戸大学デジタルアーカイブ「経済週報 (青島日本商業会議所)」、2010年 (http://www.lib.kobe-u.ac.jp/kichosyo/qingdao/intro.html)
白岩竜平「泰山と曲阜」『竜門雑誌』第320号 (1915年)、53-62頁 (デジタル版『渋沢栄一伝記資料』第41巻(DK410049k) 所収　https://eiichi.shibusawa.or.jp/denkishiryo/digital/main/index.php?DK410049k_text).
杉原達『オリエントへの道——ドイツ帝国主義の社会史』藤原書店、1990年
鈴木楠緒子『ドイツ帝国の成立と東アジア——遅れてきたプロイセンによる「開国」』ミネルヴァ書房、2012年
田嶋信雄/工藤章 (編)『ドイツと東アジア 一八九一 - 一九四五』東京大学出版会、2017年

伊達源一郎（編）『独逸皇帝』民友社、1915年
種村季弘『ぺてん師列伝――あるいは制服の研究』岩波現代文庫、2003年
青島守備軍民生部鉄道部（高森芳）『調査資料　第二十五輯　津浦鉄道調査報告書』、1918年
山村和彦『魔法の山に登る――トーマス・マンと身体』関西学院大学出版会、2002年
バウワー, ヴォルフガング（大津留厚・森 宜人・柳沢のどか 訳）『植民都市・青島 1914 - 1931――日・独・中政治経済の結節点』昭和堂、2007年
箱石大（編）『戊辰戦争の史料学』勉誠出版、2013年
橋川文三『黄禍物語』岩波現代文庫、2000年
原口要「清国の交通」（「早稲田講演　臨時増刊支那革命号」1911年、95-126頁 http://ktymtskz.my.coocan.jp/denki/haraguti1.htm）
福岡 万里子『プロイセン東アジア遠征と幕末外交』東京大学出版会、2013年
欒玉璽『青島の都市形成史：1897 - 1945――市場経済の形成と展開』思文閣、2009年

■第3章　帝国の崩壊

Kocka, J., *Klassengesellschaft im Krieg. Deutsche Sozialgeschichte 1914-1918*, Fischer, 1992.
Weiher, S.v. and Goetzeler, H., *The Siemens Company: its Historical Role in the Progress of Electorical Engineering*, F. Bruckman, 1977.
Wolf, N., “Was Germany ever united? Evidence from intra-and international trade, 1885-1933.”, in: *Journal of Economic History*, 69-3(2009), pp.846-881.

ウォルマー, クリスティアン（平岡緑 訳）『鉄道と戦争の世界史』中央公論新社、1983年
ザルテル, アドルフ（鉄道調査部 訳）『世界大戦間に於ける独逸鉄道：第一次世界大戦』鉄道調査部（華北交通）、1940年
藤原辰史『カブラの冬――第一次世界大戦期ドイツの飢饉と民衆（レクチャー第一次世界大戦を考える）』人文書院、2011年
ペショー, マルセル『独逸鉄道と戦争――第一次世界大戦』鉄道総局（昭和十五年十月華北交通株式会社複製）、1938年

Banzawa, A., "What Caused the Failure of Nationalisation of the Railway System in Germany?: Malfunctions of the German Imperial Railway Office (Reichseisenbahnamt) in the 1870s and 1880s"., Nationalisation of the Railways Reconsidered: Some Approaches to the Modern Business Organisation and its Adjustment to Globalisation and Regionalisation, EBHA - BHSJ Paris 2012: Business enterprises and the tensions between local and global, 31.08.2012.

—— "A Comparison of Railway Nationalization between Two Empires: Germany and Japan", in: Sawai, M.(ed.), *The Development of Railway Technology in East Asia in Comparative Perspective*, Springer Nature, 2017, pp.129-149.

■第4章　ライヒスバーンの誕生

Feldenkirchen, W., *Siemens 1918-1945*, R. Piper, 1995.

Gall, L.(ed.), *Krupp im 20. Jahrhundert: Vom Ersten Weltkrieg bis zur Gründung der Stiftung*, Siedler, W J, 2002.

Kittel, Theodor, "Der Plan eines, Bundes der deutschen Staatseisenbahnen, das Ende des preussisch-sächsisich Eisenbahnkriegs. (Ein Beitrag zur Vorgeschichte der Reichseisenbahnen)", *Archiv für Eisenbahwesen* 64(1941), pp.537-550.

Legaz, "Zur Geschichte des Reichseisenbahngedankens", in: *Archiv für Eisenbahwesen* 43(1920), pp.321-350, pp.617-635.

アンダーソン, ベネディクト（糟谷啓介他 訳）『比較の亡霊――ナショナリズム・東南アジア・世界』作品社、2005年

ウィーラー＝ベネット, J.（山口定 訳）『権力のネメシス――国防軍とヒトラー』みすず書房、1961年

加茂野清喜（訳）「独逸鉄道の最近経営方針　一九二二、三、一七　レールウェー・ガゼット紙所載」鉄道省大臣官房外国鉄道調査課「外国鉄道調査資料　第四輯」1922年所収、61-67頁

鉄道省運輸局国際課『独逸鉄道概観』鉄道省運輸局、1928年

平井正『ベルリン〈1923-1927〉――虚栄と倦怠の時代』せりか書房、1981年

フリードリク, オットー（千葉雄一 訳）『洪水の前――ベルリンの1920年代』新書館、1985年

松永和生「ドイツにおける鉄道の中央集権化と領邦――統一に向かって線路は続く」湯沢威・小池滋・田中敏弘・松永和生・小野清之『鉄道（近代ヨーロッパの探求　14)』ミネルヴァ書房、2012年、197-269頁
――「ドイツにおける鉄道の「国有化」とは――2つの「国有化」をめぐって（共通論題報告要旨 2006年度鉄道史学会第24回大会 鉄道政策と経営形態）」『鉄道史学』25(2008年)、70-73頁
マンチェスター, ウィリアム（鈴木主税 訳）『クルップの歴史――1587-1968(上下)』フジ出版社、1982年
山田徹雄『ドイツ資本主義と鉄道』日本経済評論社、2001年

Banzawa, A., "Some Aspects of the National Unification of German Railways before the Reichsbahn at the Turn of the Centuries", Session B10, Transportation Systems and the Making of the Modern World, EBHA 20th Congress / World Congress on Business History, 26.08. 2016.
鳩澤歩「19世紀ドイツ鉄道国有化と帝国鉄道庁」『大阪大学経済学（阿部武司博士還暦記念号）』第63巻(2013年)1号、218-233頁
――「遠い日、遠い国のインフレ」『阪大ニュースレター』No.23(2004年)、13頁

■第5章　ドイツ・ライヒスバーン総裁

Blasius, D., *Weimars Ende: Bürgerkrieg und Politik 1930-1933*, Vandenhoeck &Ruprecht, 2005.
Kopper, Ch., *Die Bahn im Wirtschaftswunder: Deutsche Bundesbahn und Verkehrspolitik in der Nachkriegsgesellschaft. (= Deutsches Museum: Beiträge zur historischen Verkehrsforschung. Band 9).*, Campus, 2007.
Siemens, G., *Carl Friedrich von Siemens: Ein Grosser Unternehmenr*, Verlag Karl Alber, 1960.

工藤美代子『スパイと言われた外交官――ハーバート・ノーマンの生涯』ちくま文庫、2007年
テミン, ピーター（猪木武徳他 訳）『大恐慌の教訓』東洋経済新報社、1994年
南満州鉄道株式会社東亜経済調査局『独逸国有鉄道会社研究（経済資料第14巻第10号）』南満州鉄道株式会社東亜経済調査局、1928年

■第6章　ヒトラーといかにつきあうか

Kuhlmann, B., *Eisenbahn=Grössenwahn in Berlin: Die Plannungen von 1933 bis 1945 und deren Realisierung*, Verlag GVE, 1996.

Mierzejewski, A.C., "Ludwig Homberger: An Extraordinary Man.", in: *Railroad History Bulettin* No.179(1998), pp.117-123.

Stifung Deutsches Historisches Museum(ed.), *Zerströrte Vielfalt: Berlin 1933-1938.*, Katalog of the exhibition "Ausstellung des Deutschen Historischen Museums zum Berliner Themenjahr,"Zerstörte Vielfalt. Berlin 1933–1938–1945 "（1.01.-10.11.2013)", Stifung Deutsches Historisches Museum, 2013.

石田勇治『ヒトラーとナチ・ドイツ』講談社現代新書、2015年

ケスラー, ハリー（松本道介 訳）『ワイマル日記　下』冨山房、1994年

ケルショー, イアン（柴田敬二 訳）『ヒトラー神話――第三帝国の虚像と実像』刀水書房、1993年

ターナー・ジュニア, H・A（関口宏道 訳）『独裁者は30日で生まれた――ヒトラー政権誕生の真相』白水社、2015年

武井彩佳『ユダヤ人財産はだれのものか――ホロコーストからパレスチナ問題へ』白水社、2008年

三島由紀夫『サド侯爵夫人・わが友ヒットラー』新潮文庫、1979年

山下公子『ミュンヒェンの白いばら――ヒトラーに抗した若者たち』筑摩書房、1988年

■第7章　ナチ政府の交通大臣

Mazower, M., *Dark Continent: Europe's Twentieth Century.*, Penguin Books, 1999.

上山安敏『世紀末ドイツの若者（歴史のなかの若者たち）』三省堂、1986年

海野稔『独逸の占領地統治政策』西東社、1943年

大野英二『ナチズムとユダヤ人問題』リブロポート、1988年

小野清美『アウトバーンとナチズム――景観エコロジーの誕生』ミネルヴァ書房、2013年

大島隆雄『ドイツ自動車工業成立史』創土社、2000年

大塚忠『ドイツの社会経済的産業基盤』関西大学出版会、2010年

奥波一秀『フルトヴェングラー』筑摩選書、2011年
シュペーラー, マルク／シュトレープ, ヨッヘン（雨宮・三石 訳）「ナチス経済研究のパラダイム・チェンジか――ドイツにおける最新の研究動向」『歴史と経済』第200号（2008年）、46-58頁
シュペール, アルバート（品田豊治 訳）『ナチス　狂気の内幕――シュペールの回想録』読売新聞社、1970年
田村栄子『若き教養市民層とナチズム――ドイツ青年・学生運動の思想の社会史』名古屋大学出版、1996年
永岑三千輝『ドイツ三帝国のソ連占領政策と民衆　1941～42』同文館、1994年
――『独ソ戦とホロコースト』日本経済評論社、2001年
西牟田祐二『ナチズムとドイツ自動車工業』有斐閣、1999年
古川澄明「ドイツ自動車産業界の『国民車プロジェクト』の発足――フォルクスワーゲン社の成立史研究における予備的考察（1）」『鹿児島経大論集』26（1985年）-1、89-108頁

■第8章　「死への列車」をはしらせて

Charles, M., *Ich war ein Glückskind: Mein Weg aus Nazideutschland mit dem Kindertransport,* cbj-Verlag, 2013.
Engwert, A. and Kill, S. (eds.), *Sonderzüge in den Tod. Die Deportationen mit der Deutschen Reichsbahn*, Böhlau, 2009.
Fritzche, P., *Life and Death in the Third Reich*, Belknap, 2008.
Gigiliotti, S., *The Train Journey: Transit, Captivity, and Witnessing in the Holocaust*, Berghahnbooks, 2009.
Gottwaldt, A, “Eisenbahn und Autobahn im Dritten Reich” in: *Dumjahn's Jahrbuch für Eisenbahnliteratur,* 1996, pp.26-31.
Gottwaldt, A. and Schulle, D., “*Juden ist die Benutzung von Speisewagen untersagt*”. *Die antijüdische Politik des Reichsverkehrsministeriums zwischen 1933 und 1945. (veröffentlichte Fassung eines vom Bundesministerium für Verkehr, Bau und Stadtentwicklung beauftragten Gutachtens),* Hentrich & Hentrich, Teetz 2007.
―― *Die “Judendeportationen” aus dem Deutschen Reich von 1941–1945. Eine kommentierte Chronologie,* Marix, 2005.
Hüttenberger, P., “Nationalsozialistische Polykratie”, in: *Geschichte und*

Gesellschaft, 2(1976)-4, pp.417-442.
Mierzejewski Alfred C., “A Public Enterprise in the Service of Mass Murder: The Deutsche Reichsbahn and the Holocaust”, in: *Holocaust and Genocide Study* (2001) 15 (1), pp.33-46.

アーベルスハウザー, ヴェルナー(酒井昌美 訳)『現代ドイツ経済論――1945－80年代にいたる経済史的構造分析』朝日出版社、1994年
アリー, ゲッツ(芝健介 訳)『ヒトラーの国民国家――強奪、人種戦争、国民的社会主義』岩波書店、2012年
木畑和子『ユダヤ人児童の亡命と東ドイツへの帰還――キンダートランスポートの群像』ミネルヴァ書房、2015年
ゴールドハーゲン, ダニエル・J(望田幸男 監訳)『普通のドイツ人とホロコースト――ヒトラーの自発的死刑執行人たち』MINERVA西洋史ライブラリー、2007年
芝健介『ホロコースト　ナチスによるユダヤ人大量殺戮の全貌』中公新書、2008年
スナイダー, ティモシー(布施由紀子 訳)『ブラッドランド――ヒトラーとスターリン　大虐殺の真実』慶應義塾大学出版会、2016年
田野大輔「ポリクラシーの政治力学――ナチ支配の解釈をめぐって」京都社会学年報3(1995年)、57-76頁
トレバー゠ローパー, ヒュー・R(滝川義人 訳)『ヒトラーの作戦指令書――電撃戦の恐怖』東洋書林、2000年
ドワーク, デボラ(芝健介 監訳／甲斐明子 訳)『星をつけた子供たち――ナチ支配下のユダヤの子供たち』創元社、1999年
永岑三千輝「ユダヤ人移送(疎開)と特別処理――ヴァンゼー会議から1942年まで」『横浜市立大学論叢人文科学系列』Vol.63 (2012年) No.3、193-225頁
ヒレスム, エティ(大社淑子 訳)『エロスと神と収容所――エティの日記』朝日選書、1986年
ベルトラン, ニコラ(吉田恒雄 訳)『ナチ強制収容所における拘禁制度』白水社、2017年
ベーレンバウム, マイケル(芝健介 日本語版監修)『ホロコースト全史』創元社、1996年

■ **おわりに**

雨宮昭彦『競争秩序のポリテイクス――ドイツ経済政策思想の源流』東京大学出版会、2005年
雨宮昭彦／ヨッヘン・シュトレープ (共編)『管理された市場経済の生成――介入的自由主義の比較経済史』日本経済評論社、2009年
ヴェッテ, ヴォルフラム (関口宏道 訳)『軍服を着た救済者たち――ドイツ国防軍とユダヤ人救出工作』、2014年
大木毅「フリードリヒ・ハックと日本陸軍」同『第二次大戦の〈分岐点〉』作品社、2016年、245-260頁
小野清美『テクノクラートの世界とナチズム――「近代超克」のユートピア』ミネルヴァ 書房、1996年
加藤榮一『ワイマル体制の経済構造』東京大学出版会、1973年
柳澤治『資本主義史の連続と断絶――西欧的発展とドイツ』日本経済評論社、2006年
――『ナチス・ドイツと中間層』日本経済評論社、2017年
山井敏章『「計画」の20世紀――ナチズム・〈モデルネ〉・国土計画』岩波書店、2017年

[著者略歴]

鳩澤　歩（ばんざわ　あゆむ）

一九六六（昭和四十一）年、大阪生まれ。大阪大学大学院経済学研究科教授。博士（経済学）。大阪大学経済学部卒、同大学院経済学研究科博士後期課程中退。滋賀大学経済学部助手、在ベルリン日本国総領事館（当時）専門調査員、大阪大学経済学研究科助教授などを経て、二〇一〇年より現職。

著書に『ドイツ工業化のなかの鉄道業』有斐閣　二〇〇六年（第五十回日経・経済図書文化賞）、『西洋経済史』（共著）有斐閣アルマ二〇一〇年、『ドイツ現代史探訪』（共著）大阪大学出版会　二〇一一年、“A Comparison of Railway Nationalization between Two Empires: Germany and Japan”, in: Sawai, M.(ed.), *The Development of Railway Technology in East Asia in Comparative Perspective*, Springer Nature, 2017 など。

鉄道人《てつどうじん》とナチス
ドイツ国鉄総裁《こくてつそうさい》ユリウス・ドルプミュラーの二十世紀《にじっせいき》

二〇一八年三月三十日初版第一刷発行
二〇一九年五月十五日初版第二刷発行

著　者　鳩澤　歩
発行者　佐藤今朝夫
発行所　株式会社 国書刊行会
〒一七四—〇〇五六
東京都板橋区志村一—十三—十五
電話〇三—五九七〇—七四二一
ファクシミリ〇三—五九七〇—七四二七
URL : http://www.kokusho.co.jp
E-mail : sales@kokusho.co.jp

装丁・本文レイアウト　長井究衡
印刷・製本　中央精版印刷株式会社

ISBN978-4-336-06256-7 C0023